高等职业院校精品系列

教育理论基础

廖平 ◎ 编著

本书为川南幼儿师范高等专科学校教学科研资助项目
本书获成都大学全国幼儿体育发展研究中心项目 —— 成渝区域
幼儿园"体智能"教师培养模式的研究与实践（YETY2021B09）
项目资助

西南财经大学出版社
Southwestern University of Finance & Economics Press
中国·成都

图书在版编目(CIP)数据

教育理论基础/廖平编著.—成都:西南财经大学出版社,2022.12
ISBN 978-7-5504-5554-2

Ⅰ.①教… Ⅱ.①廖… Ⅲ.①教育理论 Ⅳ.①G40

中国版本图书馆 CIP 数据核字(2022)第 176104 号

教育理论基础

廖平 编著

责任编辑:李特军
责任校对:陈何真璐
封面设计:何东琳设计工作室 张姗姗
责任印制:朱曼丽

出版发行	西南财经大学出版社(四川省成都市光华村街55号)
网 址	http://cbs.swufe.edu.cn
电子邮件	bookcj@swufe.edu.cn
邮政编码	610074
电 话	028-87353785
照 排	四川胜翔数码印务设计有限公司
印 刷	四川五洲彩印有限责任公司
成品尺寸	185mm×260mm
印 张	15.25
字 数	362 千字
版 次	2022 年 12 月第 1 版
印 次	2022 年 12 月第 1 次印刷
印 数	1— 1000 册
书 号	ISBN 978-7-5504-5554-2
定 价	45.00 元

▶▶ 前言

　　习近平总书记多次强调，教育对国家和民族来说，利在当代、关乎未来，培养的是社会主义建设者和接班人。恩格斯说："一个民族想要站在科学的最高峰，就一刻也不能没有理论思维。"教育理论是人们在长期的教育实践过程中总结、归纳、抽象、概括而形成的理性认识，是由概念、命题、原则等构筑的系统的理论结构，反映了教育活动现象背后的必然联系。作为教育工作者，为提高工作的自觉性，避免盲目性，落实我国的教育方针，培养更多更好的社会主义建设者和接班人，必须掌握基本的教育理论，按照教育规律和青少年儿童身心发展的规律设计教育活动，实施教育行为。具体来说，教育理论可以促进人们认识教育现象、解释教育问题、指导教育实践、预测教育未来。

　　教育理论来源于教育实践，又对实践具有能动作用。理论一经为广大教育工作者掌握就能转化为强大的武器。那些不应用哲学去思考问题的教育工作者必然是肤浅的。不能站在哲学高度用教育理论武装头脑的教育工作者，其发展前途也是极有限的。正是基于这种考虑，我着手编写了这本《教育理论基础》。

　　本书涉及教育理论体系内容的主要方面，包含教育与教育学、教育的功能、教育的目的、教师与学生、课程、课堂教学、学校德育、班级管理与班主任工作、课外校外教育、教育科学研究及其方法、心理发展与教育、学习与学习理论、学习迁移、记忆和遗忘、学习策略与不同类型的学习、影响学习的心理因素、个别差异与教育、学生心理健康教育、教育法规和教师职业道德等方面的内容。在编写过程中我力图以科学、严谨的态度和务实、创新的精神将本书编出特色，编出水平。在内容组织上我充分考虑教育工作的现状，根据一线教育工作者，尤其是新入职的青年教育工作者的实际需要，吸收教育理论与实践领域的最新研究成果，阐明了教育学、教育心理学、教育法学和教师职业道德四大领域的基本理论知识，重点突出了内容的实用性和针对性，促进一线教育工作者较为全面地了解并熟悉青少年学生的各方面特点，把握教与学的规律，从而提高教育教学质量。

本书在编写过程中参考应用了国内外教育学、教育心理学、教育法学和教师职业道德等有关领域专家学者的研究成果，限于篇幅，未能一一列出，在此我深表感谢。本书的编写和出版也得到了西南财经大学出版社相关同仁的支持，在此一并表示诚挚的谢意。

由于时间及编者水平有限，书中的疏漏与不当之处，恳请各位专家、同仁与读者批评指正。

廖平

2022 年 3 月于内江

▶▶ **目录**

第一部分　教育学基础

第二部分　教育心理学

第三部分　教育法学

第四部分　教师职业道德

第一部分
教育学基础

- 教育与教育学
- 教育的功能
- 教育的目的
- 教师与学生
- 课程
- 课堂教学
- 学校德育
- 班级管理与班主任工作
- 课外、校外（活动）教育
- 教育科学研究及其方法

教师之间相互学习、探讨交流和借鉴，大力宣传教师中的先进典型，用榜样人物的先进事迹、高尚情操、模范行为引领广大教师，把抽象的道德观念、行为规范的形象化、具体化，以先进模范的行为激励教师，增强师德修养的自觉性。学习先进教师的优秀品质主要有两个途径：一是多读教育界名人的传记和模范教师的先进事迹；二是学习身边的模范教师。

4. 确立可行目标，坚持不懈努力

教师职业道德修养同其他活动一样，有着明确的目标作为指导。师德养成，实际上是教师道德认识、道德情感、道德意志、道德信念、道德行为和习惯诸要素，从无到有、从低到高、从旧到新的矛盾运动过程，因此也就决定了它是一个长期的艰苦过程，这就需要老师确立可行性目标后，应做出坚持不懈的努力。

5. 学会反思

反思是提高教师师德修养的重要方法。师德修养是教师自身素养的重要组成部分，是教师自我锻炼、自我陶冶、自我教育、逐步完善的过程。教师必须对自己的教育教学效果进行不断的反思，及时发现自己的缺点和不足，并及时纠正，不断地实现自我更新，对学生施以积极的教育影响，促进学生健康成长；教师要反思自己的行为与职业道德理论要求的差距，反思自己与周围其他教师和先进模范人物的差距，努力完善自己；要善于听取来自各方面的反馈信息，在别人对自己的评价中更好地认识自己、改造自己、完善自己。

6. 自我修养法

教师职业道德修养的最高层次就是做到"慎独"。"慎独"就是指在没有外界监督、独自一人的情况下，也能自觉遵守道德规则，不做任何对国家、对社会、对他人不道德的事情。作为教师职业道德的修养方法，慎独可以通过自我约束、自我监督更好地培养锻炼坚定的职业道德情感、意志和信念，养成良好的职业道德行为习惯。慎独标志着一个教师的职业道德修养已达到高度自觉的程度。

第一章

教育与教育学

第一节　教育概述

一、教育的概念

按东汉许慎《说文解字》的解释："教，上所施，下所效也；育，养子使作善也。"我国最早使用"教育"一词的是孟子，最早见于《孟子·尽心上》，"得天下英才而教育之，三乐也"。

《中庸》中说：不偏之谓中，不易之谓庸。中者，天下之正道；庸者，天下之定理。天命之谓性，率性之谓道，修道之谓教。

教育是一种培养人的社会活动，产生于人类的生产劳动，是传承社会文化、传递生产经验和社会生活经验的基本途径。教育有广义和狭义之分。

（1）广义的教育

凡是能增进人们的知识和技能，发展人的智力和体力、影响人的思想观念的活动都可以称作教育。教育也可定义为有意识的提升人的知识、技能以及思想水平的活动的总称。它包括家庭教育、社会教育和学校教育。

（2）狭义的教育

狭义的教育专指学校教育。在专门的教育机构中，有专职的教师，他们根据社会的要求，对受教育者进行有目的、有计划、有组织、有系统的教育和培养，使受教育者在思想品德、知识技能、智力和身体方面向预期的方向发展，成为社会所需要的人[1]。教育学中研究的教育，主要是指狭义的教育。

（3）更狭义（偏义）的教育

更狭义的教育有时是指思想品德教育活动，就是学校中常说的"德育"。

---

[1]　华图教育. 教育公共基础笔试 ［M］. 成都：成都时代出版社，2014，10.

二、教育的基本构成要素

（一）教育者

教育者是指能够在一定社会背景下促进个体社会化和社会个性化活动的人。因此凡是对受教育者在知识、技能、思想和品德等方面起到教育影响作用的人，都可称为教育者。一个真正的教育者必须符合两个条件：一是有明确的教育目的；二是理解他在实践活动中所肩负的促进个体发展及社会发展的任务或使命。

教育者不仅仅是指直接教育过程中的教师，还应该包括教育目的、方针的制定者，教科书、教材的编写者，以及教育组织的管理者等。学校教师是教育者的主体，是最直接的教育者。

教育者的基本特征包括主体性、示范性、主动性。

（二）受教育者

人们将受教育者看作教育的一个基本要素，是相对于教育者而言的。受教育者是指在各种教育活动中从事学习的人，既包括学校中学习的儿童、少年和青年，也包括各种形式的成人教育中的学生。受教育者是教育的对象，是学习的主体，也是构成教育活动的基本要素，缺少这一要素，就无法构成教育活动。

（三）教育影响

从内容上讲，教育影响包括教育内容、教育材料或教科书，它是教育者和受教育者互动的媒介；从形式上讲，教育影响包括教育手段、教育活动方式方法、教育组织形式、教育途径、教育媒体、教育环境等。它们是围绕一定的教育内容、教育材料设计的，因此其是受教育内容、教育材料或教科书性质制约的，同时也反映了学习者身心发展的要求。

教育影响是置于教育者与受教育者之间的一切"中介"的总和。教育影响是教育者对受教育者施加影响的桥梁。

上述三者之间的关系可以分为三个方面：教师是教育影响和学生间的中介，在整个教育过程中起主导作用；教育影响是教师对学生施加影响的桥梁；学生是教师选择和使用教育影响的依据。其中教育者和受教育者之间的关系最为重要，在教的过程中教育者是主体，在学的过程中受教育者是主体，这三个要素有着共同的目的，就是推动受教育者素质的全面发展。教育活动中教育者、受教育者与教育内容三个基本要素之间构成教育中的三个基本矛盾：教育者和教育内容之间的矛盾，受教育者和教育者之间的矛盾，受教育者和教育内容之间的矛盾。其中受教育者与教育内容之间的矛盾是教育中的基本的、决定性的矛盾，因为它是教育活动的逻辑起点。

三、教育的形态

根据不同的标准，我们可以划分出不同的教育形态。

（一）非制度化的教育与制度化的教育

根据教育系统自身形式化的程度，我们可以将教育形态划分为"非制度化的教育"与"制度化的教育"两种类型。学校教育系统的形成，标志着制度化教育的形成。我国近代制度化教育兴起的标志是清朝末年的"废科举，兴学校"，以及颁布了全国统一的教育宗旨和近代学制，如壬寅学制、癸卯学制。这里我们要注意区分前制度化教育、制度化教育和非制度化教育。

1. 前制度化教育

前制度化教育始于人类早期的原始社会教育，到奴隶社会后期逐渐出现了定型的形式化教育，即实体化教育，即此时出现了一些学校，但没有明确的制度，不论在修业时间，教育任务，教学内容上都没有明确规定，没有制度对其进行约束。教育实体的形成具有以下特点：教育主体确定；教育对象相对稳定；形成系列的文化传播活动；有相对稳定的活动场所和设施等；由以上因素结合而形成的独立的社会活动形态。

2. 制度化教育

制度化教育主要指的是正规教育，也就是指具有层次结构的、按年龄分级的教育制度，它从初等学校延伸到大学，并且除了普通的学术性学习以外，还包括适合于全日制职业技术训练的许多专业课程和教学机构。如我国现行的六三三学制，就是制度化教育的一个体现。近代学校系统的出现，开启了制度化教育的新阶段。中国近代制度化教育兴起的标志是清朝末年的"废科举、兴学校"的新式学堂。

3. 非制度化教育

非制度化教育提倡的是教育不应再限于学校的围墙之内。库姆斯等人主张非正规教育的概念和伊里奇所主张的非学校化观念都是非制度化教育思潮的代表。非制度化教育是在制度化教育基础上的超越，和制度化教育相比，其不仅是形式的改变，更是理念的转变。构建学习型社会的主要体现就是非制度化教育。

（二）学校教育、家庭教育与社会教育

从教育系统赖以运行的空间特性来看，我们可以将教育形态划分为学校教育、家庭教育与社会教育三种类型。

1. 学校教育

学校教育是一个国家教育体系的主导形态，其基本局限为具有阶段性和制度化，非主体化和符号化。

学校教育是一种特殊环境，对青少年的身心发展起主导作用，表现在学校教育是一种有目的地培养人的活动，它规定着人的发展方向；教育给人的影响比较全面、系统和深刻；学校有专门负责教育工作的教师；青少年的身心发展特点决定了学校教育所发挥的作用是主导作用，但教育也不是万能的，学校教育对加速个体发展的特殊功能的发挥也是有条件的，低估遗传、环境的影响和作用而片面夸大教育的作用是不正确的。人的发展是遗传、环境、成熟、教育与个体主观能动性等多种因素综合作用的结果。

学校教育在人的身心发展过程中的作用主要有：学校教育按照社会对个体的基本要求，对个体的发展方向做出社会性的规范；学校教育加速个体发展；学校教育开发个体的特殊才能和发展个体个性；学校教育特别是中小学教育对个体的影响不仅具有即时的价值，还具有延时的价值。

2. 家庭教育

家庭教育即为父母教育。儿童出生后的第一所学校就是家庭；从时间上看，家庭教育是开始最早、持续最长的教育；儿童出生后的第一任教师是自己的父母。家庭教育是课外和校外教育的重要组成部分。在学校教育过程中，家长监督孩子完成学校里

的作业属于协助学校完成教育的范畴，是学校教育的支持者。教师虽然是学校教育的主体，但家长也有参与权，除个人对学校教育有知情权、参与权、监督权外，家长还可以通过家长委员会这个平台来行使集体教育参与权，促进学校民主管理、支持教育教学。学校和家庭联系的方式有家长委员会、互讲、通信联系、举办家长座谈会等。

家庭教育的基本特征有终身性、感染性、先导性、权威性、针对性和深刻性。比如："知子莫若父，知女莫若母。"这说明家庭教育比学校教育更具有针对性。

家庭教育方式对学生人格的影响很深远。家庭教养方式一般分为以下三类：权威型教养方式、放纵型教养方式和民主型教养方式。其中，权威型教养方式的父母在子女教育中表现得过于专断，孩子的一切都由父母来控制。在这种家庭环境中成长的孩子表现得消极、被动、缺乏安全感、退缩、服从、胆怯，甚至会形成不诚实的人格。放纵型教养方式的父母对儿童过于溺爱，让儿童随心所欲，对儿童的教育有时达到失控的状态。在这种家庭环境中成长的儿童多表现为任性、幼稚、自私、野蛮、无礼、独立性差、唯我独尊、蛮横无理、胡闹等。民主型教养方式的父母与儿童处在一种平等和谐的家庭氛围中，父母尊重儿童，给儿童一定的自主权和积极正确的指导。父母的这种教育方式能够使儿童形成一些积极的人格品质，如活泼、快乐、直爽、自立、彬彬有礼、善于交往、富于合作、思想活跃等。研究也发现，在这种民主、尊重的教养方式下，儿童行为问题的发生率显著降低。

家庭教育方法中经常采用的方法包括解答疑难、指导读书、树立榜样以及游戏等。其中游戏是幼儿的主导活动，也是促进幼儿心理发展的最好形式。因此家长和教师都应保证幼儿游戏的时间，提高幼儿游戏的质量。

家庭教育有许多优势，同时也存在一些局限及问题。家庭教育的局限有：内容的零散性和方式的随意性；家庭教育存在的问题有家长对孩子的期望偏高，片面重视孩子的智力开发、文化学习，不能全面关心孩子的成长。这些局限和问题，作为教育者都应该引起重视。

3. 社会教育

社会教育从外延上说，又包括社会传统的教育、社会制度的教育和社会活动或事件的教育等不同类型。社会教育的作用表现在：社会教育拥有广阔的活动余地，影响力大；满足了成人继续学习的需求；灵活多样实用性强；有利于人类社会化。同时社会教育拥有多样性、开放性、补偿性、融合性、群体性等特点。

（三）原始社会的教育、古代社会的教育与近代社会的教育

从教育系统所赖以运行的时间标准以及建立于其上的社会形态出发，我们可以将教育形态划分为原始社会的教育、古代社会的教育与近代社会的教育三种类型。其中古代社会的教育分为奴隶社会的教育和封建社会的教育。

（四）正规教育和非正规教育

正规教育是指有教育部门认证的机构和人员，以及有目的、有计划、有组织的教学活动组成的教育，如学校教育。非正规教育指除了正规教育以外的教育，如社会教育，社会道德演讲等。

（五）实体教育和虚拟教育

实体教育是指在一个现实的空间里，根据现实空间的要求来规范人们的行为的一种教育。从实体这个词本身来理解，"实"和"虚"是相对的，实体指的是具体的独立存在的事物。实体是相对于属性和关系而被理解的，是指自在自为的具体事物。因此，实体教育是指在一个现实、具体的环境中承担教育者角色的人对那些需要接受教育和进行学习的人的身心实施的一种符合一定社会环境和历史进程的、体现一定阶级利益的活动。从某种角度讲，它基本上包含了在信息时代到来以前的所有教育形态（学校教育、家庭教育以及社会教育）①。

虚拟教育是指不需要学生和教师亲自合作的各种教学形式，至少不需要在同一个空间里。虽然这些教育形式中有一些涉及实时讨论，但教师和学生通常在不同的地点，通过计算机相互连接。此外，并非所有形式的虚拟教育都具有实时连接的特点，有时材料是事先准备好的，有的讨论会有时间延迟，例如通过电子邮件进行讨论。这些不同形式的虚拟学习不断增加，为传统课堂的面对面学习环境提供了替代方案。

四、教育的本质

1. 教育的本质属性

教育的本质属性就是育人，即教育的本质是有目的、有计划、有组织地培养人的社会活动。教育就是要把人培养成社会人和自然人的合体，即个体社会化和社会个性化。人的社会化贯穿于人的一生，其中少年时期是人的社会化的关键时期。因此教育活动与其他社会活动最根本的区别在于是否有目的地培养人。这是教育的质的规定性，也是教育的本质属性。教育的根本使命包括传授给学生在未来生存发展的知识、能力，构建学生健全完善的人格。教育的基本职能是培养人才，这也是教育的特质所在。

教育质的规定性，主要体现在教育是人类所特有的一种有意识的社会活动；教育是人类有意识的传递社会经验的活动；教育是一种社会现象；教育是以培养人为直接目标的社会实践活动。

唯物史观认为，社会存在决定社会意识。在社会存在中，生产关系是社会生活中最基本和最原始的关系，它对社会生活，特别是对社会意识具有制约作用。教育属于精神生活，它是由经济基础决定的。这说明教育在本质上是上层建筑。

2. 教育的社会属性

教育的社会制约性是教育社会性的最主要的表现形式。教育这一永恒的社会现象的根本属性是教育的社会性。

（1）教育具有永恒性

教育是人类所特有的社会现象，是一个永恒的范畴。只要人类社会存在，教育就存在。任何社会的进步与个人的发展都离不开教育。决定教育永恒性的是教育的功能。教育是人类社会普遍存在的现象，不会随着国家的消亡而消亡。

（2）教育具有相对独立性

教育受一定社会、政治、经济等因素的制约，但教育作为一种培养人的社会活动又具有相对独立性。其具体表现在：教育具有自身的继承关系；教育要受其他社会意识形态的影响；教育与社会、政治、经济发展不平衡。

---

① 华图教育. 教育公共基础笔试［M］. 成都：成都时代出版社，2014：11.

（3）教育具有历史时代性

教育历史时代性是指在不同社会或者同一社会的不同历史时期，教育的性质、目的、内容等各不相同。

（4）继承性

教育的思想、制度、内容和方法，会受当时社会经济制度和生产力发展水平所制约，也是从以往的教育发展而来的，与以往的教育有着渊源的关系，带有历史发展中的烙印，也就是说教育具有继承性。比如我国教育思想始终存在尊老爱幼的思想。

（5）长期性

教育效果体现的时间较长，比如"十年树木，百年树人"。

（6）生产性

教育的生产性是指教育从来就是生产性的活动，教育可以推动生产力的进步。

（7）民族性

教育具有自身的民族特征，比如中国的教育非常重视"德礼仁"。

五、教育的基本规律

教育最基本的规律有两条：一条是关于教育与社会的发展关系的规律，我们称为外部关系规律；另一条是关于教育与人的发展关系的规律，我们称为内部关系规律。

两条教育基本规律的关系表现为：教育的外部关系规律制约着教育内部关系规律的作用，教育的外部关系规律也只能通过教育的内部关系规律来实现。

第二节　教育的起源、发展阶段及发展趋势

一、教育的起源

（一）教育的神话起源说

教育的神话起源说认为教育与其他事物一样，是由神或者上帝创造的，教育的目的是体现神或天的意志，使人皈依于神或顺从于天。这是关于教育起源最古老的观点，几乎所有的宗教都支持这个观点。中国该学说的主要代表是南宋时期的理学家朱熹。

（二）教育的生物起源说

生物起源说是第一个正式提出的有关教育起源的学说，也是在人类教育史上，第一个把教育起源问题作为一个学术问题来认识的学说。其代表人物有法国社会学家、哲学家利托尔诺和英国教育家沛西·能。它认为教育来自于人类和动物的本能。该学说认为教育不仅存在于人类社会之中，还存在于人类社会之外，甚至存在于动物界。生存竞争的本能是教育的基础，生物的冲动是教育的主流；教育是与种族需要、种族生活相适应的行为，动物为保存自己的物种，本能地要把自己的"知识"和"技巧"传授给小的动物；教育既无须周密地考虑，也无须科学地指导，它是扎根于本能的、不可避免的行为。

生物起源说的根本错误在于把教育的起源问题生物学化，否认教育的社会性和目的性。

（三）教育的心理起源说

教育的心理起源说的代表人物是美国教育家孟禄。他用心理起源说批判生物起源说，他认为在原始社会中尚未有独立的教育活动，教育起源于儿童对成人的"无意识的模仿"。他同样否认了教育的社会属性，导致了教育的生物学化。

教育的生物起源说和心理起源说的共同缺陷是都否认了教育的社会属性。

（四）教育的劳动起源说

教育的劳动起源说是马克思主义教育学的观点，人类关于教育起源的辩证唯物主义的观点，其主要代表是米丁斯基和凯洛夫。

它是在批判生物起源说和心理起源说的基础上，在马克思主义唯物史观指导下形成的。马克思认为教育起源于人类所特有的生产劳动实践。劳动实践是有意识、有目的的能动性的活动。教育的劳动起源说的直接理论依据和方法论基础是《劳动在从猿到人转变过程中的作用》。相较于教育的生物和心理起源说，马克思主义的劳动起源说更能反映教育的本质。其具体观点有：人类教育起源于劳动或劳动过程中所产生的需要；教育产生于劳动并以人类语言意识的发展为条件；教育从产生之日起，其职能就是传递劳动过程中形成和积淀的社会生产和生活经验；生产劳动的变革是推动人类教育变革最深厚的动力。

二、教育发展的历史阶段

（一）原始社会的教育

原始社会教育是原始社会形态下处于自在状态的教育。原始社会生产力低下，没有剩余产品，没有阶级，物质生活条件很简陋，与这种状况相适应，教育具有如下特点：

（1）教育具有非独立性。整个教育融合在生产劳动和社会生活之中，尚未成为独立的社会现象。年轻一代在跟随成人劳动和生活实践中接受长者的教育。教育与原始宗教或仪式有着紧密的联系，教育与社会生活、生产劳动紧密结合在一起。

（2）没有文字、书籍，也没有专门从事教育的人和机构。人们把生产、生活经验物化在工具上，记忆在头脑中，通过言传身教传授给下一代。

（3）教育面对全体儿童，教育没有阶级性。其只有在学习内容上存在男、女儿童之间的微小差别。如男孩随男人学狩猎，女孩随妇女学采集。

（4）教育具有原始性。教育的内容主要是简单的生产生活经验。整个原始社会时期的教育是原始的、简单的，而且长期发展缓慢。这种自然进行的教育称为自然形态的教育，即自在的教育。从原始人群经母系氏族到父系氏族时期，教育内容从茹毛饮血、打制石器、采集狩猎，到学会用火、构屋、制陶，经过 160 余万年历程。

（二）古代社会的教育

古代社会的教育包括奴隶社会的教育和封建社会的教育。

1. 奴隶社会的教育

（1）我国奴隶社会的教育

有了专门从事教育工作的教师，也就有了与生产劳动相脱离的学校教育，即学校产生于奴隶社会初期。学校是始于人类知识及其传播专门化要求的最常见、最普遍的组织形式，是一种古老广泛存在的社会组织。教育从生产劳动中第一次分离的标志就是学校的产生。

根据可查证的资料，人类最早的学校出现于公元前 2 500 年左右的埃及。我国则最早出现在夏朝，当时的学校称为庠、序、校。周朝时期的教育形式为学在官府、政教统一；学校教育制度逐渐完备，出现了国学和乡学。

我国奴隶社会的教育内容是"六艺"，其分别是："礼"，包括政治、历史和以孝为本的伦理道德教育；"乐"，指音乐、诗歌、舞蹈教育；"射"，指射击教育；"御"，指以驾车为主的军事教育；"书"，指文字教育；"数"，指计算教育。六艺教育的中心是礼乐教育。礼、乐、射、御称为"大艺"，书、数称为"小艺"。

在我国奴隶社会的春秋时期出现了学术自由的现象，比如百家争鸣和稷下学宫。

（2）其他国家和地区奴隶社会的教育

①古代欧洲的教育。

欧洲奴隶社会曾出现过两种著名的教育体系——雅典教育和斯巴达教育。

斯巴达位于伯罗奔尼撒半岛的拉哥尼亚平原，其肥沃的土地适宜于农业种植，使其成为古代希腊最大的农业城邦。由于地处内陆地区，斯巴达与外界交往极为便利。斯巴达形成了以体育和军事训练为特征的教育制度。其目的是培养体格强壮、富有勇武精神和爱国精神、善于战斗并有持久斗志的武士。

雅典地处阿提卡半岛，三面临海，交通便利，航海和商业贸易发展较快，经济较为发达，而且其地理位置有利于接受古代东方文化。雅典教育的主要目的是培养具有较高的文化素养、道德高尚、能言善辩的公民和商人，即"身心既善且美"的人。

②古代印度的教育。

在古代印度，教育和宗教联系在一起，分为婆罗门教育和佛教教育。古代印度的种姓制将人分为四个等级：婆罗门，是最高层次，该阶层主要是僧侣；刹帝利，是武士或者贵族，主要是管理者；吠舍，主要是农民和从事工商业者的平民；首陀罗，主要是奴隶。婆罗门教育以家庭教育为主，学习《吠陀经》，僧侣是唯一的教师。佛教的主要教学活动是背诵经典和钻研经义。

③古代埃及的教育。

在古代埃及，出现了世界上最早的学校，即宫廷学校，又称文士学校，到后期又出现了职官学校，基本特征是以法为教、以僧为师、以吏为师，重视文士的培养，大量开设文士学校。

④古罗马的教育。

古罗马的学校有两种：一是为平民子弟准备的"文艺学校"和"游乐学校"，学习"十二铜表法"；二是为贵族子弟准备的"文法学校"和"修辞学校"。

2. 封建社会的教育

（1）我国封建社会的教育

由于封建社会的生产仍是手工操作为主的小生产，生产劳动者的培养不需要通过学校教育，因而封建社会的学校教育基本上也是与生产劳动相脱离的，具有鲜明的阶级性。

西汉时期，公元前 134 年汉武帝接受了董仲舒意见，"罢黜百家，独尊儒术"，封建学校分为了官学和私学，汉武帝创立了太学，作为全国最高教育机构；在地方设置了郡国学和郡县学，比如著名的四川"文翁兴学"。

隋唐朝时期出现了科举制，到了唐代教育制度更加完善，出现了六学和二馆。六学指的是国子学、太学、四门学、书学、律学和算学，二馆指的是崇文馆和弘文馆。

宋代，教育主要内容为四书：《论语》《孟子》《大学》《中庸》。

古代选士制度的演发历程分别是世卿世禄制—汉朝察举制—魏晋南北朝的九品中正制—隋唐的科举制。

明代以后，科举考试的固定格式是八股文，八股文的出现标志着封建社会教育开始衰落，1905 年科举制度被废除。

中国古代的学校主要包括官学、私学和书院三种形式。

（2）西方封建社会的教育

在西方的封建社会里，封建统治阶级内部形成了僧侣封建主和世俗封建主两个阶层，因而出现了两种类型的教育，即教会学校和骑士学校。

教会教育内容为七艺：文法、修辞、辩证法、几何、术数、天文、音乐。其中文法、修辞、辩证法被称为三科，几何、术数、天文、音乐被称为四算。教育的目的主要是培养僧侣和教士。

骑士教育就是世俗奴隶主子弟所受的教育，它同时也是一种培养为世俗封建主服务的、保护封建制度的武夫的教育。其作为中世纪西欧早期结合宗教教育与武士教育为一体的一种西欧封建主阶级的特殊教育形式而存在。骑士教育的主要内容是"七技"包括打猎、击剑、下棋、游泳、投枪、骑马、吟诗等。

到了 14 世纪文艺复兴时期，出现了文艺复兴教育，主要有新教教育、人文主义教育、天主教教育。文艺复兴后主张恢复古希腊重视美育的传统的学派是人文主义，主要代表有维多利诺、埃拉斯莫斯（伊拉斯谟）、拉伯雷和蒙田等人；人文主义教育的基本特征是人本主义、古典主义、世俗性、宗教性和贵族性。

3. 古代社会教育的特征

古代东西方的教育虽然在具体内容和形式上存在许多差异，但也有一些共同特征，如阶级性、道统性、等级性、专制性、刻板性、象征性等。

（三）近代社会的教育

近代社会的教育发展的主要特点有教育国家化、初等教育义务化、教育世俗化和法制化。具体来说主要表现为以下几点：

（1）国家加强了对教育的重视和干预，公立教育崛起。19 世纪以前，欧美国家的学校教育多为教会或行会主持，国家并不重视。19 世纪以后，资产阶级政府逐渐认识到公共教育的重要性，随后逐渐建立了公共教育系统。

（2）初等义务教育的普及。德国（当时称为普鲁士）在 1763 年实施义务教育，是世界上最早普及义务教育的国家。英国 1880 年实行 5～10 岁儿童的义务教育，1891 年完全实行初等免费教育，19 世纪 80 年代全国学龄儿童入学率达到 90%。

（3）教育的世俗化。教育从宗教中分离出来。有些国家明确规定，宗教、政党不得干预学校教育。

（4）重视教育立法，以法治教。西方近代教育发展的一个明显特点就是重视教育立法，教育的每次重要进展或重大变革，都以法律的形式予以规定和提供保证。如1852 年美国马萨诸塞州的《义务教育法》，1870 年英国的《初等教育法》，1872 年德国的《普通教育法》，1881—1882 年法国的《费里法案》，1886 年日本的《小学校令》等。

（四）现代社会的教育

现代社会的教育包括资本主义教育和社会主义教育。工业革命的兴起，生产力的发展，推动了教育的发展，同时教育也促进了生产力发展，消除了阶级性。

1. 现代教育特征

现代教育呈现出一些全新的特性：生产性、公共性、科学性、未来性、革命性、国际性和终身性。具体体现在：现代教育的生产性不断增强，教育同生产劳动由分离走向结合；教育的公共性、普及性和多样性日益突出；教学内容科学化，教育的科学化水平不断提高。

2. 20 世纪后期教育改革和发展的趋势

（1）教育的终身化

此思想形成于 20 世纪 50 年代末 60 年代初的欧洲，由法国人保罗·朗格朗首先提出，其代表作是《终身教育引论》。1965 年，联合国教科文组织成人教育局局长保罗·朗格朗在一次关于成人教育的会议上提出"终身教育"的概念。1972 年，联合国教科文组织发布报告《学会生存——教育世界的今天和明天》，建议把终身教育作为各国今后制定教育政策的主导思想，这是第一份提出终身教育理念的国际机构的文件。1996 年，国际 21 世纪教育委员会向联合国教科文组织提交了《教育——财富蕴藏其中》，其最核心的思想是教育应使受教育者学会学习，即教育要使学习者"学会认知（学会求知）""学会做事""学会共同生活（学会合作）"和"学会生存"，这一思想后来被称为学习的四大支柱。终生教育的特征有民主性、连贯性、形式多样化、自主性。

（2）教育的全民化

教育的全民化是指教育对象的全民化，亦即教育应该向所有人开放，人人都有接受教育的权利，且必须接受一定程度的教育。教育的终身化和全民化理念是当代社会指导教育改革的基本理念。

（3）教育的民主化

教育民主化是对教育的等级化、特权化和专制性的否定，尤其指教育的机会均等。教育的民主化向纵深发展，具体表现在教育的普及化开始，"教育机会均等"口号的提出，教育法制化的形成，教育民主化的质量和水平不断提高。

（4）教育的多元化

教育的多元化是对教育的单一性和统一性的否定，具体表现为培养目标的多元化、办学形式的多元化、管理模式的多元化、教学内容的多元化和评价标准的多元化等。

（5）教育手段和技术的现代化

教育手段和技术的现代化，就是用现代先进教育思想和科学技术武装人们，使教育思想观念，教育内容、方法与手段以及校舍与设备逐步提高到世界先进水平，培养出适应参与国际经济竞争和综合国力竞争的新型劳动者和高素质人才的过程。教育现代化的主要内容包括教育观念现代化、教育内容现代化、教育管理现代化、教育方法现代化、教育装备现代化、师资队伍现代化。其中教育观念的现代化是教育现代化的核心，也是衡量教育现代化的重要标准，教育现代化的最高目的是实现人的现代化。

（6）教育的全球化

进入20世纪50年代以后，科技的迅速发展、国际政治格局的调整，要求教育培养国际通用人才。

（7）教育信息化

教育信息化是指在教育管理、教学和科研等领域广泛深入地运用现代信息技术来促进教育改革与发展的过程。

（8）教育具有科学性

现代教育注重教育科学指导，由此使得教育科学研究获得重视。

第三节　教育学的产生与发展

一、教育学的概念和研究对象

1. 教育学的概念

教育学是通过对教育现象和教育问题的研究，去揭示教育规律的一门科学。

广义的教育学科泛指我国学科分类中一级学科教育学所属的各类教育学研究领域；狭义的教育学科主要指师范和教育院校在进修教师教育中所开设的公共教育。

2. 教育学的研究对象

教育学的研究对象是教育现象，重点是研究教育问题，目的是揭示教育规律。将教育学的研究对象界定为教育及其规律，反映了人们在教育学建构中的科学取向。教育学发展的根本动力在于对教育问题的研究。其研究的基本问题是社会、教育与人三者之间的关系。

二、教育学的发展

教育学是人类社会和教育实践活动发展到一定历史阶段的产物。教育学的产生和发展经历了以下几个阶段：

（一）教育学的萌芽阶段

萌芽时期的教育学也就是奴隶社会和封建社会的教育学，它是教育理论的萌芽和产生的时期。

1. 中国萌芽阶段的教育思想

（1）孔子的教育思想

孔子是我国春秋末期的思想家和教育家，儒家学派的创始人。其教育思想体现在由其弟子汇编的《论语》一书中。孔子学说的核心是"仁"和"礼"。"仁者爱人"，仁为核心。孔子主张启发式教育，提出了"不愤不启、不悱不发，举一隅不以三隅反，则不复也"。宋代朱熹这样解释："愤者，心求通而未得之意；悱者，口语然而未能之貌也；启，谓开其意；发，谓达其意"。孔子提出多闻、多问、多见、多识；从博返约，一以贯之；告往知来，叩其两端等观点；其"学而不思则罔，思而不学则殆"的观点表明孔子强调学思结合，同时强调知识要"学以致用"；"其身正，不令而行，其身不正，虽令不从"阐释了他对"以身作则"的见解；孔子提出有教无类的思想，扩大了受教育者的范围，即教育的起点相同，古代的"有教无类"与今天的"教育公平、教育均等"有异曲同工之妙；孔子主张因材施教原则和温故知新原则；孔子还提出"少成若天性，习惯如自然。"可见，早期家庭教育是学校教育的基础。在教育内容方面，孔子的教学内容偏向于社会人事、偏重文事，轻视科技和生产劳动；在整个教育中，孔子将道德教育居于首要地位。

（2）孟子的教育思想

儒家另一代表孟子提出了教育的意义在于"存心养性"等思想，坚持性善论。性善论注重自省和内在力量的挖掘，而性恶论注重外在规范的约束和行为的矫正。孟子认为教育的目的在于"明人伦"，在一般人伦的基础上，提出了"大丈夫"人格：富贵不能淫，贫贱不能移，威武不能屈。

（3）荀子的教育思想

作为儒家的又一代表，荀子提出了"性恶论"，主张教育的作用是化性起伪：通过教育和学习改变自己本性，使人具有适应社会生活的道德智能。荀子提出了"见微知著"的理论，即见到事物的苗头，就能知道它的实质和发展趋势，提出的教育过程是"闻—见—知—行"。

（4）墨家的教育思想

作为墨家的代表人物，墨翟主张"兼爱"和"非攻"的教育思想，注重文史知识的掌握和逻辑思维能力的培养，同时还注重技术的传习；对于获得知识的理解，墨家认为主要有"亲知""闻知"和"说知"三种途径，但认为前两种都不可靠，必须重视"说知"，就是依靠类推和明故的方法来获得知识。墨家教育内容的特色主要体现在科学技术教育和训练思维能力的教育上，它突破了儒家六艺的教育范畴，其思想具有强烈的功利色彩，重视科学技术的运用。

（5）道家的教育思想

道家的代表人物是老子和庄子。他们主张自然无为，超脱世俗；提出了"弃圣绝智""弃仁绝义""道法自然""复归"人的自然本性等思想。"弃圣绝智"指的是一个人达到了神圣的地步，从而舍弃了知识；"弃仁绝义"指的是老子认为人为的仁义必然参假，只有放弃了假仁假义，才能让一个人真正受到敬仰。

（6）《学记》的教育思想

战国末期，中国出现了我国乃至世界上最早记载教育理论的专著《学记》，作者是孟子的学生乐正克。《学记》比古罗马昆体良的《雄辩术原理》早了300多年。其主要观点有：

"建国君民，教学为先""君子欲化民成俗，其必由学"充分说明教育和政治有密切的关系"。

豫时孙摩："豫"，"禁于未发之谓豫"，是预防即预防性原则；"时"，"当其可之谓时"，是及时即及时施教原则；"孙"，"不陵节而施之谓孙"，是循序即循序渐进原则，指教学要遵循一定的顺序进行；"摩"，"相观而善之谓摩"，即学习观摩原则，指在学习中要相互观摩，取长补短。

尊师重道："师严然后道尊，道尊然后民知敬学"。

主张启发式教学"君子之教，喻也""道而弗牵，强而弗抑，开而弗达"。

"学不躐等""不陵节而施"坚持学生身心发展的顺序性，主张循序渐进。

"臧息相辅，时教必有正业、退息必有居学"主张课内和课外学习相结合。

长善救失：认为教学中有"四失"，即"过多、过少、过难、过易"，在教学中应当贯彻长善救失的原则。"教学相长"，即在教学的过程中教师和学生都可以认识到自己的不足，不断进步。

"杂施而不孙，则坏乱而不修"，即教师杂乱地施教，学生不按顺序学习，会使学生头脑混乱而不知所措。

"当其可之谓时，时过然后学，则勤苦而难成"，即教育要抓住关键期；"玉不琢，不成器；人不学，不知道"，揭示了教育的个体功能。

"比年入学，中年考校。一年视离经辨志，三年视敬业乐群，五年视博习亲师，七年视论学取友，谓之小成。九年知类通达，强立而不反，谓之大成。夫然后足以化民易俗，近者悦服而远者怀之。此大学之道也。"充分体现的我国古代教育的特点是德智并重。

2. 西方萌芽阶段的教育思想

（1）古罗马昆体良

昆体良著有的《雄辩术原理》（又称为《论演说家的教育》或《论演说家的培养》），是西方第一部教育著作，也被誉为古代西方第一部教学法论著；同时昆体良也是西方教育史上第一个专门论述教育问题的教育家。

（2）古希腊苏格拉底

苏格拉底提出产婆术，又称助产术、问答法，是西方最早的启发式教育思想。它分为讽刺、定义、助产三个步骤。苏格拉底是最早提出发现法的教育家，他强调完善人格的道德教育，提出美德是可以教育的。

（3）古希腊柏拉图

柏拉图著有《理想国》，认为对人的理性进行教育是教育的核心所在。他将人分为三个集团或者等级：第一是运用智慧管理国家的哲学家；第二是用勇敢精神保卫国家的军人；第三是受情绪鼓动的劳动者。他主张理性主义，认为教育和政治相关，这种观点是国家主义教育思想的渊源，同时提出了"寓学习于游戏"。

（4）古希腊亚里士多德

亚里士多德著有《政治学》，主张按照儿童心理发展的规律对儿童进行分阶段教育，促进其德智体美劳和谐发展；他首次提出了教育要遵循自然，是古希腊百科全书式的哲学家，同样追求柏拉图的理性说。

（二）教育学的独立形态阶段

1. 培根

培根是英国哲学家，其代表作为《新工具》，首先提出了科学归纳法，号召采用实验法研究，被称为实验科学的鼻祖；提出经验化教学，认为知识源于感觉，重视经验的作用；在 1623 年发表的《论科学的价值和发展》一文中首次指出应该把"教育学"作为一门独立学科从学科分类中提出来。

2. 夸美纽斯

夸美纽斯是捷克教育家，1632 年出版了《大教学论》，这标志着教育学成为一门独立学科，该著作被称为近代第一本教育学著作。因此夸美纽斯被称为教育学的鼻祖；其主要教育观点有：泛智教育，主张把一切事物教给一切人，一切男女青年都应该进学校；教育适应自然；提出了班级授课制；提出并论证了直观性、系统性、量力性、巩固性和自觉性等教学原则。

3. 康德

德国哲学家康德的教育思想主要反映在《康德论教育》（又称《教育论》）中。他认为人的所有自然禀赋都有待于发展，"人是唯一需要教育的动物"。康德于 1776 年在德国的柯尼斯堡大学的哲学讲座中讲授教育学，最早在大学里讲授教育学这门课程；他提出"教育一定要成为一种学业，否则无所希望""教育的方法必须成为一种科学，否则决不能成为一种有系统的学问"。康德是有名的教育万能论者。

4. 卢梭

法国教育家卢梭，坚持"性善论"。他的教育小说《爱弥儿》宣扬了他的自然主义教育思想，《爱弥儿》开篇第一句就是，"出自造物主之手的东西都是好的，而一到了人的手里就变坏了。"卢梭认为教育的任务应该是让儿童"归于自然"。卢梭在教育史上的最大贡献是提出"发现儿童论"，提出的教育方法叫"自然后果法"，又叫"后果教育法"。

5. 洛克

英国教育家洛克，代表作是《教育漫话》，提出了"白板说"，他的名言"人类之所以千差万别，便是由于教育之故"充分体现了这个观点。洛克认为教育的目的是培养绅士，而这种培养只能通过家庭教育，由此他提出了"绅士教育"。

6. 裴斯泰洛齐

瑞士教育家裴斯泰洛齐，被称为慈爱的儿童之父，著名的要素主义者，主张形式教学论。其代表作为《林哈德与葛笃德》，是西方教育史上最早提出"教育心理学化"口号的教育家；他主张教育遵循自然，使儿童自然发展，提倡情感教育，爱的教育。

7. 赫尔巴特

德国教育家赫尔巴特，在世界教育史上被称为"科学教育学之父""现代教育学之父"，1806 年出版了《普通教育学》，该著作标志着规范教育学的建立，同时这本书被认为是第一本现代教育学著作。赫尔巴特对 19 世纪以后的教育实践和教育思想产生了很大影响，被看作传统教育理论的代表。

其主要教育观点有：

（1）赫尔巴特主张将伦理学和心理学作为教育学的理论基础。他非常强调教师的权威作用，强调教师的中心地位，形成了传统教育三中心：教师中心、教材中心、课堂中心。

（2）他提出"四段教学法"，将教学过程分为明了、联想、系统和方法。后由他的学生齐勒修改为"五段教学法"，即预备、提示、联想、总结和应用。

（3）他首次提出了"教育性教学"的概念，教育性教学原则："我想不到有任何无教学的教育，正如相反方面，我不承认有任何无教育的教学"，强调传授知识与品德教育相统一。

（4）他认为教育的目的是培养良好的社会公民；教育的最高目的是道德和性格的完善。

（5）他提出了统觉概念，统觉是指新观念和旧观念的同化和吸收的过程。

9. 杜威

美国教育家杜威，是实用主义教育学的创始人、现代教育代表人物、进步教育代表人物、儿童中心代表人物、经验中心代表人物，被称为"创立美国教育的首要人物"。其代表作有《民主主义与教育》（又翻译为《民本主义与教育》）、《我们怎样思维》、《儿童与课程》，其主要教育思想有：

（1）提出了新三中心论：以学生为中心（儿童中心）、以学生的直接经验为中心、以活动为中心。

（2）提出教育本质论：教育即生活，教育即生长，教育即经验的不断地改组或改造，是其教育思想的基础与核心；学校即社会；提倡"从做中学"。

（3）提出五步教学法：①创设疑难情景；②确定疑难所在；③提出解决问题的种种假设；④推断哪个假设能解决这个困难；⑤验证这个假设。

（4）提出教育的无目的论：教育没有教育过程以外的目的，教育目的蕴含在教育活动过程中，教育过程即教育目的。教育目的的本身就是教育，在教育之外没有其他目的。杜威所否定的是教育的一般的、抽象的目的，强调的是教育过程内在的目的，即每一次教育活动的具体目的，并非主张教育完全无目的。

（5）主张发挥学生的学习主动性。杜威及其夫人在"杜威学校"为学生设计了四大类直接经验的课程内容，把课程看作获得经验的途径。课程内容如下：手工制作类的课程内容，如木工、金工、缝纫、烹调、园艺等；语言社交类的课程内容，如游戏、俱乐部、表演等；研究与探索类的课程内容，如历史研究、自然研究、专业化活动研究等；艺术类的课程内容，如乐队活动、乡村音乐会等。

（三）20 世纪以来教育学的多元化发展

20 世纪是教育学迅速成长和发展的世纪。在赫尔巴特创立的教育理论基础之上，出现了许多新的教育理论和教育学派别，并产生了一些重要的教育学著作。

1. 实验教育学

实验教育学是 19 世纪末 20 世纪初在欧美一些国家兴起的用自然科学的实验法研究儿童发展及其与教育的关系的理论。其代表人物是梅伊曼和拉伊，其代表作分别是梅伊曼《实验教育学纲要》（1914）和拉伊的《实验教育学》（1908），基本观点有：提倡把实验心理学的研究成果和方法运用于教育研究，是教育研究科学化；把教育实验分为提出假设、进行实验和确证三个基本阶段；主张用实验统计和比较的方法探索儿童心理发展过程的特点及其智力发展水平，用实验数据作为改革学制、课程和教学方法的依据。

2. 文化教育学

文化教育学又称精神科学教育学，是19世纪末以来出现在德国的一种教育学说，其代表人物是狄尔泰、斯普朗格和利特等人。基本观点有：人是一种文化的存在，人类历史是一种文化的历史，教育的过程是一种历史文化过程，教育研究采用精神科学或文化科学的方法进行，教育的目的是促进社会历史的客观文化向个体的主观文化转变，培养完整的人格。

3. 实用主义教育学

实用主义教育学是19世纪末20世纪初在美国兴起的一种教育思潮，是典型的"美国版"教育学。其代表人物是美国的杜威、克伯屈（W. H. Kilpatrick，1871—1965）等人，代表性著作有杜威的《民主主义与教育》《经验与教育》，克伯屈的《设计教学法》等。

实用主义教育学也是在批判以赫尔巴特为代表的传统教育学的基础上提出来的，提出教育即生活，教育的过程与生活的过程是合一的，而不是为将来的某种生活做准备的；教育的目的是使学生个体经验继续不断地增长，除此之外教育不应该有其他目的；学校是一个雏形的社会；课程组织以学生的经验为中心；师生关系以儿童为中心，教师只是学生成长的帮助者，而非领导者；教学过程应重视学生自己的独立发现、表现和体验，尊重学生发展的差异性。

实用主义教育学的不足之处就是在一定程度上忽视了系统知识的学习，忽视了教师在教育教学过程中的主导作用，忽视了学校的特质。

4. 马克思主义教育学（社会主义教育学）

关于马克思主义教育学，克鲁普斯卡娅关于教育的著述最早，其代表作《国民教育与民主制度》是以马克思主义为基础最早探讨教育学问题的著作。加里宁的《论共产主义教育和教学》（1945），提出了教师是人类灵魂的工程师。凯洛夫主编的《教育学》（1939）和杨贤江的《新教育大纲》（1930）等也是马克思主义教育学的重要论述。其中凯洛夫主编的《教育学》（1939）被称为社会主义阵营的第一本教育学，或者是世界上第一部马克思主义教育学。它构建了教育学的理论体系，论述了全面发展的教育目的，对我国的教育影响很大；主张现代教育的根本目的是促使学生的全面发展；现代教育与现代大生产劳动的结合，是培养全面发展的人的唯一方法；教育一方面受社会政治经济和文化的制约，另一方面又反作用于它们；马克思主义的唯物辨证法和历史唯物主义是教育科学研究的方法论基础。

5. 批判教育学

批判教育学是20世纪70年代之后在西方国家兴起的一种教育思潮。其代表人物及相应著作有美国的鲍尔斯和金蒂斯《资本主义的学校教育》、阿普尔《教育与权力》和法国的布迪厄《教育、社会和文化的再生产》。

批判教育学的观点认为当代资本主义的学校教师是维护社会不公平和不公正的工具；教育现象不是中立和客观的，教育理论研究不能采用伪装科学主义的态度和方法；学校教育的功能是再生产出占主导地位的社会政治意识形态、文化关系和经济结构。

6. 制度教育学

制度教育学是20世纪60年代诞生于法国的一种教育学说，其代表人物是F.乌里、

A. 瓦斯凯、M. 洛布罗等人，代表著作是瓦斯凯和乌里的《走向制度教育学》（1966）、《从合作班级到制度教育学》（1970）以及洛布罗的《制度教育学》（1966）等。该学派提出教育学研究应以教育制度作为优先目标；教育制度是造成教育实践中的官僚主义、师生与行政人员间疏离的主要原因；教育的目的是帮助完成预想的社会变迁，这就要求进行制度分析；教育制度的分析不仅要分析显性的制度，也要分析隐性的制度。

（四）中国近代教育思想

中国近代教育的思想发展较为多元，其中杨贤江、蔡元培、陶行知等人的思想较有代表性。

1. 杨贤江

我国教育家杨贤江化名为李浩吾，1930 年出版《新教育大纲》，这被称为我国第一本马克思主义教育学著作。其主张全面关心、教育和引导青少年必须学习，干预政治，投身革命。完美的青年生活包括健康生活、社会生活、文化生活、职业生活。

2. 蔡元培

毛泽东称颂他为"学界泰斗，人世楷模"的教育家。他贯彻"思想自由，兼容并包"的办学原则，提出五育并举的教育方针和教育独立的思想：教育经费独立，教育行政独立，教育学术和内容独立，教育脱离宗教而独立。

3. 黄炎培

黄炎培是我国职业教育先驱，他提倡"大职业教育主义"。他主张手脑并用，做学合一，理论与实际并行，知识与技能并重。他把职业道德的要求概括为"敬业乐群"，认为青年要有"利居众后，责在人先"的服务精神和奉献精神。

4. 陶行知

我国民国时期的大教育家陶行知，毛泽东称颂他为"伟大的人民教育家"，宋庆龄赞誉他为"万世师表"。他极力主张把教授法改成"教学法"；提出了生活教育理论，认为"生活即教育""社会即学校"和"教学做合一"。

5. 晏阳初

晏阳初认为中国的大患是民众的贫、愚、弱、私"四大病"，主张通过办平民学校对民众首先是农民，先教识字，再实施生计教育、文艺教育、卫生教育和公民教育"四大教育"；推行"四大教育"，必须采用"三大方式"，即学校式、家庭式和社会式。

6. 梁漱溟

梁漱溟一生从事人类基本问题：人生问题和社会问题的思考。他认为乡村教育没有乡村建设，便没有生机；乡村建设没有乡村教育，便没有前途。因此，乡村教育与乡村建设在实际上是合二为一的。

（五）当代教育学理论的新发展

1. 布鲁纳

美国教育家布鲁纳在《教育过程》中提出"结构教学论"，强调"无论我们选教何种学科，务必使学生理解该学科的基本结构"；他倡导发现法，培养学生的科学探索精神、科学兴趣和创造能力。

2. 赞科夫

1925 年苏联教育家赞可夫出版了《教学与发展》，提出"发展性教学"[①] 理论，其中的一个中心思想，就是"以尽可能大的教学效果来促进学生的一般发展"。所谓一般发展，不仅包括发展学生的智力，而且还要发展学生的情感、意志品质、性格和集体主义思想，它包括学生的整个个性。因此教学担负起使学生掌握知识和个性得到发展的双重任务。他提出："发展性教学"的核心是以最好的教学效果来达到学生最理想的发展水平；提出了五条教学理论即高速度、高难度、理解学习过程、理论知识起到指导作用、让所有学生包括"差生"都得到一般发展的原则。

3. 瓦·根舍因

德国教育家瓦·根舍因创立了范列式教学理论，提出改革教学内容，加强教材的基本性、基础性，并通过对范例的接触，培养学生独立思考、独立判断和独立工作的能力。

4. 皮亚杰

瑞士教育家皮亚杰的《教育科学与儿童心理学》，认为教育的目的主要是发展学生的智力。

5. 苏霍姆林斯基

苏联教育家苏霍姆林斯基，其代表作有《给教师的一百条建议》和《把整个心灵献给孩子》，当中阐述了他的和谐教育思想，认为学校教育的理想是培养全面和谐发展的人。

6. 巴班斯基

苏联教育家巴班斯基提出教学过程最优化理论。该理论是建立在系统方法论的基础上的。系统观点认为世界上的一切事物、现象和过程都是一个有机的整体，都是自成系统，又互为系统。系统即由相互作用和相互依赖的若干组织部分结合而成的有机整体。他提出的教学过程最优化思想，就是把教学过程作为一个系统进行研究，并且对构成该系统的各个有机联系的组成部分进行综合考察的。他主张把教学过程中的人（教师和学生）、条件（教学物质条件、教学卫生条件、教学的道德心理调节）、教学过程结构（包括教学目的和任务、教学内容、教学方法、教学组织形式、教学结果）以及教学实施的基本环节形成教学的系统。

第四节　学校教育制度的产生与发展

一、学校教育制度概述

教育制度是指一个国家各级各类教育机构与组织的体系及其管理规则的总称。广义的教育制度是国民教育制度，是指一个国家为实现其国民教育目的，从组织系统建立起来的一切教育设施和有关规章制度。狭义的教育制度指的是学校教育制度，简称

---

① 华图教育. 教育公共基础笔试 [M]. 成都：成都时代出版社，2014，28.

学制，是指一个国家各级各类学校的系统，它规定着各级各类学校的性质、任务、入学条件、修业年限以及它们之间的纵向和横向关系。学校教育制度是国民教育制度的核心和主体，体现了国民教育制度的实质；学校教育制度的三个基本构成要素是学校的类型、学校的级别和学校的结构。

现代教育制度的核心部分是学校教育制度。它包括学前教育机构、学校教育机构、业余教育机构和社会教育机构等。

教育制度的发展经历了从前制度化教育，到制度化教育，再到非制度化教育的发展过程。

二、我国学制的产生和发展

（一）我国近代学制的诞生

1. 旧中国的学制沿革

我国现代学制的建立是从清末"废科举、兴学校"开始的；我国古代的学校教育制度系统包括官学教育系统、私学教育系统和书院教育系统。

（1）壬寅学制

壬寅学制又称为《钦定学堂章程》，是中国教育史上第一个系统完备的现代学制，以日本学制为蓝本，1902年制定，是中国近代教育史上最早由国家颁布的学制，但是没实施。

（2）癸卯学制

癸卯学制又称为《奏定学堂章程》，1903年制定，1904年颁布执行。它参照日本学制，是中国历史上第一个经正式颁布后在全国范围内正式推行的学制。其中《奏定初等小学堂章程》，规定设初等小学堂，招收6岁儿童入学，修业年限为4年，并规定初等小学教育为义务教育。癸卯学制首次在中国提出"义务教育"；标志着中国近代教育走向制度化、法制化阶段；学制分为三段七级，该学制的一个突出特点是修业年限特别长，从进蒙养院到读完通儒院，需要整整30年。该学制的颁布标志着中国高等教育进入创立阶段。

（3）壬子癸丑学制

蔡元培于1912年制定了"壬子学制"，后于1913年进行了修订，故称"壬子癸丑学制"。该学制依然以日本学制为蓝本，其主体结构分为三类三段七级。三类指普通教育、实业教育和师范教育三种类型。壬子癸丑学制缩短了初中等阶段的教育年限；提出废止读经，确立了女子受教育的权利；在法律上体现了教育机会均等，提出了"男女同校"；提高了职业教育和师范教育的地位，明显反应了资产阶级在学制方面的要求，将学堂改为学校，充实自然学科，是我国教育史上第一个具有资本主义性质的学制。

（4）壬戌学制

壬戌学制1922年在北洋军阀的支持下制定，以美国学制为蓝本，依旧按三类三段七级设学；明确以儿童年龄和青少年身心发展规律作为划分学校教育阶段的依据。该学制是中国历史上实施时间最长，影响最大的学制，一直沿用到中华人民共和国成立。其特点是：初等教育年限缩短一年，中等教育则延长两年；中学分为初级和高级两个阶段，更符合学生身心发展特点；小学修业 6 年，初中 3 年，高中 3 年，故称"六三三制"。

（二）中华人民共和国的学制沿革

1951 年颁布的中华人民共和国新学制，是中华人民共和国成立以来推行的第一个新学制。

1958 年的学制改革颁布了《关于教育工作的指示》，提出了"三个结合"，即统一性和多样性结合，普及与提高结合，全面规划和地方分权相结合；"六个并举"，即国家办学与厂矿、企业、农业合作办学并举，普通教育与职业教育并举，成人教育与儿童教育并举，全日制学校与半工半读也与学校并举，学校教育与自学并举，免费教育与收费教育并举。

1985 年《中共中央关于教育体制改革的决定》，明确提出推行九年义务教育。

1993 年《中国教育改革和发展纲要》，提出了"两基""两全""两重"的思想。"两基"：基本普及九年义务教育和基本扫除青壮年文盲；"两全"：全面贯彻党的教育方针和全面提高教育质量；"两重"：建设好一批重点学校和一批重点学科。

1999 年《中共中央国务院关于深化教育体制改革，全面推进素质教育的决定》第一次明确提出了"终身教育"。

（三）我国现行学校教育制度的结构及类型

从层次结构看，我国现行学校教育包括幼儿教育、初等教育、中等教育、高等教育；从类型结构来看，我国现行学校教育可以划分为基础教育、成人教育、高等教育、职业技术教育、特殊教育；从内容来看，学校教育制度可以分为学前教育制度、初等教育制度、中等教育制度、高等教育制度。

三、我国当前学校教育制度改革

我国当前学校教育制度改革措施有：加强基础教育、落实义务教育；当前我国教育的薄弱环节是职业教育和幼儿教育，其中最薄弱的是职业教育，因此调整中等教育结构，发展职业技术教育是当务之急；进一步发展高等教育，走内涵发展为主的道路；重视成人教育，发展终身教育。

四、现代学制三种主要类型

（一）单轨制

单轨制以美国为代表的学制结构，形成于 19 世纪后半期。其具体为自下而上的结构：小学、中学，而后可以升入大学。其特点是一个系列，多种分段。"轨"为一个年级的班数。从小学到大学，形式上任何儿童都可以入学。这种学制有利于教育的普及；局限是教育参差不齐、效益低下、发展失衡、同级学校之间的教学质量相差较大。

（二）双轨制

双轨制主要是根据入学者的阶级和社会地位，分别进入两套不同的学校系统，即自上而下的大学—中学系统和小学—初等职业学校系统。其以英国的双轨制为代表，欧洲国家多数是这种学制，产生于 16 世纪，是在古代等级特权学校的基础上产生的。其学校系统分为两轨：一套系统是为贵族和特权阶层的孩子所设立的，为特权阶级占有，主要是为了让贵族和特权阶层的孩子能够进入以学术课程为主的文法或公学，将来可以升入高等学府机构或者是大学，掌握学术理论知识；另一套系统是为普通的平民阶层设立的职业教育。双轨制的一个重要目的是调解"精英"与"大众"型高等教育之间的矛盾，实现"平等存异"原则，但事实上它却是一种教育机会不平等的教育制度，具有阶级性，不利于教育的普及。

（三）分支制

分支制主要是出现在苏联和中国，这种学制既有上下级学校之间的相互衔接，又有职业技术学校横向的相互联系，因此又被称为"中间型学制"或者"Y型学制"。这种学制上通高等学校，下达初等学校，左边中等专业学校，右边中等职业技术学校互连。这种学制的优势是有利于教学的普及且具有较高的学术性；劣势是课时多、课程复杂、教学不够灵活。

当今学制改革的基本趋势是由双轨制转变为单轨制。中国现行学制是由单轨制发展而来的分支制。

五、现代教育制度的发展趋势

现代教育制度的发展趋势有加强学前教育并重视与小学教育的衔接；强化普及义务教育，延长义务教育的时间，义务教育是必须保证的国民基础教育；中等教育、普通教育与职业教育朝着相互渗透的方向发展；高等教育大众化，高等教育毛入学率低于15%属于精英教育，大于15%小于50%属于大众化阶段，大于50%属于普及化阶段，我国已经进入了大众化阶段；终身教育体系的建立，终身教育最大的特点是终身性；教育社会化和社会教育化；教育的国际交流加强；学历教育和非学历教育的界限逐渐淡化。

第二章

教育的功能

第一节 教育功能概述

一、教育功能的含义

所谓教育功能是指人类教育活动和教育系统对个体发展和社会发展产生的作用与影响。

二、教育功能的类型

对教育功能类型的划分，可以从多个角度着手。

从作用的对象看，教育功能可分为个体功能与社会功能。个体功能包括个体谋生功能、个体发展功能和个体享受功能。教育的个体功能是本体功能，教育的社会功能是派生功能。教育的个体功能与教育的社会功能二者相互影响，只有发展好个体功能，才能更好地促进社会功能的发展。无论是中国古代社会还是西方古代社会，对于教育功能的认识均具有浓烈的政治伦理色彩。

按照作用的方向，我们可以将教育功能分为正向功能与负向功能；教育的负向功能即不正确的教育方式对受教育者的危害，当前主要表现在过重的学业负担和唯"智"是举的做法、现存的学习管理模式的弊端、教育的功利性丧失了对生命的关怀。产生负向功能的根源是教育与政治、经济、文化发展的不协调。

按照作用呈现的形式，我们可以将教育功能分为显性功能与隐性功能。隐性功能是显性功能所出现的非预期性的功能，比如促进人的发展是现代教育所预期的显性正向功能。

三、教育的个体功能与社会功能

（一）教育的个体功能

教育对个体的发展的正向功能表现为促进个体社会化的功能和促进个体个性化的功能。

个体个性化主要是指个体在社会适应、社会参与过程中所表现出来的比较稳定的独特性。教育促进个体个性化的功能主要表现在：教育促进个体主体意识的发展；教育促进人的个体特征的发展；教育促进人的个体价值的实现。教育可以提升人的地位，这具体表现在四个方面：发现人的价值、发掘人的潜力、发挥人的力量、发展人的个性。

个体社会化是指教育促进人的观念社会化；教育促进人的智力和能力社会化；教育促进人的职业和身份社会化。

（二）教育的社会功能

教育的社会功能具体是指教育活动和教育系统对社会所产生的各种影响和作用，具体说来包括教育的经济功能、教育的政治功能、教育的文化功能、教育的科技功能和教育的人口功能。

1. 教育的经济功能

教育的经济功能是指教育把可能的生产力转化为直接的现实的生产力，实现劳动力的再生产。教育需要大量的人力、物力和财力投入，是消费事业；同时，教育可以再生产劳动力，对经济发展有促进作用。

教育通过提高劳动者的素质来促进经济发展；教育实现了科学知识的再生产；教育生产新的科学知识、新的生产力。教育是发展科学的一个重要手段。

2. 教育的政治功能

教育的政治功能体现在：通过培养一定社会所需要的合格公民和政治人才去实现教育的政治作用；通过宣传统治阶级的思想意识，制造一定的社会舆论来为政治服务；教育推进政治民主化。从古至今，为社会统治阶级政治服务是学校教育的重要职能之一。

3. 教育的文化功能

教育对文化具有传递功能、选择功能、批判功能、交流和融合功能、创新功能。教育和文化之间的关系，首先是教育构成了文化的本体，而且教育具有传递、提高、深化文化的作用。

4. 教育的科技功能

教育可以再生产科学技术和生产新的科学技术；教育推进科学的体制化；教育具有科学研究的功能；教育具有推进科学技术研究的功能。

5. 教育的人口功能

教育可以提高人口质量，是改变人口质量的手段之一；教育可以使人口结构趋于合理；教育有利于人口迁移，但教育不能控制人口的迁移。

（三）教育与学校文化

1. 学校文化的概念

学校文化指学校全体成员和部分成员习得且共同具有的思想观念和行为方式。学校文化主要包括：精神文化、制度文化和物质文化。学校文化的缩影是校园文化。校园文化是指学校全体员工在学习、工作和生活的过程中所共同拥有的价值观、态度、作风和行为准则。

2. 学校文化的内容

校园精神文化是校园文化的核心，其基本成分可以分解为认知成分、理想成分、价值成分和情感成分，比如校风、班风等虚拟存在；校园物质文化是校园环境建设的一部分，是指校园硬件环境的配备与展示，包括园区环境的装点与室内环境的营造，比如校园设施等实体存在；校园组织和制度文化，作为校园文化的内在机制，是维护学校正常秩序不可少的保障机制，是校园文化建设的保障系统，比如学校传统、规则、制度等。

3. 校园文化的特征

校园文化的特征有互动性、渗透性和传承性。互动性即师生共同创造校园文化；渗透性即在校园的各个角落都渗透着校园文化；传承性即校园文化可以代代相承。

第二节　教育功能的影响因素

一、影响人身心发展的因素

遗传素质是物质基础，即遗传素质是人的身心发展的物质前提，但不是唯一的决定因素，为个体的发展提供了各种可能。

环境起影响作用。环境影响人的发展，但是不起决定作用。环境是人的身心发展的外部客观条件，环境使遗传提供的发展可能性变成现实。

教育起主导作用。教育在人的发展中起主导作用，主要表现在学校教育对个体的发展做出社会性规范；学校教育具有开发个体特殊才能和发展个性的功能；学校教育对个体发展的影响具有延时作用也有即时作用；学校教育具有加速个体发展的特殊功能。

个体的主观能动性起决定作用。主观能动性是人的身心发展的动力，是促进个体发展的决定性因素，主要表现为三个层次结构，即生理、心理和社会实践活动。人的身心发展的源泉和动力在于个体因素。

二、个体身心发展的含义

个体身心发展指的是个人由生到死身心特点向积极方面发展的过程，特别是指个体的身心特点向积极的方面转变；就内容而言，个体身心发展包括身体和心理两个方面。

三、个体身心发展的动因

1. 单因素论与多因素论

（1）单因素论

单因素论认为影响人身心发展的因素只有一个。

遗传决定论：强调遗传在儿童心理发展中的作用，认为儿童心理的发展是由先天的、不变的遗传所决定的。其代表人物有高尔顿和霍尔。

环境决定论：重视教育和环境对儿童心理发展的作用，但是该理论片面地强调和机械地看待环境和教育的作用，认为儿童心理的发展完全是由环境决定的。其代表人物是华生。从教育与人的发展关系来看，"环境决定论"完全否定了人的能动性、遗传的作用。

教育万能论：把教育的作用夸大到可以决定社会，否定遗传素质差异对人的发展产生影响的教育观点。其代表人物是爱尔维修和康德。

（2）多因素相互作用论

多因素相互作用论又叫共同作用论、辐合论，是从辩证唯物主义的观点提出的。其观点认为影响人身心发展的因素是多方面的，如教育、遗传、环境；主要代表是斯皮尔曼和施泰伦。施泰伦提出了人的发展等于遗传与环境之和；吴伟士提出了人的发展等于遗传和环境的乘积。

2. 内发论与外铄论

（1）内发论

内发论强调内在需要，如"需要""成熟"，强调人的身心发展的力量来源于人自身的内在需要；主要代表人物有中国的孟子、奥地利的弗洛伊德、美国的威尔逊、美国的格赛尔、英国的高尔顿和美国的霍尔。

孟子认为人性本善，在人的初始状态时，人性是善的，后天受到习染则可能会变得不善。威尔逊提出"基因复制"。精神分析学派代表人物弗洛伊德认为人的本能是最基本的自然本能，提出了人格发展阶段论：本我（追求快乐）、自我（追求现实）、超我（追求道德原则）理论。高尔顿作为遗传决定论的"鼻祖"，认为个体的发展完全是内在的基因所决定的。霍尔提出复演说，认为"一两的遗传胜过了一吨的教育"，提出了个体身心发展是人类简单进化的过程，个体发展由各种次生发展决定。格赛尔通过同卵双生子爬楼梯实验的研究证明了成熟机制对人发展的作用。

（2）外铄论

外铄论认为人的发展主要是依靠外在的力量，比如环境的刺激和教育的作用，对人的改造保持一种积极乐观的态度；主要代表人物有中国的荀子、英国的洛克、美国的华生等。

荀子主张人性本恶，"今人生性，生而好利焉"；荀子最早将"道"和"德"连用为"道德"。洛克提出的白板说也强调后天环境和教育在人的发展中的作用。华生的名言，"给我一打婴儿，不管他们祖先的状况如何，我可以任意地把他们培养成从领袖到小偷等各种类型的人"，充分强调了环境和教育的作用。

四、个体身心发展的一般规律

个体身心发展的一般规律包括阶段性、顺序性、不平衡性、互补性、个别差异性、整体性、稳定性和可变性。

阶段性指不同的年龄阶段表现出来的总体特征不同，必须坚持在不同的年龄阶段使用不同的教学内容和方法。

顺序性指人的身心发展过程是由低级到高级、由简单到复杂、由量变到质变的过程；必须坚持循序渐进的原则，不能拔苗助长和陵节而施。"拔苗助长""陵节而施"违背了青少年身心发展规律的顺序性和阶段性。皮亚杰的发生认知论和科尔伯格的道德认知发展论皆证实了这个特征。个体教育要重视维果茨基的最近发展区理论和"跳一跳摘桃子"经验，坚持量力性原则。

不平衡性主要表现为个体在不同的年龄阶段，其身心发展是不平衡的；在同一时期，青少年身心发展的不同方面的发展也是不平衡的，发展有高峰期和低迷期，如青春期是人发展的最高峰期，也称为敏感期或者最佳期。劳伦茨根据幼禽追随母禽的关键期得出此理论。教育要善于抓住关键期。关键期的发展错过之后，通过补偿性的学习也可以获得，只是难度更大。

互补性是指机体某一方面的机能受损甚至缺失后，可通过其他方面的超常发展得到部分补偿。互补性也存在于心理机能与生理机能之间。教育者必须要坚持教学的"扬长避短"和"长善救失"原则，并注重生命教育。

个别差异性是指个体之间的身心发展以及个体身心发展的不同方面之间，存在着发展程度和速度的不同，比如大器晚成和聪明早慧。其表现在：不同儿童同一方面的发展速度和水平不同；不同儿童不同方面的发展存在差异；不同儿童所具有的个性心理倾向不同。个别差异也表现在群体间，如男女性别的差异。

整体性指的是学生是一个整体的人，以其整个身心投入教学生活，并以整个身心来感知、体验、享受和创造这种教学生活。

稳定性是指处于一定社会环境和教育中的某个年龄阶段的青少年儿童，其身心发展的顺序、过程速度都大体相同，而在不同的环境和教育条件中，同一年龄儿童的身心发展水平是有差异的。

五、个体身心发展的一般规律对教育的个体功能的影响

个体身心发展的不同规律，决定了教育工作必须采用不同的教育方法来进行，才能取得良好的效果。

个体身心发展的阶段性规律，要求教育者不能搞"一刀切"，要注意各阶段之间的衔接工作，工作要有针对性；个体身心发展的顺序性规律，要求教育者循序渐进地教育；个体身心发展的不平衡性，要求教育者抓住关键期；个体身心发展的互补性，要求教育者发现学生的优势，扬长避短，长善救失，同时尊重生命；个体身心发展的个别差异性，要求教育者因材施教；教育要适应个体身心发展的稳定性和可变性的规律，做到从实际出发，促进个体身心的发展。

六、教育的社会功能的影响因素

（一）生产力对教育社会功能的影响

生产力发展状况制约着一个社会的教育目的和培养目标的制定；影响着教学内容和课程内容的确定；制约着教育事业发展的规模和速度，教育的培养规格；制约着教学方法、教学手段和教学组织形式的改革。

（二）政治经济制度对教育社会功能的影响

政治经济制度的性质决定教育的性质；决定教育的领导权；决定受教育的权力和机会；决定教育目的和部分教育内容。

（三）科学技术对教育社会功能的影响

科学技术能够改变教育的教育观念；能够影响受教育者的数量和质量；能够影响教学内容和教学方法的选择；能够影响和制约学校课程的设置。

（四）文化对教育社会功能的影响

文化类型影响教育目标；文化本体影响教育内容；文化观念影响人的教育观念；文化影响教育制度的制定。

（五）人口对教育社会功能的影响

人口数量影响教育规模；人口质量影响教育发展；人口结构影响教育结构。

第三章

教育的目的

第一节　教育目的概述

一、教育目的的含义

1. 广义的教育目的

广义的教育目的是指人们对受教育者的期望，即人们希望受教育者通过教育过程在身心诸方面发生什么样的变化，或者产生怎样的结果，它可以包括国家和社会教育机构、家长、教师等对学生的各种期望①。

2. 狭义的教育目的

狭义的教育目的是指国家为培养人才而确定的质量规格和标准要求，是指国家对教育应培养什么样人才的总要求。其内容包括两个方面：对培养何种社会成员的规定，对教育对象形成何种素质结构的规定。一是教育要为社会培养什么人的问题，二是教育要培养的人应具备怎样的素质结构。

3. 教育目的的意义

教育目的是整个教育工作的核心，是教育活动的依据和评判的标准，是一切教育工作的出发点。教育目的的实现则是教育活动的归宿，在整个教育活动中居主导地位。教育目的也是全部教育活动的主题和灵魂，是教育的最高理想，也是确立教育内容、选择教育方法和评价教育效果的根本依据。它贯穿于教育活动的全过程，对一切教育工作具有指导意义。教育目的具有社会性和时代性。教育的最高理想通过教育目的体现出来。在阶级社会里，教育目的总是由统治阶级根据其阶级利益而制定，具有鲜明的阶级性。在社会主义社会里，教育的目的是培养德、智、体、美、劳全面发展的社会主义现代化事业的建设者和接班人。

---

① 华图教育. 教育公共基础笔试［M］. 成都：成都时代出版社，2014：46.

二、教育目的的层次结构

（一）教育目的的三层次结构

这里主要介绍教育目的的三个层次结构。

教育目的的三层次结构：一是国家的教育目的；二是各级各类学校的培养目标；三是教师的教学目标。

1. 国家的教育目的

国家的教育目的居于第一个层次，它是由国家提出来的，其决策要经过一定的组织秩序，一般体现在国家的教育文本和教育法令中。

2. 各级各类学校的培养目标

各级各类学校的培养目标是第二个层次，它是根据国家的教育目的制定的某一级或某一类学校、某一专业对人才培养的具体要求，是国家教育目的在不同教育阶段、不同级别的学校、不同专业方向的具体化。在培养目标上，各级各类学校的培养目标既有共同要求，又有一定差异。因此，各级各类学校的培养目标必须同中有异，重点突出。

3. 教师的教学目标

教师教学目标是指教学活动结束后，学生所能达到的预期标准。

4. 教学目标与教育目的、培养目标之间的关系

教学目标与教育目的、培养目标之间是具体与抽象的关系，教育目的是最高层次的概念，它是培养各级各类学校人才的总的规定。各级各类学校的培养目标、教学目标都要依据教育目的制定培养目标，是不同类型、不同层次的学校培养人的具体要求。教学目标是三者中最低层次的概念，更为具体，微观到每节课甚至是每个知识内容，教育目的和学校的培养目标是制定教学目标的依据。教学目标日积月累的得以实现，就会渐次达到培养目标，以致教育目的。

（二）教育目的的四层次结构

教育目的的四层次结构包括教育目的，培养目标（教育目标），课程目标，教学目标。

教学目标可以分为三个层次：一是课程目标；二是课堂教学目标；三是教育成才目标，这也是教学的最终目标。

（三）教育目的和教育方针的联系

教育方针是国家最高权利机关根据政治、经济要求，明令颁布实施的在一定历史阶段教育工作的总的指导方针或总方向，是全国各级各类教育的目的和必须遵循的准则。比如：办人民满意的教育就是当代的一个重要的教育方针。

教育目的与教育方针的主要区别在于教育目的强调培养人的质量和规格，而教育方针强调"办什么样的教育，怎样办教育"。

教育方针大体上包括三个层次：一是教育的性质和方向；二是教育目的；三是教育的途径和原则。教育的本质主要体现在国家的教育方针上。教育方针是教育目的的政策性表达；教育方针是教育政策的总概括，教育方针包括教育目的；教育目的是教育方针中核心和基本的内容。

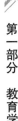

2021 年 4 月 29 日第十三届全国人民代表大会常务委员会第二十八次会议通过决定对《中华人民共和国教育法》作第三次修正，对教育方针进行了修正，提出全面贯彻党的教育方针，坚持教育必须为社会主义现代化建设服务，为人民服务，必须与生产劳动和社会实践相结合，培养德智体美劳全面发展的社会主义建设者和接班人。这是我国当前的教育方针。

三、教育目的的分类

1. 价值性教育目的和操作性教育目的

从教育目的作用的特点看，教育目的分为价值性教育目的和操作性教育目的。价值性教育目的是指具有价值判断意义的教育目的，即含有一定价值观实现要求的教育目的，表示人才培养所具有的某种价值取向，是指导教育活动最根本的价值内核。操作性教育目的是指具有实践操作意义的教育目的，即现实要达到的具体教育目标，表示实际教育工作努力争取实现的某些具体目标，一般是由一系列短期、中期、长期的具体教育目标所组成。

2. 终极性教育目的和发展性教育目的

从教育目的要求的特点看，教育目的分为终极性教育目的和发展性教育目的。终极性教育目的，也称理想的教育目的，是指具有终极结果的教育目的，表示各种教育及其活动在人的培养上最终要实现的结果，它蕴含着人的发展的那种最为理想的要求，具有"完人"的性质。发展性教育目的，也称现实的教育目的，是指具有连续性的教育目的，表示教育及其活动在发展的不同阶段要实现的各种结果，表明对人的培养的不同时期、不同阶段前后具有衔接性的各种要求。

3. 正式决策的教育目的和非正式决策教育目的

从教育目的被实际所重视的程度看，教育目的有正式决策的教育目的和非正式决策教育目的之分。正式决策的教育目的，指被社会一定权力机构确定并要求所属各级各类教育都必须遵循的教育目的。非正式决策的教育目的，指蕴涵在教育思想、教育理论中的教育目的，它不是被社会一定的权力机构正式确立而存在的，而是借助一定的理论主张和社会根基而存在的。

4. 内在教育目的和外在教育目的

从教育目的体现的范围，教育目的分为内在教育目的和外在教育目的。内在教育目的即具体教育过程（或某门课程建设）要实现的直接目的，是对具体教育活动预期结果的直接指向，内含对学习者情意品行、知识认知、行为技能等方面发展变化预期的结果，是通过某门课程及其教学目标或某一单元、某一节课的教学目标体现出来的可预期的具体结果。外在教育目的是指教育目的的领域位次较高的教育目的，体现一个国家（或一定地区）的教育在人的培养上所预期达到的总的目标和结果，是一个国家（或一定地区）对所属各级各类机构教育培养人的普遍的原则要求。

四、教育目的的功能

（一）导向功能

教育目的一经确立，就成为人们行动的指南，不仅为受教育者指明了发展方向，预定了发展结果，也为教育工作者指明了工作方向和奋斗目标。

教育政策的制定、教育制度的确立、教育内容的取舍、教育方法和手段的选择、教育效果的评价，都是以教育目的为依据和前提的。教育目的无论对教育者还是受教育者都有目标导向作用。

教育目的能给教育指示未来方向——"为谁培养人""培养什么样的人"，还包含解决现实教育问题的具体路径。具体表现为：一是对教师教学方向的定向作用，让教师知道自己教学的重点；二是对课程选择及其建设的定向作用。

（二）激励功能

教育目的是一种结果指向。有目的、有意识、有要求的教育目的能够指引学校办学方向和指导制定培养目标，进而激励学校和教师为达成教育目的而努力工作。

（三）评价功能

教育目的既是一个国家人才培养的质量规格和标准，同时也是衡量教育质量和效益的重要依据。教育目的的评价功能可集中体现在现代教育评估或教育督导行为中。

（四）调控功能

教育目的对教育活动的调控主要借助以下方式来进行：一是通过确定价值的方式来进行调控，这一点主要体现在对教育价值取向的把握上；二是通过目标达成的方式来进行调控；三是通过标准的方式来进行调控。教育目的含有培养什么样的人的标准要求，教育者根据这一标准调节和控制自身对教育内容或教学方式的选择等。

（五）选择功能

教育目的选择功能集中体现在教育活动与教育内容的选择上。任何一个国家的学校和教师都会无例外地根据教育目的的基本要求，决定哪些研究成果和社会文化可以进入教育内容，哪些则应受到批判和抵制。

第二节　教育目的确立的依据与价值取向

一、教育目的确立的依据

（一）客观依据

教育目的的确立受制于特定的社会政治、经济和文化背景。社会需要与人的自身发展的辩证统一论认为教育目的的制定要从社会发展需要和人的自身发展需要两方面出发，我国的教育目的正是这一理论的真实佐证。

（1）教育目的的确立受制于社会生产力。

（2）教育目的的确立受制于科学技术的发展水平。

（3）教育目的的确立还要符合受教育者身心发展的特点和需要。人是教育目的的选择、确立的基本依据。

（二）主观依据

（1）教育目的的确定者的哲学观念会影响教育目的的设定。

（2）教育目的的确立受到思想家们或教育目的的制定者的人性假设的影响。

（3）教育目的的确立受到主体有关理想人格等观念和价值取向的影响。

二、教育目的确立中的价值取向

在教育目的的价值取向问题上，争论最激烈的、最主流的，也是长期存在对立的两种取向是个人本位和社会本位的价值取向。

（一）个人本位的价值取向

个人本位的价值取向于18世纪和19世纪上半叶广泛流行于西方资本主义国家。其基本观点是：从个体本能需要出发，强调教育要服从人的成长规律和满足个人自身发展的需要；注重教育对个人的价值；主张教育的目的是培养"自然人"，发展人的个性，增进人的价值，注重人的身心和谐发展，使受教育者的本性、本能得到发展。"书中自有颜如玉，书中自有黄金屋，书中自有千钟粟"反映的教育目的的价值取向就是个人本位论。

代表人物有：亚里士多德、夸美纽斯、卢梭、裴斯泰洛齐、罗杰斯、康德、马斯洛、加缪、萨特、爱伦·凯、福禄贝尔、蒙台梭利、洛克等。

（二）社会本位的价值取向

社会本位的价值取向基本观点是：从社会发展需要出发，注重教育的社会价值；主张教育的目的是培养合格公民和社会成员；教育是国家的事业；评价教育要看其对社会的发展贡献的指标。在他们看来，教育目的就是使个人社会化，使个人适应社会生活，成为对社会有用的公民；个人不过是实现社会目的的工具，社会的价值高于个人的价值。

代表人物有：荀子、柏拉图、迪尔凯姆、纳托尔普、孔德、凯兴斯泰纳、涂尔干、赫尔巴特、诺笃尔洛、巴格莱等。

（三）文化本位论

文化本位论强调用文化来统筹教育、社会、人三者之间的关系，其目的在于唤醒人们的意识，自动追求理想价值的意志，使文化有所创造，发展与形成新的文化。

代表人物：狄尔泰和斯普朗格①。

（四）生活本位论

生活本位论强调教育要为未来的生活做准备，认为教育即生活本身，注重的是受教育者怎样生活。此观点又分为教育准备生活说和教育适应生活说。

前者代表人物主要是斯宾塞，其观点是"教育应该为完满的生活做准备。"

后者代表人物是杜威，其观点是教育即生活，在教育过程中让学生学会适应生活。

（五）宗教本位论

宗教本位论主张使人在宗教的影响下，以皈依上帝为其理想，把人培养成虔信的宗教人士。

代表人物包括：奥古斯丁、托马斯·阿奎那等。

（六）教育无目的论

教育无目的论的基本观点是否定教育的一般的、抽象的目的，强调的是教育过程

---

① 华图教育. 教育公共基础笔试［M］. 成都：成都时代出版社，2014.

内有的目的，即每一次教育活动的具体目的，并非主张教育完全无目的。

代表人物：杜威。

三、教育目的价值取向应该注意的问题

社会价值取向应该注意的问题有注意可持续性、民族性和世界性的问题，功利价值和人文价值的问题；个人价值取向应该注意的问题有人的社会化和个性化的问题，科技素质和人文素质问题。

第三节 我国的教育目的

一、我国教育目的的历史沿革与精神实质

（一）我国教育目的的历史沿革

1957年，毛泽东在最高国务会议上提出：我们的教育方针，应该使受教育者在德育、智育、体育等几方面都得到发展，成为有社会主义觉悟的有文化的劳动者。毛泽东提出的这个教育方针，一直是我国发展教育的重要方针。这是中华人民共和国成立之后颁布的第一个教育方针。

1982年，第五届全国人民代表大会第五次会议通过了《中华人民共和国宪法》，其中规定"国家培养青年、少年、儿童在品德、智力、体力等方面全面的发展"。这是中国当代历史上第一个以法律形式出现的教育目的。

1985年，中共中央《关于教育体制改革的决定》指出：教育体制改革的根本目的是提高民族素质，多出人才，出好人才。所有这些人才都应该有理想、有道德、有文化、有纪律，热爱社会主义祖国和社会主义事业，具有为国家富强和人民富裕而艰苦奋斗的献身精神，都应该不断追求新知，具有实事求是、独立思考、勇于创造的科学精神。首次提出我国的教育目的是"四有、两爱、两精神"。

1993年《中国教育改革和发展纲要》指出：教育改革和发展的根本目的是提高民族素质。

1995年《中华人民共和国教育法》规定：教育必须为社会主义现代化建设服务，必须与生产劳动相结合，培养德智体全面发展的社会主义建设者和接班人。

2021年4月29日第十三届全国人民代表大会常务委员会第二十八次会议通过，决定对《中华人民共和国教育法》作第三次修正，对教育方针进行了修订。即教育必须为社会主义现代化建设服务、为人民服务，必须与生产劳动和社会实践相结合，培养德智体美劳全面发展的社会主义建设者和接班人。

（二）我国教育目的的精神实质

我国教育目的的精神实质主要表现在：坚持社会主义方向性，培养"劳动者"或"社会主义建设人才"；坚持要求学生全面发展，要求学生在德智体美劳等方面全面发展，要求坚持体力与脑力两方面的和谐发展；培养受教育者独立的个性。适应时代要求，强调学生个性的发展，重点是培养学生的创新精神和实践能力；教育与生产劳动

相结合，是实现我国教育目的的根本途径；提高全民族素质是我国当今社会发展赋予教育的根本宗旨，也是我国当代教育的重要使命。

二、我国教育目的的理论基础

我国教育目的的理论基础是马克思关于人的全面发展学说。其基本思想和含义如下：

（1）全面发展是指劳动能力的全面发展。劳动能力的全面发展，即人能够适应不同的劳动需要的体力和智力的全面发展。

（2）人的才能、志趣、道理和审美能力的充分发展，即人的个性的自由发展。

马克思主义关于人的全面发展学说建立在历史唯物主义和剩余价值学说的基础上；认为只有到了共产主义时期，才能实现人的全面发展。只有在机器大工业时代的到来后，生产的知识含量和生产岗位的流动性增加，人的全面发展才能成为社会发展的迫切和客观的需要。

马克思主义关于人的全面发展必须具备的社会条件有：人的发展与生产的发展一致；现代化的机器大生产是人的全面发展的物质基础；实现人的全面发展的根本途径（唯一途径和方法）是教育同生产劳动相结合；社会发展到共产主义时期。

三、我国全面发展教育的基本内容

我国全面发展教育的基本内容包括德育、智育、体育、美育、劳动技术教育（劳育）。

（1）全面发展教育是德育、智育、体育、美育、劳动技术教育的统称，是马克思关于人的全面发展学说在中国的新发展。

（2）全面发展教育各组成部分之间的关系。

德育、智育、体育、美育、劳动技术教育是全面发展教育的有机组成部分，是互相联系、互相制约、相辅相成的一个统一整体。其中，德育是灵魂和方向，保证了教育的方向。智育是核心，主要是发展人的智力。体育是基础，增强学生的体质是学校体育的根本任务，是各育得以实施的物质保证。学校体育的基本组织形式是体育课。体育课的三个基本特征是：竞争性、技能性和娱乐性。美育、劳育是德智体的具体运用和实施。美育与德育、智育处于同一层次，具有促进个体朝真、善、美发展的功能，其中，美育起到了动力作用。世界上最早提出美育的是席勒，他在《美学书简》中首次提出了美育。在中国最早提出美育的是教育家蔡元培，他主张"美育代宗教"，包括自然美育、科学美育（教育美育）、社会美育、艺术美育。美育的最高阶段是创造美。人们对美育成果的认识包括：对美育直接功能的认识，即美育；对美育间接功能的认识，比如美育对道德的影响；对美育的超美育功能的认识。劳动技术教育对于人的生存与发展更是不可缺少的，五者缺一不可。劳动技术教育的基本属性是普通教育。

第四节 当代素质教育

一、素质教育的概念

1999年的《中共中央国务院关于深化教育改革，全面推进素质教育的决定》，将素质教育确定为我国教育改革和发展的长远方针，素质教育随之成为我国各级各类教育追求的理想。素质教育是依据人的发展和社会发展的实际需要，以全面提高全体学生的基本素质为根本目的，以尊重学生的主体性和主动精神、注重开发人的智慧潜能、形成人的健全个性为根本特征的教育。

二、素质教育的特征

素质教育的特征有全体性、全面性、基础性、主体性、发展性、未来性。其中，全体性是素质教育最本质的规定、最根本的要求。所谓全体性是指素质教育必须面向全体人民，任何一名社会成员均必须通过正规或非正规的途径接受一定时限、一定程度的基础教育。

三、素质教育的内涵

素质教育的内涵具体表现在以下五方面：素质教育以提高国民素质为根本宗旨；素质教育是面向全体学生的教育；素质教育是促进学生全面发展的教育；素质教育是促进学生个性发展的教育；素质教育是以培养创新精神和实践能力为重点的教育。"[①]

四、素质教育的内容

素质教育是一种以提高受教育者诸方面素质为目标的教育模式。它重视人的思想道德素质、能力培养、个性发展、身体健康和心理健康等。

（1）创造性能力的培养：能力的本质是创造性。创造是社会发展的前提。创造性是生产力发展和社会文明发展的基础。创造能力的培养应贯穿于幼儿教育、义务教育始终。

（2）自学能力的培养：当今社会，科学技术迅猛发展，知识剧增。而在学校教育阶段，学校只能选取最基础、最基本的知识教给学生。自学能力是学生在已有的知识水平和技能的基础上，不断独立获取新知识并运用这些知识的保障。

（3）社会公德教育：社会公德是人类社会都应该遵循的人与人相处的行为准则和规范。每一个人在生长发育的过程中，都必须学会遵守社会公德，完成心理和精神上的进化和成熟，从为生存而生存、自私、野蛮的动物本性的禁锢中解放出来。社会公德可概括为五个方面：文明礼貌、敬老爱幼（这是人的最基本道德）；保护环境、讲究卫生（这是为人类当前生存和子孙后代生存的道德）；遵纪守法、勤恳敬业（这是为社

---

① 华图教育. 教育公共基础笔试［M］. 成都：成都时代出版社，2014.

会物质文明和精神文明的基本贡献）；助人为乐、见义勇为（这是为社会物质文明和精神文明的高层次的贡献）；诚实守信、正直向上（这是为社会稳定和持续发展的贡献）。

（4）世界观教育：世界观是人们对整个世界的根本看法。科学的世界观必须在不断学习自然知识和社会知识的过程中逐步形成。

（5）人生观教育：人生观是人们对人生的根本看法，主要包括人生目的、人生态度和人生价值。科学人生观就是共产主义人生观，是人类最科学、最进步、最高尚的人生观，是用共产主义世界观来观察、分析和处理人生问题，是马克思主义世界观认识人生问题的体现，是全心全意为人民服务的人生观。

（6）劳动观念教育：人要不断发展社会生产力，提高生存、生活质量，为人类的持续发展而劳动。人必须成为社会生产力，成为劳动力，才能创造财富。

（7）终生学习教育：21世纪是科技革命的新世纪，是知识爆炸的时代。每个人都不可能在学校学好今后走上社会所需的一切知识。随着社会的发展，每个人都必须在生产实践中，根据需要不断学习、充实、完善。因此，每个人必须把培养自己不断学习、善于学习的能力放在重要地位。现代人必须终生学习。

（8）审美观念与能力的培养：在教学中加强学科审美教育，可以培养和发展学生的美感，使之形成对各学科的爱好，启发他们产生学习的最佳动机，促进他们创造性思维的发展，以此促进教学质量的进一步提高。

五、实施素质教育的措施

（一）转变教育观念

提高民族素质，实施素质教育，关键是转变教育观念。教育要面向全体学生，让每一个学生在各自的基础上全面提高。积极推进义务教育的普及，在义务教育阶段，学校要淡化选拔意识，调动学生的积极性、主动性，使学生个性得以充分发展，使学生的整体素质得到改善和提高。

（二）转变学生观

实施素质教育，必须转变学生观。学生是教育的主体，学生的成长主要依靠自己的主动性。因此，教育要唤醒学生的主体意识，充分发展学生的个性，发挥学生的积极主动精神。

（三）加大教育改革力度

素质教育是一种新的教育思想、教育观念，而不是一门具体的课程或一种具体的方法，是通过学校的各种教育教学活动来进行的。

（四）建立素质教育的保障机制

要充分发挥政府的作用，加大教育督导力度，提高教育评价的科学性，加强各类教育之间的沟通和衔接。

（五）建立素质教育的运行机制

建立学校内部管理机制，提高学校管理者和教师的素质，完善课程体系，优化教育过程。

（六）营造良好的校园文化氛围

校园文化对于学生素质的形成具有潜移默化的作用；因此，学校应营造良好的校园文化氛围，开展多种有益于学生身心发展的活动，使学生受到良好的校园文化的熏陶，培养他们健康的心理。

六、坚决要避免素质教育的误区

（一）误区一：素质教育就是不要"尖子生"

这是对素质教育面向全体学生的误解。一方面，素质教育理论认为每个学生都有不同的发展可能性和发展的基础，每个学生只有得到与其潜能相一致的教育，才算是接受了好的教育；另一方面，社会需要各级各类人才，学校通过有针对性的教育，使每个学生得到应有的发展，社会也能得到不同层次的人才。因此，素质教育坚持面向全体学生，意味着素质教育要使每个学生都得到与其潜能相一致的发展。

（二）误区二：素质教育就是要学生什么都学、什么都学好

这是对素质教育使学生全面发展的误解。素质教育强调为学生的发展奠定基础，同时又要发展学生的个性，因此素质教育对学生的要求是合格加特长。这决定了一方面学生必须学习国家规定的必修课程，打牢基础；另一方面，学生还应该学习选修课程，充分发挥自己的特长，形成独特的个性。

（三）误区三：素质教育就是不要学生刻苦学习，"减负"就是不给或少给学生留课后作业

这是对素质教育使学生生动、主动和愉快发展的误解。学生真正的愉快来自于通过刻苦的努力而带来成功之后的快乐，学生真正的负担是不情愿的学习任务。素质教育要学生刻苦学习，因为只有刻苦学习，学生才能真正体会到努力与成功的关系，才能形成日后所需的克服困难的勇气、信心和毅力。

（四）误区四：素质教育就是要使教师成为学生的合作者、帮助者和服务者

这是对素质教育所倡导的"学生主动发展"和"民主平等的师生关系"的误解。素质教育强调"学生的主动发展"是因为学生是主体与客体统一的人，是具有主动发展意识的人；素质教育强调"民主平等的师生关系"是因为学生具有与教师平等的独立人格。这种观点忽略了教师的地位和作用，忽略了学生的特点。教师是教育实践的主体，在教育实践中起主导作用；学生是发展中的人，是教育实践活动的主客体，是学习与发展的主体。这决定了教师首先是知识的传播者、智慧的启迪者、个性的塑造者、人生的引路人、潜能的开发者，其次才是学生的合作者、帮助者和服务者。

（五）误区五：素质教育就是多开展课外活动，多上文体课

这是对素质教育形式多样化的误解。素质教育是我国全面发展教育在新形势下的体现，因而它一方面体现了新形势对教育的要求，另一方面符合教育的本质要求。教育培养人的基本途径是教学，学生的基本任务是在接受人类文化精华的过程中获得发展。这就决定了素质教育的主渠道是教学，主阵地是课堂。

（六）误区六：素质教育就是不要考试、特别是不要百分制考试

这是对考试的误解，考试包括百分制考试本身没有错，要说错的话，就是在应试教育中使用者将其看作学习的目的。考试作为评价的手段，是衡量学生发展的尺度之一，也是激励学生发展的手段之一。

（七）误区七：素质教育会影响升学率

这种观点认为，素质教育整天打打闹闹、蹦蹦跳跳、快快乐乐、随心所欲，必然会影响升学率。这种观点的形成在于对素质教育内涵的误解。首先，素质教育的目的是促进学生的全面发展，素质教育旨在提高国民素质，升学率只是衡量教育质量的标准之一。其次，真正的素质教育不会影响升学率，因为素质教育强调科学地学习、刻苦地学习、有针对性地学习，这样有助于升学率的提高。

第四章

教师与学生

第一节　教师

一、教师概述

（一）教师的定义及职业发展历史

1. 教师的定义

教师是受过专业训练、在学校中从事向学生传授知识、发展智力、完善品德结构、增强体质、促进学生身心发展的专职人员。教师是履行教学职责的专业人员，承担教书育人，培养社会主义建设者和接班人，提高全民族素质的使命。教师是学校教育工作的主要实施者，根本任务是教书育人，在教育活动中起主导作用。教师主导作用的实质在于引导启迪。

2. 教师职业的发展历史

（1）非职业化阶段：主要是奴隶社会时期，出现学校教育的萌芽：庠。当时主要是以长者为师、能者为师。教育的主要特点是"学在官府、以吏为师"。西方社会则主要是以僧侣为师。

（2）职业化阶段：独立的教师行业伴随着私学的出现而出现，比如春秋时期的"士"阶层，堪称中国第一代教师群体；同时古希腊的"智者"也以专门教授人们知识为主。

（3）专门化阶段：教师职业的专门化阶段以专门培养教师的教育机构的出现为标志；世界上最早的师范教育机构诞生于法国，1681年法国的"基督教兄弟会"神甫拉萨尔创立了世界上第一所师资训练学校，这是世界上独立师范教育的开始；中国则是在清末，1897年盛宣怀在上海开办了"南洋公学"。

（4）专业化阶段：1994年实施的《中华人民共和国教师法》规定教师是专业技术人员；1995年的《教师资格条例》进一步明确了教师应该具备的专业素质。

教师职业专业化体现在：从业人员需要经受长期专门训练，具备专业化的知识和技能；工作上具有权威性及独立性；有自己的专业团体和明确的职业道德；具有高度自律性和自我提高精神。

（二）教师职业的性质

1. 教师职业是一种专业性职业，教师是专业人员

1986 年，国家统计局和国家标准局发布了《中华人民共和国国家标准职业分类与代码》，将所有职业分为 8 个大类、63 个中类和 303 个小类，其中各级各类教师被列入了"专业技术人员"这一大类。1994 年实施的《中华人民共和国教师法》第一次从法律角度确认了教师的地位。

2. 教师是教育者，教师职业是促进个体社会化的职业

教师职业是以教书育人为职责的创造性职业。有目的地培养人才是教育区别于其他社会领域的根本特征。教育人的工作是由多方面的协调来完成的，教师是通过教书来育人的。

加里宁曾说，"教师是人类灵魂的工程师"，主要是因为教师起到了楷模作用，是"传道者"的角色；夸美纽斯称教师是太阳底下最崇高、最优越的职业；乌申斯基称教师是世界上最崇高的职业。

教师职业具三个基本特征：需要专门技术和特殊智力，在职前必须经过专门的教育；提供专门的社会服务，具有较高的职业道德和社会责任感；拥有专业自主权和控制权。

（三）教师的社会地位和作用

1. 教师的地位

教师职业的地位包括政治地位、经济地位、法律地位、专业地位。

教师政治地位的提高是提高教师职业地位的前提；教师职业的经济地位是教师社会地位最直接的体现；教师职业的法律地位是法律赋予教师的权利和责任；教师职业的专业地位是教师职业地位的内在标准。

2. 教师的作用

教师担负着培养一代新人的重任，在学生的发展中发挥着主导作用。教师是学生知识的传授者和能力的培养者，是学生美好心灵的塑造者。教师不仅传授学生知识，还培养和发展学生的智力和能力，陶冶他们的情操，指导他们的学习和全面发展。教师全身心地培育学生，教师的人格本身就是一种特殊的教育手段，教师对学生的人格起到了感染、熏陶的作用。

教师是人类文化和社会文化的继承者和传递者；教师是物质财富和精神财富的直接和间接创造者，教师是社会物质文明和精神文明建设的有力推动者；教师在参与社会生活和服务社会方面发挥着重要作用；教师是人类灵魂的工程师，对年轻的一代起着关键作用。

（四）教师的职业角色

教师职业最大的特点在于职业角色的多样化。

1. 传道者角色

古人云：道之所存，师之所存也。教师对学生的"做人之道""为业之道""治学之道"等有引导和示范的责任。

2. 授业解惑者角色

教师在掌握了人类经过长期的社会实践活动所获得的知识经验、技能的基础上，对其进行精心加工整理；然后以特定的方式传授给年轻一代，并帮助他们解决学习中的困惑，启发他们的智慧，使他们形成一定的知识结构和技能技巧，成为社会有用之人。

3. 示范者角色

桃李不言，下自成蹊（出自于《史论》）。学生自身具有可塑性和向师性，因此教师是学生学习的直接榜样，优秀的师表维度有四个不同的层次：规范、垂范、模范、示范。

4. 管理者、设计者、组织者角色

教师管理类型主要有三种：强硬专断型、放任自流型、民主管理型。教师的职责包括确定目标、建立班集体、制定和贯彻规章制度、维持班级纪律、组织班级活动、协调人际关系等，并对教育教学活动进行控制、检查和评价。教师必须担负起组织教育教学活动和管理学生的职责。

5. 父母与朋友的角色

学生往往把教师视为自己的父母与朋友。低年级的学生往往把教师看作父母的化身，对教师的态度类似于对父母的态度。高年级的学生常常把教师视为自己的朋友，希望得到教师在学习、生活、人生等多方面的指导，希望教师表现出对自己的喜爱、友好、理解、宽容，并能够给予积极的心理支持，分享自己的快乐与痛苦、幸福与忧愁。

6. 研究者角色

新时期对教师角色的重要补充是研究者。教师既是学习者，也是研究者；同时教育科学研究是教师的教育素养转化为教育效果的中介和桥梁。教师是学生自主学习、自我建构知识的引导者；教师是学生成为完整的人的促进者。

二、教师的基本素质

（一）对职业道德的要求：道德素质

新时代的教师应具有热爱学生、爱国守法、为人师表、教书育人、终身教育、依法执教、尊重家长、严于律己、团结友善的道德素质。

对于事业，教师必须忠于人民的教育事业，热爱教育事业，忠于教育，热爱教育工作，敬业乐业。对于学生，教师必须热爱学生，这是教师职业道德的核心，是教师高尚品质的表现。热爱学生，诲人不倦。对于自己，教师必须坚持为人师表、高度自觉、自我控制，身教重于言行。以身作则，为人师表。对于集体，教师必须要团结协作，坚持相互支持、相互配合，严于律己、宽以律人，弘扬正气、摒弃陋习。

（二）对专业知识的要求：知识素质

（1）教师应掌握的政治理论修养有马克思列宁主义、毛泽东思想、邓小平理论、"三个代表"重要思想、科学发展观和习近平新时代中国特色社会主义思想等。

（2）掌握精深的学科专业知识。这是教师知识结构的核心，又称为本体性知识，包括掌握该学科的基本知识和基本技能；掌握该学科的基本理论和学科体系；了解该学科的发展脉络；了解学科领域的思维方式和方法论。

（3）掌握广博的的科学文化基础知识。

（4）拥有必备的教育科学知识，即条件性知识，主要是教育学、心理学等知识，具体包括学生身心发展知识、教与学的知识、学生成绩评价的知识。

（5）掌握丰富的实践知识。教师的实践性知识是基于教师个人的经验积累，在对待和处理教育问题时体现出的个人特质和教育智慧，比如课堂管理等知识。

（三）对专业技能的要求：能力素质

1. 良好的语言表达能力

语言，特别是口头语言，是教师向学生传递教育信息的重要工具，因此教师要具有较强的语言表达能力。对教师的语言表达要求如下：准确、精炼、具有科学性；清晰、流畅、具有逻辑性；生动、形象、具启发性；口头语言和肢体语言巧妙结合。

2. 组织和管理能力

教师要进行教育教学活动，必须具备一定的组织管理能力。具体来说，教师要有确立合理目标和计划的能力，要有引导学生学习的能力。

3. 组织教育和教学的能力

教师是教育教学过程的组织者、领导者，因此教师要具有驾驭教育和教学的能力。

4. 课程开发能力和自我调控能力

教师要有自我调控和自我反思的能力，具有较高的教育机智。

5. 教学评价能力

教学评价能力是指教师按照目标多元、方式多样、注重学习过程的原则，将量化评价和质性评价相结合，构建一个多元、连续、注重表现的评价体系，从知识与技能、过程与方法、情感态度与价值观等方面对学生进行全面评价的能力。通常教师应该采取定性和定量相结合的综合评价方式，重点突出定性评价。除了给出评价和等级评分外，教师应根据平时观察积累的资料，进行分析归纳，写出有针对性的总结性评语，使学生明确前进的目标。教学评价能力包括：选择或编制评价工具的能力、实施评价的能力、获取反馈信息的能力。

6. 学术研究和教学研究能力

学术研究能力：目前教师的教研较多地停留在教材的分析、考试的研究方面，仅限于对一些教学技巧和教学经验的陈述，而对教学理论的研究相对薄弱，缺乏对教学的创造性思考。教师只有成为学者型的教师，才能适应知识经济时代的挑战和素质教育的发展。

教学研究能力：把教学与教研结合起来，善于总结自己的教学经验，对教改中遇到的问题进行理论研究，提出自己的见解，进而探索和发现新的教学规律、教学方法和模式。

除了上述三个职业素养之外，教师的素质还包括心理健康、愉悦的情感、良好的人际关系、健康的人格等。

三、教师的专业发展和途径

（一）教师专业发展的概述

教师专业发展又称为教师专业成长，是指教师在整个专业生涯中，依托专业组织、专门培训制度和管理制度，通过持续的专业教育，习得教育教学专业技能，形成专业理想、专业道德和专业能力，从而实现专业自主的过程，包括教师群体的专业发展和教师个体的专业发展。

教师的专业化发展是指教师个体通过不断接受新知识和提高专业能力，逐步成为一个相对成熟的专业人员的发展过程。教师专业化是社会对教师的要求，也是教师提高自己地位的途径。

（二）教师个体专业性发展的具体内容

第一，专业理想的建立。教师的专业理想是教师对成为一名成熟的教育教学专业工作者的向往与追求，它为教师提供了奋斗的目标，是推动教师发展的巨大动力。具有专业理想的教师对教学工作会产生强烈的认同感和投入感，会对教学工作抱有强烈的期待。

第二，专业知识的拓展与深化。作为一个专业人员，教师必须具备从事专业工作所需要的基本知识。因此，专业知识是教师专业发展中的一个重要内容，教师专业知识主要包括本体性知识、条件性知识、实践性知识和一般义化知识。

第三，专业能力的提高。教师的专业能力是教师综合素质最突出的外在表现，也是评价教师专业性的核心因素。教师必须具备从事教育教学工作的能力，这种专业能力可分为教师技巧和教育教学能力两个方面。

第四，专业自我的形成。专业自我包括自我意象、自我尊重、工作动机、工作满意感、任务知觉和未来前景。对教学工作来说，教师的专业自我是教师个体对自我从事教学工作的感受、接纳和肯定的心理倾向，这种倾向将显著地影响教师的教学工作效果。

（三）教师专业发展有三种取向

1. 理智取向（不考虑人的因素，标准教学）

这种取向的重点是教师专业知识基础。

2. 实践—反思取向（关注人）

该取向的教师专业发展比较重视实践。教师通过反思来促进自己的专业发展。

3. 生态取向（教师合作、自觉能动）

教师的专业知识和技能的获得，更多是依赖于"教学文化"或"教师文化"。向他人学习是教师专业发展的有效途径，教师专业发展最理想的方式是合作的方式，即一个小组的教师相互合作确定自己的发展方式。

（四）影响教师专业发展的因素

（1）环境因素：一个人的发展，在很大程度上取决于社会心理环境。

（2）学校因素：学校是教师进行教育教学工作的主要场所，更是教师专业发展的主阵地，比如学校的规章制度、管理风格、公共信任、社会期望、专业组织。

（3）群体因素：群体组织对于个体成长的影响和作用是十分明显的。

（4）个人因素：个体因素是影响教师专业发展最直接、最主要、最根本的因素。其包括个人的家庭因素、谋生因素、个体爱好因素、性情和意向因素、关键人和关键事件因素等。

（五）教师的专业化发展的途径

教师自身要有专业发展的观念和意识；教师的自我教育就是专业化的自我建构，它是教师个体专业化发展的最直接、最普遍的途径；教师的自我教育是专业理想确立、专业情感积淀、专业技能提高、专业风格形成的关键。

教师要学习教师专业发展的一般理论，建立专业责任感；制定自我生涯发展规划；积极参加在职学习和培训；进行教育科学研究，在参与课程改革和课程开发中获得专业发展。

教师进修提高的最经常、最普遍的形式是结合教育教学工作在本校组织的教学活动中学习提高。参加函授、电大课程学习，参加自学考试、脱产学习属于其他辅助形式。

教师要进行经常化、系统化的教学反思，观摩和分析优秀教师的教学活动。教师即是反思的主体，也是反思的客体；反思过程要自觉地对教育教学实践活动进行认知加工；教师要对自己的教育教学行为有一种健康的怀疑与自我批判。波斯纳认为：成长＝经验+反思。教师反思有三个方面：对活动的反思、在活动中反思、以前两种反思为基础总结经验。教师反思的环节：具体经验—观察分析—重新概括—积极验证。

布鲁巴奇提出了反思的形式：反思日记、详细分析、交流合作、行动实践。

除此之外，教师专业发展的途径还有：师范教育、入职培训、在职培训、自我教育。

四、教师专业发展的理论

（一）教师成长的三个阶段理论（福勒和布朗）[①]

教师成长的三个阶段理论，即"关注生存""关注情境""关注学生"三个阶段。

处于关注生存阶段的一般是新教师，他们非常关注自己的生存适应性，会把大量的时间都花在如何与学生搞好个人关系上，想方设法控制学生，而不是更多地考虑如何让学生获得学习上的进步。

处于关注情境阶段的教师关心的是如何教好每一堂课的内容，以及班级大小、时间压力和备课材料是否充分等与教学情境有关的问题。传统教学评价集中关注这一阶段，一般来说，老教师比新教师更关注此阶段。

当教师顺利地适应了前两个阶段后，成长的下一个目标便是关注学生。处于此阶段的教师将考虑学生的个别差异，认识到不同发展水平的学生有不同的需要。能否自觉关注学生是衡量一个教师是否成熟的重要标志之一。

（二）教师发展的五阶段理论

教师发展的五阶段论，是 20 世纪 80 年代伯林纳和司德菲等人通过研究，根据教师教学专业知识和技能的学习与掌握情况而提出的，主要分为以下五个阶段。

1. 新手阶段

这主要指教龄 1~2 年的教师，即刚进入教学工作岗位的新老师。处于该阶段的教师的特征有理性化，处理问题缺乏灵活性、刻板、依赖规定。处于这个阶段的教师的

---

① 华图教育. 教育公共基础笔试［M］. 成都：成都时代出版社，2014.

主要需求是了解与教学相关的实际情况，熟悉教学情境，积累教学经验。

2. 熟练新手阶段

熟练新手阶段也称提高中的新手阶段，一般来说，具有 2~3 年教学经验的教师处于这一阶段。处于该阶段的老师的特征有实践经验与书本知识开始整合；处理问题具有一定的灵活性，但不能很好地区分教学情境中的信息，缺乏足够的责任感。

3. 胜任阶段

新老师经过 3~4（也有地方称 3~5）年的教学实践和职业培训之后，能够发展成为胜任型教师，处于该阶段的老师的教学目的性相对明确，能够选择有效的方法达到教学目标，对教学行为有更强的责任心，但是教学行为还没有达到足够流畅的程度。

4. 业务精干阶段

业务精干阶段也叫熟练阶段，主要指教龄在 5 年及 5 年以上的教师。处于这一阶段的教师对教学情境有敏锐的直觉感受力，教师技能达到认知自动化水平，教学行为达到流畅、灵活的程度。

5. 专家阶段

专家型教师能自如、流畅地表达专业思考，对教育教学有自已独到的见解，不刻意、不拘泥、自有章法。其主要指教龄 8~15 年的教师，当然教龄并不作为衡量专家型教师的唯一指标，一定的教龄长度只是成长为专家型教师的必要条件。

（三）教师成长五阶段理论

该理论由我国当代教育家叶澜提出，分别是非关注阶段、虚拟关注阶段、生存关注阶段、任务关注阶段和自我更新关注阶段。

1. 非关注阶段

非关注阶段指的是未进入师范院校的那个阶段，主要指的就是普通中小学阶段，比如上小学的时候，小明就说我的梦想是长大之后做一名伟大的人民教师，这就是处于非关注阶段了。

2. 虚拟关注阶段

虚拟关注阶段指的是，教师进入师范院校学习了，但是还没有真真正正地从学校毕业，去独自进行实实在在的教育教学工作。

3. 生存关注阶段

生存关注阶段是指教师进入从学生到教师的角色转变的阶段。如果他们想在这个新环境中生存，他们经常会问这样的问题："我能做到吗？"因此，他们更注重对他人的评价，并将大部分精力集中在改善人际关系上。

4. 任务关注阶段

任务关注阶段是指教师的专业知识和技能相对稳定和可持续的阶段。因此，教师关注教学任务，关注学生的学业成绩，关注自己是否教得好，关注如何教学生学好，等等。

5. 自我更新关注阶段

自我更新关注阶段以专业发展为指向的阶段。

五、教师劳动的特点

（一）复杂性和创造性

教师劳动的复杂性是由于教师劳动性质的复杂性，教师劳动是一种高度复杂的心智活动；教师劳动对象的复杂性，学生千差万别，必须坚持因材施教；教师劳动任务的复杂性，必须要促进每一个学生全面发展；教师劳动过程的复杂性，学生的培养是一个长期而又复杂的过程；教师劳动手段的复杂性，教师教学的方式多种多样。

教师劳动的创造性是由于教育是培育人才的。教师既要遵循统一的培养目标，又要根据不同对象的个性特点，根据客观环境、教育条件的变化，因人、因事、因地制宜地进行创造性劳动。教师要做到因材施教，善于发现学生的特长，长善救失、扬长避短，在教学方法上不断更新。

（二）连续性和广延性

教师劳动的连续性主要是指时间上的连续性；教师劳动的广延性主要是指空间上的广延性。

（三）长期性和间接性

教师劳动具有长期性，教师的劳动成果是人才，而人才的培养周期比较长，"十年树木、百年树人"就是这个道理。

教师劳动的间接性主要是指教师不是直接创造社会财富，而是以学生为中介来体现教师劳动的价值。

（四）主体性和示范性

教师劳动的主体性是指教师自身可以成为活生生的教育因素和有教育影响力的榜样。

教师劳动的示范性是指教师要用自己的知识和言行去影响学生，教师必须作出示范和表率。教师的言行举止，如人品、才能、治学态度等都会成为学生学习的对象，所以教师必须以身作则，为人师表。

（五）群体和个体统一性

教师是个体劳动，而学生的全面成长是教师集体长期共同劳动的结果。这就要求教师不断提高个人素养，并加强同其他教师的联系与合作。

六、教师劳动的价值

教师的劳动价值是个人价值和社会价值的结合。教师劳动的社会价值，最突出地表现在教师对延续和发展人类社会的巨大贡献上；教师劳动的个人价值表现在其劳动能够创造巨大的社会价值。

七、现代教师观

新课改条件下的教师观的内容主要包括现代教师角色转换和教师行为的转变。

1. 现代教师角色转换

教师由知识的传授者转变为学生学习的引导者和学生发展的促进者；教师从课程的忠实执行者转变为课程的建设者和开发者；教师要从"教书匠"转变为教育教学的

研究者和反思的实践者；教师要从学校的教师转变为社区型的、开放的教师。

2. 教师行为的转变

在对待师生关系上，新课程强调尊重、赞赏；在对待教学上，新课改强调帮助引导；在对待自我上，新课改强调反思；在对待与其他教育者的关系上，新课改强调合作。

第二节　学生

一、学生的定义

学生是教育的对象，是受教育者。学生具有发展的主动性，是具可塑性的教育对象。学生除了有自我发展的潜力之外，还具有明显的依附性、向师性和可塑性。学生是自我教育和发展的主体，主要表现为自觉性、独立性、创造性。学生是指在教师指导下从事学习的人，主要指在校的儿童和青少年；学生是人，是教育的对象，因而他们能动地接受教育；学生认识的主要任务是学习间接经验，而学习间接经验必须以学生的直接经验为基础。

二、新课程背景下的学生观（现代教师应该树立的学生观）

1. 学生是发展的人

学生的身心发展是有规律的；学生具有巨大的发展潜能；学生是处于发展过程中的人。

2. 学生是独特的人

学生是完整的人；每个学生都有自身的独特性；学生与成人之间存在巨大的差异。

3. 学生是具有独立意义的人

每个学生都是独立于教师的头脑之外，不以教师的意志为转移的客观存在；学生是学习的主体；学生是责权的主体。

三、学生发展的规律

1. 顺序性

顺序性是指学生身心的发展是由低级到高级、由简单到复杂、由量变到质变的，即强调一定的方向性。故其给我们的教学启示是要循序渐进，做到盈科而后进，不能拔苗助长、陵节而施。

2. 阶段性

阶段性指不同年龄阶段的学生有不同的特征和不同的发展任务，故启示我们在进行教学时不能一刀切、一锅煮。

3. 不平衡性

不平衡性主要表现在学生在不同时期发展速度不平衡，时快时慢。启示我们在进行教学的时候要抓住关键期，适时而教，如狼孩就是因为错过了语言发展的关键期，所以回到人群中之后难以融入。

4. 互补性

互补性主要表现在两方面，一方面是生理和生理的互补，如盲人的听力比较好；另一方面是生理和心理的互补，如身残志坚；故给我们的启示是要扬长避短、长善救失。

5. 差异性

差异性主要表现在两方面，一方面是群体和群体的差异，如男女老少的区别；另一方面是个体和个体的差异，如人心不同，各如其面；故启示我们在教学中要做到因材施教，有的放矢地进行教育。

四、学生的权利和义务

学生的权利有受教育权（受完法定年限教育权、学习权、公正评价权），人身权（身心健康权、人身自由权、人格尊严权、隐私权），财产权（财产所有权、继承权、受赠权）。学生应尽的义务有遵守法律、法规；遵守学生行为规范，尊敬师长，养成良好的思想品德和行为习惯；努力学习，完成规定的学习任务等。

（一）学生的权利

1. 学生享有的教育权利

受教育权：受完法定年限教育权。年满 6 周岁的儿童应入学接受义务教育并受满法律规定年限的教育，学校和教师不能随意开除学生。

学习权：学生有权利在义务教育年限内在校学习，在教育教学过程中，教师不得以任何借口随意侵犯或剥夺学生参加学习活动或者使用仪器设备的权利。

公正评价权：学生在教育教学过程中，享有教师、学校对自己的学业成绩、道德品质等进行公正评价，并客观真实地记录在学生成绩档案中，在毕业时获得相应的学业成绩证明和毕业证书的权利。

2. 人身权

身心健康权：保护学生的生命健康、人身安全、心理健康等。

人身自由权：学校和教师不得以任何理由随意对学生进行搜查，不得对学生关禁闭。

人格尊严权：学校、教师应当尊重学生的尊严，不得对学生进行体罚、变相体罚或其他侮辱人格尊严的行为。

隐私权：学校和教师有义务保护学生私人、不愿或不便让他人干涉的、与公共利益无关的信息或生活领域不被他人所知的权利。

3. 财产权

财产所有权：所有人依法对其财产享有占有、使用、收益、处分的权利。

继承权：依法享有的，能够无偿取得死亡公民遗留的个人合法财产的权利。

受赠权：接受别人赠予的财物的权利。

（二）学生应尽的义务

遵守法律、法规；遵守学生行为规范，尊敬师长，养成良好的思想品德和行为习惯；努力学习，完成规定的学习任务；遵守所在学校或者其他教育机构的管理制度。

第三节　师生关系

一、师生关系的含义

师生关系包括为了完成教育任务而形成的工作关系，为交往而形成的人际关系，以组织结构形成的组织关系，以情感认识等为表现形式的心理关系，主要表现为社会关系、教育关系、心理关系、伦理关系。学校师生关系中，最基本的关系是以直接促进学生发展为目标的教育关系，其他师生关系皆服务于这一关系。

师生之间的伦理关系是指在教育教学活动中，教师与学生构成一个特殊的道德共同体，各自承担一定的伦理责任，履行一定的伦理义务。这种关系是师生关系中最高层次的关系形式，对其他关系形式具有约束和规范作用。

二、影响师生关系的因素

影响师生关系的关键在于教师，尤其是教师素养。

1. 教师方面

教师在教育教学过程中扮演设计者、组织者及教育者的独特角色，这决定了教师在师生关系的构建中承担主要责任。影响师生关系的教师因素包括教师对学生的态度，积极的、肯定的、赞赏的态度直接影响着学生对教师的看法；教师管理方式，专制型或放任型的教师不利于建立健康的师生关系，而民主型教师更受学生的喜爱；学识渊博，见解独特而深刻的教师更易赢得学生的敬佩；在教师的人格特征方面，乐观、开朗、宽容、幽默、兴趣广泛的教师更受学生欢迎；教师的人品方面，诚实守信、敬业乐业、克己奉公、以身作则的教师较易得到学生拥护。

2. 学生方面

学生作为教育的对象和受教育者，本身是正在成长与发展的尚未成熟的有其个性特点的人，教师应公正的、不带偏见的与每个学生建立良好的师生关系。尤其是对那些有这样那样缺点和问题的学生，教师更应该想方设法地主动与他们建立良好的师生关系。现实中，教师往往以学生的学业成绩，是否遵守纪律以及学生对自己的态度作为建立师生关系的主要依据。这对处于被动与弱势地位的学生，有失公平，作为成人和专业人员，教师要为不良的师生关系负主要责任。

3. 环境方面

学校中人与人之间的关系以及课堂的组织环境也是影响师生关系的重要因素。学校所形成的干群关系、教师之间的关系、教师与家长的关系，也直接影响着师生的关系。

三、教育过程中的教师与学生

（一）学生中心论

代表人物有法国教育家卢梭、美国教育家杜威，反对教师中心论，主张发展学生的个性，要求一切措施围绕儿童转动，力图削弱传统教育中教师所具有的那种独断专行的主导作用，主张把师生关系的中心转到儿童上。

（二）教师中心论

代表人物有德国教育家赫尔巴特、苏联教育家凯洛夫，其认为教师掌握了人类积累的文化知识，是知识和智慧的代表，社会价值观念的传播要靠教师的施教来完成，所以在师生关系中，教师应处于中心地位。

四、教育过程中的师生关系

师生关系是指在教育过程中，为完成共同的教育任务，教师与学生之间所形成的一种特定关系。师生关系以"教"和"学"为中介而形成的一种特殊的社会关系，包括彼此所处的地位、作用和互相对待的态度等。

"教学相长"这个提法是我国新型师生关系的特点之一。新课程提倡师生新关系，新课程中具有现代师生关系的模式是合作模式。

五、对师生关系的多重理解

师生在教育内容的教学上结成授受关系：从教师与学生社会角色规定的意义上看，教师是传授者，学生是受授者；学生在教学中主体性的实现既是教育目的，也是教育成功的条件；对学生进行指导、引导的目的是促进学生的自主发展。

师生关系在人格上是平等的关系：学生作为一个独立的社会个体，在人格上与教师是平等的；教师和学生是一种朋友式的友好帮助关系。

师生关系在社会道德上是互相促进的关系。

六、良好师生关系的基本特征

1. 民主平等

民主平等是师生之间的社会关系。师生关系的民主平等体现了师生在教育过程中的相互尊重、平等对话、相互理解、相互接纳等关系。

2. 尊师爱生

尊师爱生是师生之间的人际关系。尊师与爱生是相互促进的两个方面。尊师就是尊重教师，尊重教师的劳动和人格尊严，对教师有礼貌。爱生就是爱护学生，它是教师热爱教育事业的重要体现。

3. 教学相长

教学相长是师生之间的教育关系。教学相长是指教和学两方面互相影响和促进，都得到提高，包括三层含义：一是教师的教可以促进学生的学；二是教师可以向学生学习；三是学生可以超越老师。这样，师生彼此之间才会相互促进，相互启发，共同进步。

4. 宽容理解

宽容理解也可以说成心理相容，是师生之间的心理关系。在教学过程中，师生的心理情感总是伴随着认识、态度、情绪、言行等的相互体验而形成亲密或排斥的心理状态，而不同的情绪反应对学生在课堂上参与的积极性和学习效率起着重大的影响。

七、建立良好的师生关系的途径与方法

要建立良好的师生关系，教师就需要转变传统的角色心理，了解和研究学生，树立正确的学生观；要采取正确的教育态度和教育方式；热爱、尊重学生，公平对待学生，发扬民主教育。民主平等是现代师生伦理关系的核心要求；主动与学生沟通，善于与学生交往；提高教师的自身素质；正确处理师生矛盾；提高法治意识，保护学生的合法权利；加强师德建设，纯化师生关系。

八、三种典型的师生关系模式对学生学业成绩的影响

师生关系模式不同，学生的学习成绩也不同。师生关系基本模式由勒温提出：民主型（这是理想的师生关系）、放任型、专制型三种典型的师生关系。

在民主型模式之下，学生的学习努力程度比较适中，学习成绩比较稳定。

在放任型模式之下，学生的学习成绩在教师不在场时反而更好，这主要是因为，学生中具有领袖才能的人出面进行组织的结果。

在专制型模式之下，教师在场时学生的学习成绩高于教师不在场时，说明他们是在教师的权威下才努力学习的。

第四节 教师职业心理

一、教师的职业角色心理

1. 教师的角色心理

教师角色心理是指由教师的社会地位决定的，并为社会所期望的行为模式。现代教师角色观提出教师是学习的指导者和促进者、行为规范的示范者、班集体管理者、心理健康的管理者、学生成长的合作者、教学的研究者。

2. 教师威信

（1）教师威信的含义

教师威信是指由教师的资历、声望、才能和品德等因素决定的，教师个人或群体在学生或社会中的影响力，包括教师在学生心目中的威望和信誉。

教师威信的作用主要表现在有利于教师作为学习的引导者和促进者角色的实现；有利于教师作为班集体管理角色的实现；有利于教师作为行为规范的示范者角色的实现。

教师威信的分类主要有两种，即权力威信和信服威信。

教师威信的结构包括情感威信、人格威信、学识威信。教师权威包括角色权威、知识权威和人格权威。其中角色权威是前提，知识权威是基础，人格权威保障。

（2）教师威信的形成与发展

教师威信的形成过程是由"不自觉威信"向"自觉威信"发展的过程。建立教师威信的途径有：第一，教师要培养自身良好的道德品质；第二，教师要培养良好的认

知能力和性格特征；第三，教师要注重良好仪表、风度和行为习惯的养成。

（3）教师威信的维护

教师要维护好自己的威信应努力做到以下几个方面：

①不断地更新和丰富自己的知识。

教师知识水平的高低，直接影响自身的威信。知识，就其本身来讲，就是一个巨大的能源、一种无穷的力量。因此，教师要在教学工作中不断更新、充实、丰富自己的学科知识，努力开拓知识领域。

②始终坚持为人师表。

要赢得长久的教师威信，教师应不断加强自身的思想、文化、道德修养，做到严于律己、以身作则，培养良好的工作态度和心理品质，自始至终履行好自己的职责。

③与学生交往中，要努力做到心理换位。

要想进一步的提升自己的威信，教师还要学会"角色转换"，要能够尊重、理解、信任学生，以诚实、平等的态度对待学生。

④教师要正确认识和合理运用自己的威信。

教师要对威信有正确的认识，威信不是威严，不能为了维护自己的威信而不恰当地运用教师的权威，损害学生的自尊心，最终导致教师威信的降低。

二、教师的职业心理特征

1. 教师的认知特征

教师的认知结构主要包括专业学科内容知识、教育教学知识、心理学知识、实践性知识等。教师的认知特征主要包括观察力特征、思维特征和注意力特征。

2. 教师的人格特征

教师的人格特征中主要有两种特征对教学效果有显著的影响，一是教师的热心和同情心；二是教师富于激励和想象的倾向性。

教师的职业信念是教师对成为一个成熟的教育教学专业工作者的向往和追求，这为教师提供了奋斗目标，是推动教师成长的巨大动力。人们主要通过两个方面来研究教师的职业信念，分别是教学效能感和教学归因。教学效能感是指教师对自己影响学生行为和学习结果的能力的一种主观判断，分为两个部分，即一般教学效能感和个别教学效能感。教学归因是指教师在教育过程中，对教育行为进行归因，对教育行为或事件的原因进行推断的过程。

3. 教师的行为特征

（1）教师的教学行为

教师的教学行为包括进行教育教学活动，开展教育教学改革和实验；从事学术交流，参加专业的学术团体，在学术活动中充分发表意见；指导学生的学习和发展，评定学生的学业成绩；贯彻国家的教育方针，遵守规章制度，执行学校的教学计划，履行教师聘约，完成教育教学工作任务；对学生进行宪法所确定的基本原则的教育和爱国主义、民族团结的教育，法制教育以及思想品德、文化、科学技术教育，组织、带领学生开展有益的社会活动；关心、爱护全体学生，尊重学生人格，促进学生在品德、智力、体质等方面全面发展；制止有害于学生的行为或其他侵犯学生合法权益的行为，批评和抵制有害于学生健康成长的现象。

教师的教学行为特征有教师行为的明确性、教学方法的多样性、任务取向、富有启发性、参与性和及时评价教学效果等。

（2）教师的期望行为

教师期望也叫罗森塔尔效应，也叫皮格马利翁效应，是教师对自己学生未来的行为或学业成绩的推测，其建立在教师对学生现状了解的基础上。教师期望效应是指教师对其期望采取的相应行为发生在学生身上产生的结果。教师期望效应有两类：

第一类为自我应验效应，即原先错误的期望引起把这个错误的期望变成现实的行为。以学校为例，如果某同学的父亲是著名的文学家，那他的老师很自然地认为他具有成为出色作家的潜力，假设该学生文学天赋平平，但这个老师对其满腔热情，表达出对其能力的十足信心，鼓励他经常练习，常常对其作业进行额外的批改，结果这种对待使他果真成为优秀的小作家。但如果老师不特别对待这位学生，结果就不会是这样的，这可看做自我应验效应。

第二类是维持性期望效应。在此种期望效应下，老师认为学生将维持以前的发展模式。其问题在于，如果老师认可这种模式，将很难注意和利用学生潜在能力的发展。如老师对差生和优等生的不同期望，使得他很难关注差生的进步，甚至对其进步持怀疑态度，认定他是在别人的帮助下甚至作弊得到进步的。这种期望维持甚至增大了优等生和差生的差距。

自我应验效应比维持性期望效应更有影响力，因为前者能引导学生的巨大行为变化，但是后者发生的频率更高，其累积效应也不可忽视。年幼而且常依赖老师的学生对教师期望效应更敏感，他们能更经常和更准确地对老师传递的期望进行解释。

在实际教学应用中，教师切不可对学生期望过高，拔苗助长；或者是期望过低，打消学生的积极性。教师的期望目标必须遵循适度性原则，即期望目标为学生的"最近发展区"，是学生相对较容易达成的目标，这样才能取得最佳的教学效果。

三、教师的职业心理健康

1. 教师心理健康的标准

教师心理健康的标准表现在能积极地悦纳自己；有良好的教育认知水平；热爱教师职业，爱学生且具有稳定而积极的教育心境；能控制各种情感和情绪；拥有和谐的教育人际关系。

2. 影响教师心理健康的因素

（1）影响教师心理健康的社会因素

①社会观念的影响。

我国的儒家理论非常重视教师的地位和社会教化的作用，曾提出"天地君亲师"这样的社会地位序列。但事实上，在"学而优则仕"的社会观念的影响下，书念得好的人选择仕途，只有没落、没出息的人才选择其他职业。因此，作为教师来说，只有有成就者之师才能获得如此的尊重。普通教师的社会地位和经济地位仍然是比较低的。在社会发展的过程中，人们对文化知识的要求越来越高，教育经历也对个人境遇的改变起了很大作用，教书育人的工作也逐渐获得了人们的肯定和重视。教师社会地位和经济地位得到了一定程度的提高，但相比于其他行业来说仍然偏低。目前在人们普遍看好的职业中，大学教师荣登榜首，但中小学教师的排行靠后，特殊学校教师的地位可想而知。

②社会发展的影响。

现代社会是信息社会，知识、信息的普及化程度大大提高。教师早已不是学生唯一的信息来源了，这使得教师的权威受到了严峻的挑战。随着社会的发展，教育更注重人性化、人文化、创新性，基础教育课程改革、素质教育思想的贯彻实施，给教师完成本职工作提出了新的挑战。

（2）影响教师心理健康的职业因素

①工作量因素。

调查发现，有60%的教师认为工作量太大，在所有问题中排居首位；64%的教师认为放假、发奖金、受到领导表扬等是生活中最开心的事情。教师的工作量除正常的教学工作如备课、上课、批改大量的学生作业外，还承担了许多繁杂的非教学任务，如维持纪律，管理学生值日、卫生、上操等。调查还发现，工作负担较重的教师群体，如班主任、主课教师、毕业班教师、初高中教师的心理卫生问题多，职业压力大。

②升学压力因素。

调查发现，有33%的教师认为升学压力是老师最大的心病；24%的教师认为学生考试成绩不理想是工作中最大的挫折；47%的教师认为学生考试成绩优秀是工作中最开心的事情。这些数据都说明了升学压力是教师心理卫生问题的一个重要来源。升学压力还加剧了同事之间的竞争，成为教师心理矛盾的又一个重要来源。

③经济状况因素。

调查发现，有50%的教师日子有点紧，特别是未婚的、年龄低于40岁的、初中的或男教师经济状况更不如意一些。男教师、年轻教师、班主任等对经济收入都更不满意。很多教师认为收入与其劳动付出不相配。

④领导的评价因素。

调查发现，领导的不公正评价是许多教师职业生活中的重大挫折。这与知识分子的特点有密切的关系。某省曾发生过这样一起事件。一个年轻的语文老师有一次和学生家长起了争执，被家长打了一巴掌。他向校长反映，未引起校长重视，他想不通，就服毒自尽了。如何评价教师、评价教师的工作成绩，是值得每一位学校领导研究的问题。

⑤职称因素。

教师评职称受阻是引起教师心理卫生问题的又一重要因素。虽然目前的中小学教师职称与工资直接挂钩，但引起教师心理挫折的不是经济损失，而是自尊心受到打击。

（3）教师的个人因素

在相近的生活和工作环境中，有些教师可能会出现心理问题，有些则能较好地调适自我的心理状态，维持健康的心理状态。造成这些差别的个人因素主要有三个方面：人格因素、生活事件、社会支持情况。

①人格因素。

不能客观认识自我和现实的教师，往往给自己确定不切实际的目标，导致理想和现实差距太大，从而造成心理问题。另外，具有过于强烈的自我实现和自尊需要的教师更容易出现心理问题。

②重大生活事件的影响。

在人的一生中经常会有生活的变化，无论这些改变是积极的（如结婚、升迁）或是消极的（如亲人死亡、离婚），都需要个体做出种种心理调整以适应新的生活模式。在这种调整时期心理问题较容易发生。尤其是在一个人生阶段到另一个人生阶段的过渡时期，如艾里克森等提出的中年危机时期，个体需要对自己、家庭及职业生活做出再评价，这些很可能会显著地影响个体的自尊、婚姻关系以及对工作的忠诚和投入。

③教育观念和方法因素。

教师具有的教育观念和采用的教育教学方法不适当，也会给自身的心理健康带来许多问题，可以这么说，教师有时体验的"怒火冲天"，实际上是自身不良的教育观念和不当的教育方法造成的。

3. 教师职业压力与职业倦怠

教师职业压力主要是由工作引起的，是教师对来自教学情景的刺激产生的情绪反应。伍尔诺和梅按性质的不同将教师职业压力分为五类。一是中心压力，指较小的压力及日常的麻烦；二是外围的压力，指教师经历的重大生活事件或压力情节；三是预期性压力，指教师预先考虑到的令人不愉快的事件；四是情景压力，指的是教师现在的心境；五是回顾压力，指教师对自己过去的压力事件及相关经历进行的评价。

职业倦怠是指个体在长期的职业压力下，缺乏应对资源和应对能力而产生的身心耗竭状态。教师的职业倦怠是在长期的工作压力和自身心理素质的相互作用下形成的，并带来生理、情绪、认知和行为等方面的问题，导致教师出现严重的身心疾病。马勒斯提出的职业倦怠的三个基本特征是情绪耗竭、去个性化和个人成就感低。

4. 教师克服职业倦怠的策略

（1）树立正确的信念和职业理想

"因为爱，所以执着"，一个人若能选择自己最乐意做的事情，然后倾情投入，不但能做出属于自己的最好成就，而且也将过得幸福快乐。

（2）调整目标

教师要学会对自己的能力、知识水平做出一个较为客观的评价，适当降低成就欲和期待值，从而使自己摆脱沉重的失落、难解的怨气、无名的惆怅，并做到退一步海阔天空。

（3）建立积极心态

教师的收入和地位仍然不是很如意，老师的工作不是社会全部人能理解的，工作生活之中有烦恼、有悲伤、有失落、有痛苦，所以教师要调整好心态，要采取积极的态度和措施，学会情绪疏导。

（4）提高抗压能力

使自己有一个良好的心态，作为教师，您不妨学会理性地妥协。职业倦怠首先是源于自己所遇到的压力，故作为教师，我们应努力提高自己的抗压能力。一个自信且抗压能力强的人是不容易倦怠的。

第五章

课程

第一节　课程概述

一、课程的含义

课程的含义有广义与狭义之分。广义的课程是指学校为实现培养目标而选择的教育内容及其进程的总和，它包括学校所教的各门学科和有目的、有计划的教育活动。狭义的课程指具体的某一门学科。

"课程"一词在我国始见于唐朝，唐朝孔颖达在《五经正义》中首次提出。宋代朱熹在《朱子全书·论学》中多次提及课程，如"宽着期限，紧着课程""小立课程，大作工夫"等。他的"课程"即指功课及其进程，这与今天人们对课程的理解相似。西方的课程一词最早见于斯宾塞的《什么知识最有价值》中，课程由拉丁语派生而来，意为"跑道"。

学校是培养人才的摇篮，而课程是人才培养蓝图的具体体现。在西方，最早的课程可以追溯到公元前 7 世纪古希腊的雅典和斯巴达教育。夸美纽斯认为课程内容即教材。

1918 年，美国学者博比特出版了《课程》一书，标志着课程作为专门研究领域的诞生，博比特提出了"活动分析法"：通过对人类社会活动的分析，发现社会所需要的知识、技能和态度，从而为课程目标确定打下了基础。

1949 年，泰勒出版了《课程与教学基本原理》，这被视为现代课程理论的基石，因此泰勒被誉为现代课程理论之父。其认为对教学目标选择必须考虑三个基本方面，分别是学科的逻辑、学生心理发展逻辑和社会的要求。

二、课程理论流派

（一）学习者中心课程理论

1. 经验主义课程论（学习者中心课程理论）

经验主义课程论又称学习者中心课程理论，代表人物是杜威。其基本观点为以经验为中心的课程理论，该理论强调发挥学生学习的主动性，发展学生的个性，并且强调学校与社会联系，以社会生活的实际来组织课程教材，如杜威所说的"在做中学"；强调教学要顺应学生的心理因素，所以说课程的组织应该心理学化，课程组织应该考虑到心理发展的秩序以利用儿童现有的经验和能力。

2. 存在主义课程论

存在主义课程论的代表人物是奈勒。其基本观点是在确定课程时，一个重要的前提就是承认学生本人为自己的存在负责，换言之就是学生根据自己的需求来确定所学习的内容，不能把教学看作为学生谋求职业做准备的手段，也不能把他们看作进行心智训练的材料，而是应该把他们看作自我发展和自我实现的手段。存在主义重视挖掘学生的人生价值，注重学生的情感反应。

3. 学习者中心课程理论的优缺点

学习者中心课程理论的优点是以学生的活动为中心，有利于调动学生的兴趣，并且注重学生的情感潜能等；其缺点是过分强调学生的兴趣，课程的设置缺乏系统性，太过于注重知识的主观性。

（二）学科中心课程理论

1. 要素主义课程理论

要素主义课程理论的代表人物是巴格莱。其基本观点为课程的内容应该以人类文化的"共同要素"为前提，其首先要考虑的是国家和民族的利益。该流派是以苏联人造卫星上天为契机出现的。学科课程是向学生提供经验的最佳方法。

2. 永恒主义课程理论

永恒主义课程理论的代表人物是赫钦斯。其基本观点是教育内容和课程涉及的第一个根本问题是为了实现教育目的，什么知识最有价值和如何选择学科。永恒主义对此的回答是：理智训练传统的"永恒学科"的价值高于实用学科的价值。

3. 结构主义课程理论

结构主义课程理论的代表人物是布鲁纳。其基本观点是以学科结构为课程中心，学科基本结构的学习对学习者的认知结构发展最有价值。学科基本结构的学习要与学生的认识发展水平一致，因此人们在编制学科课程时，要依据学习者的思维发展水平，采用螺旋上升的方式编制课程。

4. 学科中心课程理论的优缺点

学科中心课程理论的优点是有利于学生掌握系统的科学文化知识，继承优秀的人类文化遗产；其缺点是以知识为中心编制课程容易把各门知识割裂开，不能在整体中、联系中学习，各学科容易出现不必要的重复，增加学生的学习负担，且忽视了学生的学习兴趣和需要，容易导致理论与实践的脱节，不能学以致用。

（三）社会中心课程理论

社会中心课程理论的代表人物是布拉梅尔德。其基本观点是课程的核心是社会的重大问题，学校课程应该以建设新的社会秩序为方向。该理论强调课程应该有助于学生的社会反思；社会问题而非知识问题才是课程的核心问题；社会群体应参与到课程设计中；主张学生尽可能多地参加到社会实践中，因为社会是学生解决问题的实验室；以广泛的社会问题为中心。

社会中心课程理论的优点有重视课程与社会的联系，有利于为社会需要服务；其缺点表现在缺乏系统的知识学习，夸大了教育的作用。

（四）后现代主义课程论

后现代主义课程论的代表人物是多尔。多尔在分析和批判泰勒模式的基础把他设想的后现代课程标准概括为"4R"，即丰富性（richness）、循环性（reusion）、关联性（rlations）和严密性（rigor）。

后现代主义课程论的优点是把课程当作不断发展的动态过程，丰富了知识的内涵，重视学生的个体经验，有利于建立和谐的师生关系；其缺点是多元化发展，且批判多于建设，在实践中较难操作。

（五）人本主义课程论

人本主义课程论重视人自身的价值，提倡充分发挥人的潜能，情感、动机、欲望等是理论的核心概念。课程是以促进学习者的自我实现为目标，内容选择要关注学习者的兴趣、需要与能力；主张设置学术性课程、人际关系课程和自我实现课程等；课程实施中鼓励师生间的对话，营造尊重、理解和信任的氛围，体现以学生为中心。

三、课程的类型

（一）基础性课程、拓展性课程和研究性课程

根据任务的不同，我们可以将课程分为基础性课程、拓展性课程和研究性课程。基础性课程是小学课程的主要组成部分；拓展性课程注重拓展学生的知识与能力，开阔学生的知识视野，发展学生各种不同的特殊能力，并迁移到其他方面的学习；研究性课程注重培养学生的探究态度和能力。

（二）学科课程和活动课程

根据内容的属性不同，我们可以把课程分为学科课程和活动课程。

学科课程又称为分科课程，是最古老、适用范围最广泛的课程类型，我国古代的"六艺"和古希腊的"七艺"都是学科课程。

活动课程又叫经验课程、儿童中心课程论，主张课程要围绕学生的需要和兴趣。活动课程是以儿童的主体性活动和经验为中心组织的课程，即以选择和组织学习经验为基础，用儿童的兴趣、需要、问题等组成的课程。其学习形式是通过儿童的活动，解决问题，强调儿童通过活动来获得知识经验；强调课程组织应心理学化，课程应以儿童活动为中心，课程应给儿童提供分化的、有组织的经验。儿童中心课程论的代表人物主要有卢梭、杜威和克伯屈。以杜威为代表的经验主义课程论流派认为，以学科为中心的传统课程是不足取的，应代之以儿童的活动为中心的课程。

（三）分科课程和综合课程

根据课程内容的组织方式，我们可以把课程分为分科课程和综合课程。分科课程主要是根据学校的教育目标、教学规律和一定的年龄阶段的学生发展水平，分别从各门学科中选择部分内容，组成各种不同的学科，在中国早期的分科课程是孔子对奴隶社会的文化典籍加以整理，分为"礼、乐、射、御、书、数"六科。

综合课程即组合两门以上学科领域而构成的一门学科；根据课程综合的程度，我们又可以将综合课程划分为相关课程、融合课程、广域课程和核心课程。以下是这四个课程的内涵。

相关课程，又叫"联络课程"，是指两种或两种以上学科在一些主题或观点上相互联系起来，但又维持各学科原来的独立状态。例如，在数学与物理，化学与生物等相邻学科之间确定科际联系点。

融合课程是指把有内在联系的学科内容融合在一起而形成一门新的学科，与相关课程不同，合并后原来的科目不再单独存在。例如，把动物学、植物学、微生物学、生理学、遗传学融合为生物学。

广域课程是合并数门相邻学科的内容形成的课程。广域课程和它的名字一样，它也是融合，但是融合的范围更大一些。人类所有的知识和认知领域都可以被整合。例如社会研究课综合了历史、地理、经济学、社会学、政治学、法学和人类学等有关学科内容。

核心课程是围绕重大社会问题，以解决实际问题的逻辑顺序为主线来组织教学内容的课程，是以个人或社会生活的现实问题为核心，将其他学科的内容围绕核心组织起来，由一位教师或教师小组连续教学的课程。例如，以人类生存、环境保护、交通运输、社会组织和管理、娱乐和审美活动等人类的基本活动为主题设计的课程。

新的基础课程改革呈现出小学阶段是综合课程，初中有综合课程也有分科课程；高中的全是分科课程的趋势。

（四）国家课程、地方课程和校本课程

根据课程设计开发者的主体、管理主体、制定主体、实施主体、管理层次的不同，课程可分为国家课程、地方课程、校本课程。为了将教学权利归于地方，新开发的课程有地方课程和校本课程。

1. 国家课程

国家课程指的是由国家统一开发和管理、通过国家行政力量在全国范围内推行的课程。它体现了国家的意志，是专门为未来公民接受基础教育之后所要达到的共同素质而开发的课程。国家课程由政府组织专家学者统一开发，在全国范围内实施。其最显著的功能，在于确保所有学习者享有学习的权利。

2. 地方课程

地方课程指的是由地方教育行政部门依据当地的政治、经济、文化、民族等发展需要而开发和管理、在地方范围内推行的课程。它由地方教育行政部门（在我国一般指省一级的教育行政部门）主持开发和管理，体现地方的风土人情和教育特色，是传承地方文化、传播地方知识的重要手段，可以满足地方对学生发展的区域性要求。

3. 校本课程

校本课程是由校长和学校教师根据学生的需求而在具体教育情境中开发或改编的课程。校本课程的主要功能，在于关照学习者的个别差异，满足他们多样化的学习需求。国家课程和地方课程都面向数量庞大的学习者群体，不可能关注每一个学习者个体。而校本课程恰恰是基于学校发展学习者个性化的学习需求而开发的。

（五）选修课程和必修课程

根据课程的要求不同，课程可分为选修课程和必修课程。

必修课程是指国家、地方或学校规定，学生必须学习的公共课程，是为了保证所有学生的基础学习而开发的课程。

选修课程是指依据不同学生的特点与发展方向，容许个人选择的课程，是为了适应学生的个性差异而开发的课程。其主导价值在于满足学生的兴趣、爱好，培养和发展学生的良好个性。

（六）显性课程和隐性课程

根据课程的呈现方式不同，课程可分为显性课程和隐性课程。隐性课程最早由美国的学者贾克森在 1968 年出版的《班级生活》中正式提出。显性课程和隐性课程之间的关系是递进关系、转换关系和互补关系。

显性课程也称为公开课程，比如我们的教学；其主要特征是计划性，这是区分显性课程和隐性课程的标志。

隐性课程也称为潜在课程、自发课程，以间接的、内隐的方式出现。

隐性课程的结构主要有四种表现形式：观念性隐性课程，是指包括隐藏于显性课程之中的意识形态，学校的校风、学风，有关领导与教师的教育理念、价值观、知识观、教学风格、教学指导思想等；物质性隐性课程，是指学校建筑、教室的布置、校园环境等；组织制度性隐性课程，是指学校管理体制、学校组织机构、班级管理方式、班级运行方式；心理性隐性课程，是指学校人际关系状况，师生特有的心态、行为方式等。隐性课程的功能有陶冶功能、美育功能、益智功能、健体功能。

（7）技能性课程、工具性课程、知识性课程和实践性课程

根据课程的功能不同，课程可分为技术（技能）性课程、工具性课程、知识性课程和实践性课程。

（八）学科中心课程、社会中心课程和学生中心课程

根据课程的组织核心不同，课程又可以分为学科中心课程、社会中心课程和学生中心课程。

（九）古德莱德归纳的五种不同的课程

古德莱德归纳的五种不同的课程，分别是理想的课程，即由一些研究机构、学术团体和课程专家提出应该开设的课程；正式的课程，即指由教育行政部门规定的课程计划和教材等；领悟的课程，即指任课教师所领会的课程；实行的课程，即指在课堂里实际展开的课程；经验的课程，即指学生实际体验到的东西。

第二节 课程组织

一、课程内容的组织原则

课程内容采取何种组织形式进行编写，直接影响课程内容结构的性质和形式。在20世纪40年代，美国著名教育家拉尔夫·泰勒就明确提出了课程内容组织的三条原则，即连续性、顺序性和整合性。

连续性原则是指直线式地陈述主要的课程内容，并且对其进行反复叙述，逐步加深。例如，对于某些重要的课程内容，要在教材展开过程中在其各个部分反复地、多次涉及并强调这些内容，而不只是在一个部分集中出现一次。

顺序性原则要求每一后继内容应以前面的内容为基础，同时又对前面的内容加以深化、拓展。例如，对于某些重要的课程内容，在教材各个部分重复涉及时，要不断地增加其广度与深度，即后面出现的内容应该是在更高层次上进行探讨，而不仅仅停留在同一水平。

整合性原则强调保持各种课程内容之间的横向联系，以便有助于学生获得一种统一观念，能够将看法、技能和态度统一起来，并且能将所学的内容整合进个体的行为中。例如，个体遇见某一问题时，能够联系到自己在所有领域所学到的东西并综合利用。

二、课程内容

1. 课程内容的选择

（1）影响课程选择的因素

学校课程受多种因素的影响，从课程发展史和当代各国所进行的课程改革来看，最主要的受社会需求、科学知识的进步和儿童身心的发展三方面制约。

首先是社会需求。这里所谓社会是社会结构，它包括政治经济发展、社会意识形态、文化传统等因素，它们对课程的设置、课程的内容有着不同程度的影响。学校课程是这些社会因素综合作用的结果。

其次是科学知识的进步。自然科学的发展影响着课程设置的水平、性质和特征；自然科学发展的历史顺序与普通学校开设的课程科目基本是同步的；自然科学新的发明和发现，对课程发展变化的方向、内容、结构和形式都有显著影响。在社会科学方面也有类似情况，科学知识的分类对学校的课程内容，尤其是课程设置有着重大的影响。

最后是儿童身心的发展。学生身心发展对课程的制约性主要表现在三个方面：对课程目标的制约，对课程设置的制约，对课程内容的制约。学者们的长期研究认为，个体发展有六个方面的共同需要：认识活动的需要、价值定向活动的需要、操作活动的需要、社会交往的需要、审美活动的需要、体力活动的需要。课程设置不仅反映社会需求和科学知识发展情况，也要反映个体的这种共同需求。

（2）课程内容选择的原则

内容的有效性和重要性原则：课程内容必须选择那些最有利于达到我们的教育目的和最为重要的内容。

与社会现实的一致性原则：如果所选择的课程内容与社会现实不一致，容易造成学生的混乱。

广度和深度的平衡性原则：课程内容过广，不易使学生真正深刻地领会和理解所讨论的课题的意义；如果课程内容过深，既限制学生的视野，也可能因为超出学生的理解能力而无效。

适应学生的心理适应性、兴趣和需要原则：特定年龄阶段的学生，有特定的心理特点，有特定的兴趣和需要。如果离开了这种心理适应性，片面地去传授一些我们成年人认为重要的东西，往往收不到期望的效果。

2. 课程内容的组织形式

（1）直线式和螺旋式

直线式指把课程内容组织成一条在学科知识逻辑上前后联系的"直线"，即学科课程内容的组织呈直线前进，前面安排过的内容在后面不在呈现。例如，英语单词的学习。

螺旋式是按照人的心理发展的顺序，将在不同单元或阶段，乃至同课程门类中，课程内容重复出现、螺旋上升，逐渐扩大知识面，加深知识难度，即同一课程内容前后重复出现，前面的内容是后面内容的基础，后面内容是对前面内容的不断扩展和加深，且层层递进。例如，三角形内角和为180°，在小学时测量、画图，中学时证明。

（2）纵向组织和横向组织

纵向组织指按照学科知识的逻辑顺序，从已知到未知、从简到繁、从具体到抽象等先后顺序来组织编写教材内容。例如，加涅的层次结构理论按照复杂性程度把人类学习分为八类。学科课程如语文、数学等多为纵向组织。

横向组织指打破学科的知识界限和传统的知识体系，按照学生发展的阶段，以学生心理发展阶段需要探索的、社会最为关心的问题为依据来组织编写教材内容，构成一个个相对独立的专题。例如，雾霾问题很严重，那么我们可以将雾霾的成因和解决此问题相关的知识，比如气象学、地理学、生态学、环境学等组织起来呈现。

三、课程设计

（一）课程设计的实质

课程设计的实质是指课程结构的编制，是有目的、有计划地产生课程计划、课程标准和教科书的系统化活动。课程设计是将课程理念转化为课程实践活动的桥梁。

（二）课程设计的模式

课程设计需要考虑学科、学生、社会及科技发展等因素，常见的课程设计模式有目标模式、过程模式和自然设计模式。

1. 目标模式

这是根据课程设计者对学习者行为变化的期望而确定的教育目标进行课程设计的思路。其代表人物是泰勒。该模式产生于博比特提出的"活动分析"课程设计方法，由泰勒完善，他把课程设计过程概括为确定教育目标、选择学习经验、组织学习经验、评价学习结果四个步骤或阶段。

课程设计的目标模式具有巨大的优势。首先，目标模式强调明确具体的行为目标，一改以往教育目标的表述过于笼统以至于难于理解和把握的状况，有助于课程标准的制订，有利于学生了解将要学习的具体内容；其次，目标模式在某种程度上促进了教育测量与教育评价的发展，加快了标准化测验的完善进程。

当然，目标模式也有较突出的局限性。如忽视课程结构的整体性，把由多种成分或多种要素组成的课程结构整体分割开来，片面强调目标的特殊性；割裂了教育过程中的事实与价值，看不到教育过程是一个价值创造和意义诠释的过程，使课程设计局限于技术理性的框架之中，导致了课程设计的机械性且缺乏艺术性；强调目标的具体性、可预期性和行为化，只看到正式课程而忽视了潜在课程；重视了训练的价值，忽视了对教育内涵的真正把握。这样，就把学校看作工厂，压抑学生的主体性，故被称为"工学模式"。

2. 过程模式

过程模式指不预先指定目标，而是详细说明内容和过程中的各种原理，即在设计中详细地说明所要学习的内容，所要采取的方法以及该活动中固有的标准。其典型代表人物是斯腾豪斯。

过程模式的思想渊源可以追溯到卢梭及以后兴起的进步主义教育运动，但第一次明确提出的是英国学者斯腾豪斯。他认为设计课程不必用目标预先指定所期望达到的结果，课程设计者可以从具有内在价值的知识形式中，挑选出那些足以体现该知识形式的内容，对这样的内容进行选择，不是根据它所要引起的学生行为，而是根据它在多大程度上反映该知识形式。

3. 自然设计模式

借鉴目标模式与过程模式两种设计模式的优点，自然设计模式主张在设计课程时应综合考虑不同的价值取向，重视教育情境的实际状况，强调课程设计者在设计过程中的不断深思和持续反省，要求课程设计者根据实际情况做出决策，关注课程实践中的实际进展，从而建构种符合实践需要的、实用的课程设计模式。因此，自然设计模式往往被看作是一种实用折中的课程设计模式。

四、课程实施

（一）课程实施的基本概念

课程实施是实现预期教育结果的手段。其主要有两种观点，一是课程实施问题就是研究一个课程方案的执行情况；二是课程实施是作为一个动态的过程而存在的。

（二）课程实施的结构

课程实施的结构包括安排课程表、分析教学任务、研究学生的学习特点、选择并确定教学模式、规定教学单元和课、组织教学活动及评价教学活动和过程。

课程表安排应遵循的原则有整体性原则、迁移性原则和生理适宜原则。整体性原则是指要着眼全局，统筹安排好课程计划所规定的每一门课程，使之处于能发挥最佳效果的恰当位置；迁移性原则是指充分考虑各门学科之间相互影响的性质和特点，利用心理学上的迁移规律，促使课程之间正迁移，防止负迁移现象的发生；生理适宜原则指课程的安排要考虑学生的心理特点，使学生的大脑功能和身体机能都得到平衡和健康的发展。

（三）影响课程实施的因素

课程实施受很多因素的影响。课程自身的特征、课程实施主体的素养、课程文化的制约、课程政策的调控四个方面无疑是其中最为主要的因素。

1. 课程自身的特性

从课程自身方面来说，影响课程实施的特征主要有：合目的性、可传播性、可操作性强和合时代性。合目的性，指的是课程与课程目标、教育目的相符合程度；合乎目的性的课程更容易被认可，也更容易被接纳。可传播性指的是课程实施实际上也就是课程的传播。可操作性即课程被使用时的方便程度。一般来说，可操作性强的课程更容易被采纳，也更容易被实施。合时代性是从课程实施的层面来看的，课程的特性是必须合时代性。

2. 课程实施主体的素养

课程实施主体的素养也是影响课程实施的重要因素。根据课程实施的实际，课程实施主体主要包括校长和教师两大类。校长对课程实施的影响表现在如果校长能理解各个层次的课程领导功能，那么他们就会在各自的学校进行有效的领导；教师对课程实施的影响表现在教师会在课程实施过程中对课程进行重构，并把经自己重构后的课程称为"师定课程"，只有师定课程才是课堂中实际运作的课程。

3. 课程文化的制约

课程文化对课程实施的影响主要表现在影响课程实施价值取向、改变课程实施态度两个方面。首先课程文化会影响课程实施取向。不同的课程实施取向会带来不同的课程实施行为，从而影响课程的实施。其次课程文化改变课程实施态度。数据表明，人们对课程实施的态度复杂，转变人们的课程实施态度是课程实施取得成功的关键。

4. 课程政策的调控

课程实施还受到课程政策的影响。不同层级的课程政策和不同的课程决策都会对课程实施产生影响。

五、课程的评价

（一）主要的课程评价模式

课程评价是指检查课程的目标、编订和实施是否实现了教育目的，实现的程度如何，以判定课程设计的效果，并据此作出改进课程的决策。课程评价的模式有以下几种：

1. 目标评价模式

此模式由"课程评价之父"泰勒提出。其基本观点是确定课程目标，这是最为关键的一步；然后根据目标选择课程内容，根据目标组织课程内容，根据目标评价课程。

2. 目的游离评价模式

此模式由斯克里文提出。其主张把评价的重点从"课程计划预期的结果"转向"课程计划实际的结果"上来。评价除了要关注预期的结果之外，还应关注非预期的结果，更多地考虑课程计划满足实际需要的程度。

3. CIPP 评价模式

CIPP 评价模式，亦称决策导向或改良导向评价模式，是美国教育评价家斯塔弗尔比姆倡导的课程评价模式。它认为评价就是为管理者做决策提供信息服务的过程，包括背景评价、输入评价、过程评价、成果评价。

4. CSE 评价模式

CSE 是美国加利福亚大学洛杉矶分校评价研究中心（Center for Study of Evaluation）的简称。该模式由斯太克提出，古巴和林肯等人进一步发展，具体实施步骤是：需求评定、方案计划、形成性评价、总结性评价。

第三节　新课程改革

一、新课程改革的提出和背景

2001 年，《基础教育课程改革纲要（试行）》的颁布实施标志着我国第 8 次课程改革开始，明确了基础教育课程改革的目标和总体框架。

教育的优先发展策略：党的十九大明确提出了必须把教育事业放在优先位置，深化教育改革，加快教育现代化，办好人民满意的教育。

我国基础教育发展的内在要求：固有的知识本位，学科本位问题没有得到根本转变，所产生的危害影响较深，这与时代对人的要求形成了巨大的反差；传统的应试教育实力强大，素质教育不能真正得到落实。

二、新课程改革的具体目标

（一）课程功能实现转变

改变课程过于注重知识传授的倾向，强调形成积极主动的学习态度，使获得基础知识与基本技能的过程同时成为学会学习和形成正确价值观的过程，从单纯的重视知识传授转变为引导学生学会学习、学会合作、学会生存和学会做人。

（二）课程结构实现调整

改变课程过于强调学科本位、科目偏多和缺乏整合的状况，整体设置九年一贯的课程门类和课时比例，并设置综合课程，以适应不同地区和学生发展的需求，体现课程结构的均衡性、综合性和选择性。

（三）课程内容更贴近生活

改变课程内容"难、繁、偏、旧"和过于注重书本知识的现状，加强课程内容与学生生活以及现代社会和科技发展的联系，密切课程内容与生活和时代联系，关注学生的学习兴趣和经验，精选终身学习必备的基础知识和技能。

（四）学生学习方式得到改变

改变课程实施过于强调接受学习、死记硬背、机械训练的现状，倡导学生主动参与、乐于研究、勤于动手，培养学生搜集和处理信息的能力、获取新知识、分析和解决问题的能力，以及交流与合作的能力。

（五）评价制度得以调整

改革课程评估过分强调选拔和甄别功能，发挥评估促进学生发展、教师提高和改进教学实践的功能。新课程倡导"立足过程，促进发展"的课程评价。我们要建立一种发展性的评估体系，要建立促进学生全面发展的评估体系；要建立促进教师不断提高的评估体系；要将评估看作一个系统；在评价功能上强调促进作用，在评价主体上注重教师的互动参与；在评价内容上多关注学习状态。

（六）课程实行三级管理

改变课程管理过于集中的状况，实行国家、地方、学校三级课程管理，增强课程对地方、学校及学生的适应性。

三、新课程改革的理念

1. 新课程改革的理论基础

新课程改革的理论基础有人本主义教育理念、建构主义教育理念和多元智力理论；贯穿于第八次课程改革的核心理念是为了中华民族的复兴，为了每位学生的发展。

2. 为了每位学生的发展

基本含义包括关注学生作为"整体的人"的发展；包括人的完整性和生活的完整性；整合学生的生活世界和科学世界。生活世界是建立在日常交往的基础上，由主体和主体之间所结成的丰富生动的日常生活世界；科学世界是建立在逻辑、数理结构的基础上，由概念原理和规则、原则构成的世界。

3. 教师的角色与教学行为的理念

（1）新课程倡导的教师角色

从教师与学生的关系来看，教师是学生学习的促进者、合作者、管理者。这是教师最明显、最直接、最富时代性的角色特征，是教师角色中的核心特征，其主要表现在：教师是学生学习能力的培养者，是学生人生的引路人；从教学与研究的关系来看，教师是教育教学的研究者；从教学与课程的关系来看，教师是课程的开发者和建设者；从学校与社区的关系来看，教师是社区型、开放型教师。

（2）教师教学行为的变化

新课倡导的教师教学行为包括"为了每一位学生的发展"的理念，尤其要尊重六种学生：智力发育迟缓的学生、学业成绩不良的学生、被孤立和拒绝的学生、有过错的学生、有严重缺点的学生、和自己意见不一致的学生；尊重学生必须要坚持，不体罚学生、不辱骂学生、不大声训斥学生、不奚落学生、不羞辱和嘲笑学生、不随意地当众批评学生；对于教师和学生而言，"教"的本质在于引导，引导表现为教师对学生的启迪和激励。

四、新课程倡导的教学观

1. 新课改的教学观提倡教学从教育者中心转向学习者中心

"教育者中心"是传统应试教育背景下的一种理念，如今我们强调应该倡导"学习者中心"，教师应该以学生为主体，尊重学生的意见想法及实际需要，满足学生的兴趣爱好，调动学生的主动性和积极性，让学生主动参与课堂，真正成为学习的主人，做到自觉自愿、积极主动的学习。

2. 新课改的教学观提倡教学从教会学生知识转向教会学生学习

教师要注重教会学生学习。所谓"授人以鱼不如授人以渔"，教会学生知识只能让学生着眼于现在，而教会学生学习能够着眼于学生的终身发展。教师在教学中，要注重教授学生学习的方法，培养学生的学习态度和习惯，以此让学生学会学习。

3. 新课改的教学观提倡教学从重结论轻过程转向重结论的同时更重过程

教师有时在教育中过多关注结果而忽视了过程，造成了学生在学习过程中急功近利，忽视对知识的深层理解。因此，教师要能够做到以下几点：不将现成结论灌输给学生，而要让学生经历学习的过程，增强感知；关注学生的发展过程，能够做到"容错"，给学生积极引导；关注学生的日常表现，不以分数作为评价学生的唯一标准，注重形成性评价与总结性评价相结合。

4. 新课改的教学观提倡教学从关注学科转向关注人

以学科为本位的教学理念的局限是重认知轻情感，重教书轻育人，不能够实现人的全面发展。因此，新课程改革强调关注人：关注每一位学生，关注学生的情绪生活和情感体验，关注学生的道德生活和人格养成，真正贯彻"以人为本"的新课改理念。

5. 新课程倡导的学习方式的改革

新课程倡导的学习方式是自主学习、探究学习和合作学习。

自主学习是一种学习者在总体教学目标的宏观调控下，在教师的指导下，根据自身条件和需要自由地选择学习目标、学习内容、学习方法并通过自我调控的学习活动完成具体学习目标的学习模式。"独立学习"是自主学习的核心；独立性是现代学习方式的核心特征。

探究学习是指从学科领域或现实社会生活中选择和确定研究主题，在教学中，创设一种类似于学术（或科学）研究的情境，通过学生自主、独立地发现问题、实验、操作、调查、搜集与处理信息、表达与交流等探索活动，获得知识、技能、情感与态度的发展，特别是在学习过程中培养学生的探索精神和创新能力。

合作学习是针对教学条件学习的组织形式而言的，相对的是"个体学习"。合作学习是指学生在小组或团队中为了完成共同的任务，有明确的责任分工的互助性学习。

六、课程的物化形式

课程的物化形式包括教学计划、教学大纲、教材。1992 年国家教委将"教学计划"改名为"课程计划"，将"教学大纲"改为"课程标准"。

1. 课程计划

课程计划又称教学计划或者课程方案，是指课程安排的具体形式，是课程设置的整体规划，是根据一定的教育目的和培养目标，由教育行政部门制定的有关学校教育和教学工作的指导性文件。

课程计划主要构成有学科设置（教学计划的中心和首要问题）、学科顺序安排、课时分配、学年编制和学周安排。

2. 课程标准

课程标准又称为教学大纲，是根据教学计划制定的，是课程计划中每门学科以纲要的形式编定的、有关学科教学内容的指导性文件。其由国家教委和各地教委编制，是规定某一学科的课程性质、课程目标、课程内容、实施建议的教学指导文件。学科课程标准是编写教科书、教学评估、考试命题和教师进行教学的直接依据，也是衡量各科教学质量的重要标准和国家管理和评价课程的基础，是课程计划的具体化。

3. 教材

教材又称为课本，是根据课程标准编写的系统反映学科内容的教学用书，一般由目录、课文、习题、实验、图表、注释、附录等部分构成。教材的主要部分是课文；教科书是教学内容的载体。教科书是教材的主体，是学生系统获取知识的重要工具，也是教师进行教学的主要依据；教科书编写的四大基本原则是整体性原则、时代性原则、基础性原则、思想性原则。

七、课程目标

（一）课程目标的含义

课程目标是根据教育宗旨和教育规律而提出的具体价值和任务指标，是课程本身要实现的具体目标和意图，是整个课程编制过程中最为关键的准则。课程目标特点包括：时限性、具体性、预测性、可操作性和指导性。

（二）课程目标的取向分类

1. 普遍性目标取向

普遍性目标是课程领域一般性、规范性的指导方针，其特点是把一般教育宗旨或原则和课程目标等同起来，具有普遍性、模糊性、指令性，可普遍运用于所有教育实践中。比如《中华人民共和国义务教育法》规定，使儿童、少年在品德、智力、体质等方面全面发展。中国传统的课程目标是一种社会本位取向，它强调伦理价值，注重国家的教育方针政策，是一种典型的普遍性目标取向。

2. 行为性目标取向

行为性目标取向是在 20 世纪初针对"普遍性目标"取向无法满足科技时代需要而产生的。行为目标是以一种具体的、可操作的行为方式来陈述课程目标，指明课程与教学过程结束后学生身上所发生的行为变化，是期待的学生的学习结果，便于对课程目标进行评价和改进。

3. 生成性目标取向

生成性的课程目标指的是在课程和教学活动中产生的目标，它更加注重学生的经验和能力，强调培养学习者的完整人格和自主能力，关注的是学习活动的过程。这一类课程目标取向，趋于在动态中不断完善。

4. 表现性目标取向

表现性目标取向由美国学者艾斯纳提出，指人们在从事某种活动结束时有意或无意得到的结果，它是课程活动的结果。艾斯纳认为表现性目标具有唤起性，关注无法事先规定的结果，它能促进学生产生多样化的、创新性的而不是一致性的反应。

（三）确定课程目标的依据

课程目标制定依据有学生的具体情况、新课程标准、教材内容、当代社会生活的需求。而且当前的课程目标制定也是基于这几者的。

（1）学生的具体情况。学习者是课程目标指向的终极对象。对每个学习个体来说，学习是一种本能，是一种生存、生活方式，是一种经历。实际上，学习者、当代社会生活和学科与课程目标的确定是息息相关、不可缺少的。

（2）新课程标准。新课程标准是我们教学活动的总纲。教师要认真钻研新课程标准并使之具体化。

（3）教材内容。教师要认真钻研教材，分析并掌握教学内容，抓住重点，吃透难点，努力保证所确定的教学目标能具体体现教学内容。

（4）当代社会生活的需求。正如我国当前新课程改革的核心理念是："为了中华民族的复兴，为了每位学生的发展"。确定课程目标，要"为了中华民族的复兴"，满足当代社会生活的需要，但同时也需要"为了每位学生的发展"。

（四）新课程倡导的三维目标

新课程倡导的三维目标是知识与技能、过程与方法、情感态度和价值观。

知识与技能目标：主要包括人类生存所不可或缺的核心知识和学科基本知识；基本能力——获取、收集、处理、运用信息的能力、创新精神和实践能力、终身学习的愿望和能力。

过程与方法目标：主要包括人类生存所不可或缺的过程与方法。过程指应答性学习环境和交往、体验。方法包括基本的学习方式（自主学习、合作学习、探究学习）和具体的学习方式（发现式学习、小组式学习、交往式学习等）。

情感态度与价值观目标：情感不仅指学习兴趣、学习责任，更重要的是乐观的生活态度、求实的科学态度、宽容的人生态度。价值观不仅强调个人的价值，更强调个人价值和社会价值的统一；不仅强调科学的价值，更强调科学的价值和人文价值的统一；不仅强调人类价值，更强调人类价值和自然价值的统一，从而使学生确立起对真善美的价值追求以及人与自然和谐和可持续发展的理念。

八、课程资源

课程资源也称教学资源，就是课程与教学信息的来源，是建立在课程建设的基础上的，包括教材以及学生家庭、学校和社会生活中一切有助于学生发展的各种资源。教材是课程资源的核心和主要组成部分。

（一）常见的课程资源分类

1. 校内课程资源和校外课程资源

课程资源根据来源分为校内课程资源和校外课程资源。校内课程资源主要包括教师、学生、教科书、学校图书馆、实验室、教学挂图等；校外课程资源主要包括公共图书馆、博物馆、展览馆、科技馆、家长、商场、企业、少年宫等。

2. 显性课程资源和隐性课程资源

课程资源根据存在方式分为显性课程资源和隐性课程资源。显性的课程资源是指教材、教具等；隐性的课程资源是指学校的氛围、校园文化、家长的态度等。

3. 素材性课程资源和条件性课程资源

课程资源根据功能分为素材性课程资源和条件性课程资源。素材性课程资源是指直接作用于课程，并且能够成为课程的素材和来源，包括知识、技能、经验、活动方式与方法、情感态度与价值观等。条件性课程资源是指直接决定课程实施范围和水平的人力、物力、财力、时间、场地、媒介、设备、设施和环境等。

4. 预设性课程资源和不可预设课程资源

课程资源根据预设性分为预设性课程资源和不可预设课程资源。预设性课程资源是指可以预先计划好的课程资源，如教材；不可预设课程资源是指在课程实施过程中动态生成的资源，如师生互动形成的问题。

5. 物质形态课程资源和精神形态课程资源

课程资源根据存在形态分为物质形态课程资源和精神形态课程资源。

6. 自然课程资源和社会课程资源

课程资源根据性质分为自然课程资源和社会课程资源。自然课程资源强调"天然性"，如自然界的动植物、微生物、地质、地貌、矿产、气候、自然景色等；社会课程资源强调"人工性"，如图书馆、博物馆、雕塑、政治活动、军事活动、科技活动、宗教礼仪、风俗习惯等。

7. 文字资源和非文字资源

课程资源根据载体分为文字资源和非文字资源。

（二）开发和利用课程资源的途径和方法

开发和利用课程资源的途径和方法有进行社会调查、复查学生活动、总结和反思教学经验、开发实施条件、研究学生情况、鉴别校内外资源、建立资源数据库和发挥网络资源的作用。

第六章

课堂教学

第一节　教学与教学理论

一、教学的含义

教学是指在教育目的的规范下，教师的教与学生的学共同组成的一种教育活动，是教与学两方面的辩证统一。教学以知识的授受为基础，是实现教育目的的基本途径。

加涅提出的教育过程的基本要素包括：引起学生注意（首要因素）、提出教学目标、唤起已有经验、提供教材内容、指导学生学习、注意学习表现、适时给与反馈、评定学习结果、加强记忆和学生迁移指导。

教学是在教师与学生的交往和对话过程中，使每一个学生都达到最佳发展水平的活动。教学包含以下几个方面：教学以培养全面发展的人为根本目的；教学由教与学两方面的活动组成；教学具有多种形态，是共性与多样性的统一。

（一）教学的基本特征

以培养全面发展的人为根本目的；教学是师生双方的共同活动；现代教学的基本特征有主体性、多样性、探究性、民主性、发展性和技术性。

（二）教学工作的意义

教学是贯彻教育方针，实施全面发展教育，实现教育目标的基本途径。教学工作的意义主要表现在：教学是传播系统知识、促进学生发展的最有效形式，是社会经验再生产、适应并促进社会发展的有力手段；教学是为个人全面发展提供科学的基础和实践，培养学生个性全面发展的重要环节；教学是学校教育的中心工作。

二、教学理论形成的发展脉络

萌芽期：大致从教学产生到公元16世纪，主要的教育家有孔子、苏格拉底、昆体良等人，属于哲学思辨阶段。

建立期：从17世纪到20世纪初期，主要代表人物是夸美纽斯、赫尔巴特和裴斯泰洛奇。《大教学论》是系统化的教学理论或者教育学形成的标志，《普通教育学》是科学化教学理论的标志，其中提出了教育性原理，主张将道德教育和学科知识教育统一在教学的过程中。

繁荣时期：20世纪至今，主要代表是杜威、蒙台梭利、布鲁纳、赞科夫、瓦根舍因、罗杰斯等人。

三、教学理论和教学理论流派

教学理论既是一门理论学科也是一门应用学科，揭示相关学科的规律，给出学习方法。主要教学理论流派有：

（1）赫尔巴特的传统教学理论，其代表作是《普通教育学》，他被称为"科学教育学之父"，提出了学习的四阶段论：明了、联想、系统、方法。

（2）杜威的实用主义教学论，其代表作是《民主主义与教育》，主张儿童中心论，发挥儿童学习积极性，反对班级授课制，认为学习即生活，学校即社会，在做中学，知识是经验的重组。

（3）凯洛夫的新传统教学论，其代表作是《教育学》，主张教学过程包括学生和教师两个方面，支持班级授课制，教学要考虑学生年龄，教学方法多样化。

（4）皮亚杰的认知结构发展理论，共有四个步骤：图式、同化、顺应、平衡。学生认知结构形成的方式是同化和顺应。

（5）罗杰斯的非指导性教学理论，强调培养学生的自我学习能力，重视学生的自我实现，重视学生情感的发展。非指导性教学强调的是通过情感领域而不是智力领域来促进学生的发展。

（6）赞科夫的发展性教学理论，其代表作是《教育与发展》，主张坚持五原则：高难度、高速度、理论知识的主导作用、使得学生理解学习过程、使得全班学生都得到发展。

（7）苏霍姆林斯基的活的教学理论，主张全面和谐的发展。

（8）瓦根舍因和克拉夫基的范例式教学论。其有三个特征：基本性、基础性、范例性；四个统一：问题解决学习和系统学习统一、掌握知识和发展能力统一、主体和客体统一、教学与德育的统一；四个发展阶段：个、类、规律、经验。

（9）布鲁纳的认知结构教学论，其代表作是《教育过程》，主张重视学生的认知结构，采用发现式教学法，发现不局限于人类尚未认知的事物，也包括自己头脑亲自获取的一切方法，提出了假设考验说和认知策略。

（10）斯金纳的程序性教学：是指通过教学机器呈现程序化教材而进行自学的一种方法。它把一门课程学习的总目标分为几个单元，再把每个单元分为许多小步骤。学生在学完每一步的课程后，就会马上知道自己的学习结果，即能得到及时的强化，然后按顺序进入下一步学习，直到学完一个单元。

（11）巴班斯基教学的最优化理论，认为教学最优化的标准是效果和时间。

四、课堂教学模式

课堂教学模式指在一定的教学思想或教学理论指导下建立起来的较为稳定的教学

活动结构框架和活动程序。目前常见的教学模式有:

(一) 传递—接受式

该教学模式源于赫尔巴特的四段教学法,后来由苏联的凯洛夫等人进行改造传入我国。该模式的基本教学程序是复习旧课—激发学习动机—讲授新课—巩固练习—检查评价—间隔性复习。其辅助系统包括课本、黑板、粉笔、挂图、模型、投影仪等。

传递—接受式的优点有:学生能在短时间内接受大量的信息,能够培养学生的纪律性,能够培养学生的抽象思维能力;缺点有:学生对接受的信息很难真正地理解,培养单一化、模式化的人格,不利于创新性、分析性学生的发展,不利于培养学生创新思维和解决实际问题的能力。

(二) 自学—辅导式

自学—辅导式的教学模式是在教师的指导下自己独立进行学习的模式。这种教学模式能够培养学生的独立思考能力,在教学实践中也有很多教师在运用它。该模式的教学程序是自学—讨论—启发—总结—练习巩固。教师在教学中根据学生的最近发展区,布置一些有关新教学内容的学习任务组织学生自学,在自学之后让学生交流讨论,从而发现他们所遇到的困难,然后教师根据这些情况对学生进行点拨和启发,总结出规律,再组织学生进行练习巩固。

该模式的优点有:能够培养学生分析问题、解决问题的能力;有利于教师因材施教;能发挥学生的自主性和创造性;有利于培养学生相互合作的精神。其缺点有:学生如果对自学内容不感兴趣,可能在课堂上一无所获;需要较长的时间;需要教师非常敏锐地观察学生的学习情况,必要时进行启发和调动学生的学习热情,针对不同学生进行讲解和教学,所以很难在大班教学中开展。

(三) 探究式教学

探究式教学以问题解决为中心的,注重学生的独立活动,着眼于学生的思维能力的培养。该模式的教学的基本程序是问题—假设—推理—验证—总结提高。

探究式教学的优点是能够培养学创新能力和思维能力,能够培养学生的民主与合作的精神,能够培养学生自主学习的能力。其缺点是一般只能在小班进行,需要较好的教学支持系统,教学需要的时间比较长。

(四) 合作学习模式

它是一种通过小组形式组织学生进行学习的一种策略。小组取得的成绩与个体的表现是紧密联系的。约翰逊(D. W. Johnson, 1989)认为合作式学习必须具备五大要素:个体积极的相互依靠,个体有直接的交流,个体必须都掌握给小组的材料,个体具备协作技巧,群体策略。合作式学习有利于发展学生个体思维能力和动作技能,增强学生之间的沟通能力和包容能力,还能培养学生的团队精神,提高学生的学业成绩。

课堂里的合作有四点不足之处:第一,如果学得慢的学生需要学得快的学生的帮助,那么对于学得快的学生来说,其在一定程度上就得放慢学习进度,影响自身发展。第二,能力强的学生有可能支配能力差或沉默寡言的学生,使后者更加退缩,前者反而更加不动脑筋。第三,合作容易忽视个别差异,影响对合作感到不自然的学生的学习进步。第四,小组的成就过多依靠个体的成就,一旦有个体有能力不足或不感兴趣的情况,就会导致合作失败。

（五）巴特勒的自主学习模式

20世纪70年代美国教育心理学家巴特勒提出教学的7要素，并提出"七段"教学论，在国际上影响很大。它的主要理论依据是信息加工理论。其基本教学程序是：设置情境—激发动机—组织教学—应用新知—检测评价—巩固练习—拓展与迁移。

自主学习模式是一个比较普适性的教学模式，根据不同教学内容它可以转化为不同的教学法，只要教师灵活驾御就能达到想要的教学效果。

该模式在实施过程中需要的条件：教师应该是一位研究型的教师，具有一定的教育学和心理学的知识，掌握认知策略。

（六）抛锚式教学模式

这种教学模式要求建立在有感染力的真实事件或真实问题的基础上。确定这类真实事件或问题被形象地比喻为"抛锚"，因为一旦这类事件或问题被确定了，整个教学内容和教学进程也就被确定了（就像轮船被锚固定一样），它的理论基础是建构主义。

抛锚式教学由这样几个环节组成：创设情境——使学习能在和现实情况基本一致或相类似的情境中发生。确定问题——在上述情境下，选择出与当前学习主题密切相关的真实性事件或问题作为学习的中心内容。选出的事件或问题就是"锚"，这一环节的作用就是"抛锚"。自主学习——不是由教师直接告诉学生应当如何去解决面临的问题，而是由教师向学生提供解决该问题的有关线索，并特别注意发展学生的"自主学习"能力。协作学习——讨论、交流，通过不同观点的交锋，补充、修正、加深每个学生对当前问题的理解。效果评价——由于抛锚式教学的学习过程就是解决问题的过程，该过程可以直接反映学生的学习效果，因此对这种教学效果的评价不需要进行独立于教学过程的专门测验，只需在学习过程中随时观察并记录学生的表现即可。

（七）范例教学模式①

范例教学模式比较适合原理、规律性的知识。其是美国教育心理学家M·瓦根舍因提出来的。

范例教学的基本过程是：阐明"个"案→范例性阐明"类"案→范例性地掌握规律原理→掌握规律原理的方法论意义→规律原理运用训练。

该模式在实施过程中要遵循以下基本顺序：从个别入手，归纳成类，再从类入手，提炼本质特征，最后上升到规律与原理。教师要注意选取不同的带有典型性的范例。该模式有助于培养学生的分析能力，有助于学生理解规律和原理。

该模式比较适合社会科学中的一些原理和规律教学，范例要有一定的代表性，最好能激发学生的兴趣。

（八）发现式学习模式

发现式学习是以培养学生探索知识、发现知识为主要目标的一种教学模式。这种模式最根本的地方在于让学生像科学家的发现一样来体验知识产生的过程。布鲁纳（J. S. Bruner）认为发现式教学法有四个优点：提高学生对知识的保持；教学中提供了便于学生解决问题的信息，可增加学生的智慧潜能；通过发现可以激励学生的内在动机，引发其对知识的兴趣；学生获得了解决问题的技能。

---

① 华图教育. 教育公共基础笔试［M］. 成都：成都时代出版社，2014.

根据许多心理学家对这种教学模式的研究发现，它更适合于低年级的教学，其在课堂上运用太费时间，又难以掌握。

另外还有研讨教学模式、基于前概念的探究教学模式等，由于篇幅所限这里不再一一介绍。

教学模式是从教学的整体出发，根据教学的规律原则而归纳提炼出的包括教学形式和方法在内的具有典型性、稳定性、易学性的教学样式。简洁地说就是在一定教学理论指导下，以简化形式表示的关于教学活动的基本程序或框架。教学模式包含着一定的教学思想以及在此教学思想指导下的课程设计、教学原则、师生活动结构、方式、手段等，在一种教育模式中可以集中多种教学方法。任何模式都不是僵死的教条，而是既稳定又有发展变化的程序框架。

五、常用的教学原则

教学原则：根据一定的教学目的、教学任务和教学过程规律而制定的对教学的基本要求，是指导教学工作的一般原理和基本准则。

1. 理论联系实际原则

理论联系实际原则指的是重视直接经验和间接经验相统一，引领学生从理论与实际的结合中来理解和掌握知识；在教学中贯彻理论联系实际的原则，要防止和克服单纯依照书本、排斥实践以及强调个人经验、否定理论知识的作用。

2. 科学性和思想性相统一原则

科学性和思想性相统一原则是以马克思主义为指导，培养学生高尚的人生观和世界观；重视将教书和育人结合起来。

3. 统一要求和因材施教结合原则

统一要求和因材施教结合原则指的是因学生的不同采用不同的方法或者选择不同的内容，但是对待学生的态度要一致，尤其是对待优等生和后进生态度要一致。因材施教必须要针对学生不同特点进行教育。在教育史上，许多教育家对该原则都做了一定的论述。比如宋代朱熹将孔子的个别化教育思想概括为"孔子施教，因材而施教"；美国心理学家加德纳提出的"多元智力理论"也说明了教育应该针对学生个性因材施教。

4. 巩固性原则

巩固性原则要求教师必须正确地处理好新旧知识之间的关系。孔子提出的"学而时习之""温故而知新"，夸美纽斯提出的"教育的巩固性原则"，乌申斯基提出的"复习是学习之母"都体现了巩固性原则。

5. 启发性原则

启发性原则是指教师的主导和学生的主体相结合，教师要调动学生的主动性和积极性，引导学生独立思考和积极探索。苏格拉底产婆术：讥讽、助产、归纳和下定义。孔子：不愤不启、不悱不发；《学论》道而弗牵、强而弗抑、开而弗达；君子之教，喻也。第斯多惠："一个坏的老师奉送真理，一个好的老师则教人发现真理。"这些都是对启发性原则的阐释。

6. 目标原则

目标原则是指在教学过程中要确定一定的目标，围绕一定的目标来开展教育教学活动，才能取得良好的效果。

7. 循序渐进原则

循序渐进原则又称为系统性原则，指要重视教材的内在逻辑和学生的认知发展规律。《学论》要求"学不躐等"和"不陵节而施"，提出了"杂施而不逊则坏乱而不修"的思想，朱熹提出了"循序而渐进，熟读而深思"，这些都解释了循序渐进。

8. 直观性原则

直观性原则是指在教学的过程中，教师应利用直观手段，引导学生开展多种形式的感知，丰富学生的感性认识，发展学生的观察力和形象思维，并为形成正确而深刻的理性认识奠定基础，其中包括三大直观种类：模像直观、实物直观、言语直观。

9. 量力性原则

量力性原则也称为可授受性原则或者发展性原则，即教学内容和方法等要适合学生身心发展，但是也要有一定难度，使得他们经过努力能够达到。墨子提出的"夫知者必量其力所能至而如从事焉"，维果茨基提出的"最近发展区"和"跳一跳、摘桃子"思想都体现了量力性原则。

六、教学方法

教学方法是教师和学生为了实现共同的教学目标，完成共同的教学任务，在教学过程中运用的方式与手段的总称。

选择教学方法的基本依据包括：教学目标、教学内容特点、学生实际特点、教师的自身素质和教学环境条件。

（一）以语言传递为主的教学方法

讲授法：教师运用口头语言系统连贯的向学生传授知识、技能，发展学生智力的教学方法；讲授法分为讲演、讲读、讲解、讲述四个基本类型。

谈话法：教师和学生相互交谈，以引导学生根据已有的知识经验，通过独立思考去获得新知识的教学方法。

讨论法：全班或小组成员在教师的指导下，围绕某一中心问题发表自己的见解和看法，从而相互学习的一种方法。

读书指导法：教师指导学生通过阅读教科书和其他参考书，去获得知识、巩固知识和培养学生自学能力的一种方法。

（二）以直观感知为主的教学方法

演示法：教师通过展示实物、教具和示范性的实验来说明某一事物，使学生掌握新知识的一种教学方法。演示法体现了直观性和理论联系实际的教学原则。教学中运用演示法的基本要求有：演示时引导学生全神贯注于演示对象的主要特征和主要方面；根据教材内容选择演示教具；教具的演示应适时、适当。教师把演示与讲授、谈话结合起来。

参观法：又称为现场教学，是教师根据教学目的和要求，组织学生进行实地考察、研究，让学生获得新知识的一种教学方法。参观教学法分为准备性参观、并行性参观、总结性参观。

（三）以实际训练为主的教学方法

练习法指学生在老师的指导下巩固知识，培养各种技能和技巧的基本学习方法。

实验法指教师引导学生使用一定的仪器和设备，进行操作的一种教学方法，常用于物理课、生物课、化学课等自然学科的教学。

实习作业法指教师根据学科课程标准的要求，指导学生运用所学的知识在课内和课外进行实际操作，将知识运用于实践的教学方法。

实践活动法指让学生参加社会实践活动，培养学生解决实际问题的能力的教学方法。

（四）以引导探究为主的方法

其主要是发现法，基本含义是教师组织和引导学生通过独立地探究和研究活动而获得知识的方法。

（五）以情感陶冶（体验）为主的教学方法

以情感陶冶为主的教学方法包括欣赏教学法和情景教学法两种。

欣赏教学法就是指在教学过程中指导学生体验客观事物的真善美的一种教学方法，比如对自然地欣赏、人生的欣赏、让学生参观纪念馆、培养学生爱国情感等。

情景教学法是指教师有目的地引入或创设以形象为主题的具有一定情绪色彩的生动具体场景，以引起学生一定的情感体验，从而帮助学生理解教材，并使学生的心理机能得到发展的教学方法。比如：音乐渲染的情景、言语描述的情景等。

（六）几种新的教学法

为了推进素质教育，教育部发文倡导的新的教学方法主要包括愉快尝试教学法、成功教学法和暗示教学法。

愉快尝试教学法是指学生在轻松、愉快、和谐的环境中，先试后导，先练后讲，学生在尝试探索中由学会到会学，进而达到乐学；由要我学达到我要学，促进学生持续、和谐发展。培养学生的尝试精神、探索精神、合作精神，使学生的潜能得到充分的发挥。

成功教学法就是教师在教育教学过程中，通过激发学生的成功动机，指导学生的成功行为，使学生感到成功的愉悦，进而升华成功目标，达到人人都主动争取成功，不断取得学习上的成功。

暗示教学法也叫"启发式外语教学法"，是由保加利亚的心理学家洛扎诺夫创立的一种学习语言的方法。暗示教学法的原理是整体性原理。他认为，参与学习过程的不仅有大脑，还有身体；不仅有大脑左半球，还有大脑右半球；不仅有有意识活动，还有无意识活动；不仅有理智活动，还有情感活动。而人们在通常情况下的学习，总是把自己分成几部分：身体、大脑两半球、有意识和无意识、情感和理智等，它们总是不能协调，甚至相互冲突，因而大大削弱了人的学习能力。暗示教学法就是把这几部分有机地整合起来，发挥整体的功能，而整体的功能大于部分的组合。

七、教学目标及其分类

（一）教学目标

教学目标是指预期学生通过教学活动获得的学习结果，教学目标是整个教学设计中最重要的部分。其作用主要体现在三个方面：教学目标是选择教学方法的依据；教学目标是进行教学评价的依据；教学目标具有指引学生学习的作用。

（二）布鲁姆的教学目标分类

1. 认知目标

知识是指认识并记忆，是认知目标的最低阶段。常见关键词有回忆、记忆、识别、列表、定义、陈述和呈现。

领会是指对事物的领会。常见关键词有说明、识别、描述、解释、区别、重述、归纳、比较。

应用（较高阶段）是指对所学习的概念、法则、原理的运用。常见关键词有应用、论证、操作、实践、分类、举例说明和解决。

分析是指把材料分解成它的组成要素，从而使各概念间的相互关系更加明确、材料的组织结构更为清晰，从而能详细地阐明基础理论和基本原理。常见关键词有分析、检查、实验、组织、对比、比较、辨别和区别。

综合是以分析为基础，全面加工已分解的各要素，并再次把它们按要求重新地组合成整体，以便综合创造性地解决问题。常见关键词有组成、建立、设计、开发，计划、支持和系统化。

评价是认知领域里教育目标的最高层次。常见关键词有评价、估计、评论、鉴定、辩明、辩护、证明、预测、预言和支持等。

2. 情感目标

情感目标分为接受、反应、形成价值观念、组织价值观念系统、价值体系的个性化五个层次。

3. 动作目标

动作目标分为知觉、模仿、操作、准确、连贯、习惯化五个层次。

（三）加涅的教学目标分类

加涅，美国教育心理学家，他和布卢姆是同时代人。20世纪70年代他根据学生的学习结果，把习得能力分为如下五类：言语信息，指能用语言陈述自己习得的内容；智慧技能，指能用概念、符号、规则（原理、法则、公式、定理等）分析解决问题；认知策略，指调控自身内部的心理活动；态度，指对人或事的选择倾向；动作技能，指习得熟练的连贯动作。

（四）教学目标的陈述

教学目标的设计是教学目标的明确化；教学目标的明确化是陈述教学目标的基本要求，必须做到可观察性、可操作性和反映学生行为变化。

教学目标的陈述方法主要是行为目标陈述法，主要包括三个要素，即可观察的行为、行为发生的条件和可接受行为的标准。

八、教学过程的基本规律

1. 直接经验与间接经验相统一的规律

直接经验是学生通过实践亲自获得的，间接经验主要指书本知识，是人类在长期认识过程中积累下来的知识，通过教师传授获得的。二者的关系是学生以学习间接经验为主，但学习间接经验要以直接经验为基础。

2. 掌握知识与发展能力相统一的规律

教师在教学过程中要重视知识的传授，又要重视能力的发展，并将二者辩证统一于教学活动之中。二者的关系是掌握知识是发展能力的基础，反过来能力发展是掌握知识的必要条件和前提。

3. 教师主导与学生主体相统一的规律

教师在教学过程中既要充分注重教，也要充分调动学生的学的积极性，使教师的主导作用与学生的主体作用有机结合，取得良好的教学效果。二者的关系是教师在教学过程中处于组织者的地位，应充分发挥教师的主导作用，学生在教学过程中处于学习主体的地位，应充分发挥学生的主体能动性，建立合作、友爱、民主平等的师生交往关系。

4. 传授知识与思想教育相统一的规律

在教学过程中，教师在传授知识的同时，一定要注重对学生进行思想品德教育，并使二者有机结合起来，使学生在知识能力和思想品德等方面获得理想的发展与进步。二者的关系是知识是思想品德形成的基础，学生思想品德的提高又为他们积极地学习知识奠定了基础，传授知识和思想品德教育有机结合。该规律和赫尔巴特教育性教学原则的认识是一致的。

第二节　课堂教学设计

一、教学设计的含义

教学设计是指为优化课堂教学效果制定的具体实施方案的计划过程。教学设计是教学活动得以顺利进行的基本保证；是在实施教学之前由教师对教学目标、教学方法、教学评价等进行规划和组织并形成设计方案的过程。教学设计的依据有理论依据和现实依据。理论依据：现代教学理论、学习理论与传播理论和系统的原理和方法。现实依据：教学的实际需要、教师的教学经验和学生的需要和特点。

二、教学设计的内容

教学设计是连接教学理论与教学实践的桥梁，在教学过程中起着重要的指导作用。完整的课堂教学设计主要包括教学目标设计、根据学生已有水平确定教学起点设计、教学内容设计（教学内容设计是教学设计最关键的环节，是教学设计的主体部分）、教学方法和教学媒体选用设计、教学评价设计、课堂教学结构设计、教学措施设计、教学时间设计。

三、教学组织形式

教学组织形式是指为了完成特定的教学任务，教师和学生按一定要求组织起来进行活动的结构，主要的教学组织形式有：个别教学制、班级授课制、分组教学制、道尔顿制、特朗普制等。其中个别教学制是古代学校的主要形式。

（一）班级授课制

课堂教学的主要形式是班级授课制，即将学生按照年龄和文化程度分为固定的班级进行教学。

班级授课制的产生和发展主要有以下历程。1632 年，夸美纽斯的《大教学论》，对班级授课制奠定了理论基础；赫尔巴特的四段教学阶段论，即明了、联想、系统、方法，使得班级授课制得到进一步完善和定型；凯洛夫的《教育学》使得班级授课制形成一个完整体系。在我国，最早进行班级授课是清末的京师同文馆。

班级授课制的优点主要是利于发挥教师主导性，进行大批的人才培养和系统的知识传授；其缺点是不利于发挥学生的主动性，学生与教师交流的时间与次数有限。

（二）个别教学、现场教学

现代教学的辅助形式有个别教学和现场教学。个别教学是教师针对不同学生的情况进行个别辅导的教学组织形式，是班级授课制的一种辅助形式；比如小明数学不好，老师重点对其进行数学知识辅导。现场教学指的是教师把学生带到事物发生、发展的现场进行教学活动的形式，比如为了了解鱼类的特征，教师带领学生去水族馆参观学习。

（三）复式教学

现代教学的特殊组织形式——复式教学，是指把两个及两个年级以上的儿童编在一个班级，直接教学与布置、完成作业轮流交替进行，由一位教师分别用不同的教材，在一节课里对不同年级的学生进行教学的一种特殊教学组织形式，是班级授课制的特殊形式，适用于学生少、教师少的地区。

（四）分组教学

分组教学是指在按照学生的年级编班或者取消按年级编班的基础上，根据学生的能力和成绩进行编班教学的组织形式。分组教学必须坚持的原则是组间同质、组内异质。分组教学是集体教学的一种，一般可以分为两类，即外部分组和内部分组。

1. 外部分组

外部分组是指打乱传统的按年龄编班的做法，而按学生的能力或学习成绩编班。外部分组主要有两种形式：学科能力分组和跨学科能力分组。

学科能力分组是根据某一年级的学生对某门学科的学习能力和成绩，分成不同的甲乙丙丁若干组。由于同一学生各科的成绩和学习能力不同，因此在不同学科中其可能被分入不同的水平组。这种分组一般只在较难学的学科中进行，如数学、外语、自然科学等，其余仍在原班进行教学。

跨学科能力分组是把一个年级的学生，按智力的高中低分成成绩好、中、差或分成平行的甲乙丙丁若干组，对不同的组授以不同的课业，如对甲组授以较高深的课业，对乙组授以普通课业，对丙组授以最基础的课业。

2. 内部分组

内部分组是指在传统的按年龄编班的班级内，按学生的能力或学习成绩等编组。内部分组也有两种：一种是根据不同学习内容和不同学习目标进行的分组，即在经过一定时间的学习后，对学生进行诊断测验，根据结果把学生分成甲乙丙丁组。另一种是在学习目标和学习内容相同的情况下，采取不同方法进行的分组，即经过一定时间的学习后，根据不同情况，把学生分成若干小组。一部分学生借助视听工具进行自学，一部分学生组成学习小组，其中有优等生，也有差等生，让优等生辅导差等生；另外再把一些特别差的学生编成一组，由教师专门辅导。教师还可以对各组布置不同的作业，从而加强教学的针对性。

分组教学最显著的优点在于它比班级上课更切合学生个人的水平和特点，便于因材施教，有利于人才的培养；便于学生的交流合作；有助于学生组织能力、管理能力、表达能力以及解决问题能力的培养；有利于学生在与小组成员的竞争与合作中，强化自己的学习动机。但是，它仍存在一些较严重的问题，一是很难科学地鉴别学生的能力和水平；二是在对待分组教学上，学生、家长和教师的意愿常常与学校的要求相矛盾；三是分组后造成的副作用很大，往往使优生组学生容易骄傲，使普通组、后进生组的学习积极性普遍降低。

（五）道尔顿制

道尔顿制是美国柏克赫斯特女士创立于 20 世纪 20 年代的教学法，主要内容是教师不再系统地讲述知识，变为学生制定自学参考书，由学生自学和自主完成作业后，向老师汇报学习情况并接受考试或者考查。道尔顿制是一种彻底的适应个性的教学方法。此法是要废除班级授课制，指导每个学生各自学习不同的教材，以发展其个性。道尔顿制的优点是有利于调动学生学习的主动性，培养他们的学习能力和创造才能；缺点是不利于系统知识的掌握，对教学设施和条件要求较高。实行道尔顿制的具体方法是：首先要布置作业室；其次是订立公约，实行工作；最后考查学习的成绩。

布置作业室，作业室又称实验室。每一学科有一个作业室，如语文科作业室、数学科作业室、英文科作业室、社会科作业室、自然科作业室、音乐科作业室、劳作科作业室等。作业室内陈列参考图书、实验仪器、标本模型、教学设备、实习用具等。每一作业室有教师一人或二人指导学生作业。

作业室每天在规定的时间开放，学生可以自由到各作业室去自行学习，而没有摇铃上课，摇铃下课的束缚，也没有上课时间表的限制，学生对于某一科的作业没有做完，尽可以继续研究下去。遇有疑难，学生可查参考书，或互相讨论，或询问教师。教师也可以巡视指导，或集合同程度的学生，作团体讲演讨论，每一周内，各科有一次或数次的团体教学。至于美术、音乐、体育、劳作等科，必须作团体教学者，可以规定时间，按时教学。

（六）特朗普制

特朗普制，又称"灵活的课程表"，这是 20 世纪后半叶在美国一些学校进行实验的一种教学组织形式，由教育学教授劳伊德·特朗普提出。其基本教学形式是大班教学、小班讨论和个人独立研究。这三种形式的时间分配大致为：大班上课占 40%，小班研究讨论占 20%，个别作业占 40%。

（七）贝尔-兰卡斯特制

贝尔-兰卡斯特制也称为导生制，产生于 19 世纪初的英国，由教师先教年龄大的学生，再由其中的佼佼者"导生"去教年龄小或学习差的学生，因由教师贝尔和教师兰卡斯特创制，故称为贝尔-兰卡斯特制。

（八）微格教学

微格教学的英文为 Microteaching，在我国被译为"微型教学""微观教学""小型教学"等，目前国内用得较多的是"微格教学"。微格教学是一种利用现代化教学技术手段来培训师范生和在职教师教学技能的系统方法。微格教学创始人之一，美国教育学博士德瓦埃·特·爱伦认为微格教学"是一个缩小了的、可控制的教学环境，它使准备成为或已经是教师的人有可能集中掌握某一特定的教学技能和教学内容"。微格教学实际上是提供一个练习环境，使日常复杂的课堂教学得以精简，并能使练习者获得大量的反馈意见。

微格教学并不意味着教学内容或者教学过程的简化不生动，微格教学时间一般控制在 5~10 分钟。教师或者师范生要将平时 40 分钟的课堂内容在这几分钟内完整呈现并且使得学生听懂、理解。

乍看之下认为不可能，但是微格教学要求，在前 2 分钟内将这次课所要讲的重点内容提出，之后时间用于讲解和练习。微格教学是以少数的学生为对象，在较短的时间内（5~20 分钟）进行的小型课堂教学，教师可以把这种教学过程摄制成录像，课后再进行分析。这是训练新教师、提高教学水平的一条重要途径。微格教学是一种利用现代化教学技术手段来培训师范生和在职教师教学技能的系统方法。

（八）微课

微课（Microlecture），是指运用信息技术，按照认知规律，呈现碎片化学习内容、过程及扩展素材的结构化数字资源。微课只讲授一两个知识点，没有复杂的课程体系，也没有众多的教学目标与教学对象，看似没有系统性和全面性，但是微课是针对特定的目标人群、传递特定的知识内容的。一个微课自身仍然需要系统性，一组微课所表达的知识仍然需要全面性。

（九）慕课

慕课（Massive Open Online Course，MOOC），即大规模开放的在线课程，是"互联网+教育"的产物，是新近涌现出来的一种在线课程开发模式。2012 年，美国的顶尖大学陆续设立网络学习平台，在网上提供免费课程，Coursera、Udacity、edX 三大课程提供商的兴起，给更多学生提供了系统学习的可能。这三个大平台的课程全部针对高等教育，并且像真正的大学一样，有一套自己的学习和管理系统。此外，它们的课程都是免费的。2013 年，MOOC 大规模进入亚洲。香港科技大学、北京大学、清华大学、香港中文大学等相继提供网络课程。

（十）跨越式教学

跨越式教学是指教师根据学生身心发展的水平、需要与可能，超越知识积累的某些固定的程序，跳过某些知识序列，打破某些知识的顺序，大跨步式地引导学生学习那些对于学生来说较重要和较新的知识的一种教学方式。跨越式教学可分为两种：一种是压缩式跨越，"三步并作两步走"，每个阶段都经过，但快速完成，提前进入新知识领域；另一种是跳过式跨越，即学习序列出现中断，留下一段未曾问津的"空白"。

（十一）翻转课堂

翻转课堂译自"Flipped Classroom"或"Inverted Classroom"，也可译为"颠倒课堂"，是指重新调整课堂内外的时间，将学习的决定权从教师转移给学生。在这种教学模式下，在课堂内的宝贵时间，学生能够更专注于主动的基于项目的学习，共同研究解决本地化或全球化的挑战以及其他现实世界面临的问题，从而获得更深层次的理解。教师不再占用课堂的时间来讲授信息，这些信息需要学生在课前完成自主学习，他们可以看视频讲座、听播客、阅读电子书，还能在网络上与别的同学讨论，能在任何时候去查阅需要的材料。教师也能有更多的时间与每个人交流。在课后，学生自主规划学习内容、学习节奏、风格和呈现知识的方式。教师则采用讲授法和协作法来满足学生的需要和促成他们的个性化学习，其目标是让学生通过实践获得更真实的学习。

四、教学工作的基本环节

教师教学工作包括五个基本环节。备课、上课、课外作业的布置与批改、课外辅导、学生学业成绩的检查和评定。

（一）备课

备课是教师根据学科课程标准的要求和本门课程的特点，结合学生的具体情况，选择最适合的表达方法和顺序，以保障学生有效的学习的活动。备课是讲好课的前提和保证。备课主要分为个人备课和集体备课两种类型。教师备课必须要做好三个方面的工作，即钻研教材、了解学生、设计教法，也就是备教材、备学生、备教法。掌握教材必须要"懂、透、化"。教师要重视写好三种计划即学年（学期）计划、课题（单元）计划、课时计划（教案：在教学的各种备课中最为深入，最为具体的是课时备课）。

（二）上课

上课是教学工作的中心环节，是教师教和学生学的最直接的体现，是提高教学质量的关键。

1. 课的类型

（1）中、小学课的基本类型被划分为两大类：单一课和综合课。

①单一课。

单一课一般是指在一节课内主要完成一项教学任务的课。单一课由于内容集中，几乎运用课的全部时间完成某项单一任务，结构上变化不多，因此多在中学高年级采用。单一课又可分为以下几种类型：

第一，传授新知识的课。在一节课里，绝大部分时间用来向学生传授新的知识，组织学生学习新教材。

第二，巩固知识的复习课。一节课的时间主要用来复习已学过的知识。

第三，培养技能、技巧的课。其包括练习课，实验课、实习课等。这类课的时间主要用于组织学生运用所学的知识进行实际操作，反复练习，掌握基本技能形成熟练技巧。

第四，检查知识和技能、技巧的课。用整节或连续两节课的时间检查学生对已学知识和技能、技巧的掌握程度。

第五，自学课。这是近年来在强调培养学生自学能力中所创造的一种课型。其形式是在教师指导下，主要通过学生自己阅读、思考和独立作业，积极主动地获得知识和技能。

②综合课。

综合课又称混合课，一般是指一节课内要完成几项教学任务的课。综合课的内容包括复习旧的知识；学习新教材内容，对新学教材予以巩固，并适当进行练习，培养基本技能、技巧；检查知识的掌握程度。

综合课所要完成的几项任务并不是处于同等重要的地位，其一般是侧重于新知识的传授，结合进行巩固复习和技能、技巧的培养。由于综合课方式灵活，结构富于变化，适应儿童难以在较长时间内从事单项活动的心理特点，故在中学低年级和小学被普遍采用。这样，多项活动交叉进行，更能激发学生的学习兴趣，取得好的效果。

（2）根据任务划分，课程可分为传授新知识课（新授课）、巩固知识课（巩固课）、培养技能技巧课（技能课）、检查知识课（检查课）。

（3）根据教学方法，课程可分为讲授课、演示课、练习课、试验课、复习课。

2. 课的结构

课的结构也就是课堂教学的环节，包括组织教学、复习提问、导入新课、学习新课、课堂小结和布置作业 6 个环节，其中组织教学是首要环节。组织教学通常在上课开始时，目的在于使学生做好上课前的各种准备，吸引学生的注意并创设一种有利的课堂情境或气氛。同时，教学过程中也需要组织教学。

3. 一节好课的标准

（1）教师要充满激情

不论教育怎样改革，教师在课堂上、在教学上的主导地位是不会改变的，教师在教学中的总导演的角色是不会改变的。教师的情绪决定课堂的气氛，决定课堂的效果。没有教师的激情，就没有学生的激情，就没有课堂的活跃和生机，就没有真正意义的教育。只有充满激情的课堂，才能振奋学生的精神，调动学生的情绪，开拓学生的思路，创造积极活泼的氛围，产生良好的教学效果。

（2）课堂要饱含兴趣，蕴育生机

教师还要运用各种手段和方法，包括语言、技术和技巧，调动起学生学习知识的兴趣、解决问题的兴趣以及对整个学习过程的兴趣，激起学生的求知欲、探究欲；能够使学生在兴趣中主动学习、主动探索，发现方法、发现过程、发现自己；使课堂兴趣蕴育着学生不断发展、不断成长的生机。没有兴趣的教学是没有效益的教学，没有生机的兴趣是华而不实的形式主义。

（3）学生要主动、真动、全动

教育反对纯讲授式的灌输式教学，提倡课堂教学的互动，即师生互动，生生互动。这里的互动，要体现出学生的主动性，要使学生主动发现问题，主动提出问题，主动探索问题，主动解决问题，主动扮演学习的主人的角色，表现出持续不断的学习主动性和积极性。互动，要使学生真动，要使学生产生真正的疑问和问题，要真正调动起学生的分析、思考和探讨，使学生在认真深入分析的基础上，得出合理的结论。这里的互动，要使全体学生都动，要使全体学生都沉浸在积极的思考之中，并在此基础上，形成师生互教、生生互教的学习局面。

（4）注重基础，更注重能力的培养和开发

好的课堂教学，不仅能使学生获得丰富的基础知识，使学生学有所得，更能够使学生在获得知识的过程中，思维得到开发，思路得到开拓，能够获得规律性的东西，学会举一反三，融会贯通，学有所悟；使学生的智力和能力，都能在学习过程中获得发展。

（5）要做到真正的因材施教

每一节课都要贯穿以人为本的理念。一堂课上，几十个学生的智力、性格、情绪及知识基础是不同的，要使他们都学有所得，教师就得从各方面给予不同的对待：从情感上要有不同的关注，从方法上要有不同的引导、指导，从难度上要有不同的设计，从目标上要有不同的要求，从发展上要有不同的期望。否则，一种态度、一个表情、一种难度、一种方法、一个要求、一个目标的千篇一律，决不能成为好课。

（6）不但要教课本，还要走向实际和生活

一节好课，绝对不能是教教材，而必须是利用教材，为学生打开一扇通往现实的心灵之窗，铺出一条通向生活的现实之路。

（7）既重知识能力，又重情感思想

一节好课，只让学生获得知识，提高学习技能是不够的，还必须要有对学生情感思想方面的教育。这种教育，不能是脱离课堂内容的生拉硬扯、牵强附会的说教，而应是紧密结合教学内容的情绪的感染、观念的渗透、思想的放飞，是不着痕迹的熏陶和如诗般的润物无声。

（8）合理有效的使用现代化教学手段

现代技术，丰富了课堂教学的形式和手段，合理运用这些形式和手段可大大提高教学效果；但是，无目的、无原则地追逐风潮，滥用多媒体等手段，便会使教学流于形式，使教师沉迷于花拳绣腿，陷课堂于肤浅、浮华、浮躁。好课运用多媒体，应是用则当用，用则必用，解决的是其他一切手段都解决不了或解决不好的问题，达到的是其他一切手段都无法达到的效果。

（9）教师要表现出良好的素养

教师是学生的表率和典范，常言道身正为范，教师课堂上的语言、仪态对学生有着不可估计的影响，任何的不良语言或语言习惯，任何的不良仪态，如衣冠不整、容貌不洁、过于矫饰、过于呆板或过于好动，都会给学生造成不良的心理刺激。好的课堂教学，教师的言行举动，都必须符合为人师表的身份，符合课堂氛围，符合学生的年龄和心理特征，符合教学的需要。

（10）课堂问题能够得到合理的、机智的、幽默的解决

课堂问题，有的是知识性的，有的是纪律性的，有师生之间的，有学生之间的，无时不在，无课不在，好的课堂教学，应该是一切问题都能得到机智、幽默、合理、妥善的解决。任何知识性问题的解决，都有利于学生对知识的学习和掌握，有利于思维的发散和开拓及学生能力的提高；任何纪律性问题的解决，都能做到防微杜渐，化有形为无形，能使矛盾问题的解决不影响或最小程度地影响教学进程和效果。

4. 上好一堂课的具体要求

上好一堂课的具体要求包括：

（1）目的明确，指教师不仅要制定恰当的目标，而且课堂教学也应该围绕教学目标来进行。

（2）内容正确，指教学内容应该是科学而具有思想性的。

（3）方法得当，指教师应该根据不同的教学环境、教学内容采用恰当的教学方法。

（4）结构合理，指的是教学内容的进展应该是层次分明而具有组织性的。

（5）语言艺术，指教师在授课时应该讲普通话，同时还需注意自己的语调，不能过快也不能过慢，应当抑扬顿挫。

（6）气氛热烈，指教师在上课时，应该充分发挥主导地位，积极调动学生的主观能动性，注重培养学生动口和动手能力。

（7）板书有序，指教师在授课过程中，要有条理清晰的板书，字迹要工整，内容要重难点突出。

（8）态度从容，指在上课过程中，教师应该充满自信并适当的运用相关肢体语言。

（三）课外作业的布置与批改

教师在布置课外作业时，不能为了布置而布置，内容要符合课程标准和教科书，分量不能太多，也不能过少，难易程度应该适中，同时还得规定完成的时间。此外，学生完成课外作业后，教师应该对其进行及时的批阅。

（四）课外辅导

课外辅导是上课的必要补充。其形式一般有个别辅导、小组辅导和集体辅导三种。

（五）学生学业成绩评价

学生学业成绩评定的方法多种多样，其中，笔试是考核、测定学生成绩的基本方法。根据测验题目的性质，测验可划分为论文式测验、客观性测验、问题情景测验和标准化测验。衡量测验题目的质量指标主要有信度、效度、难度和区分度。

第三节　教学策略

一、教学策略的含义

教学策略是指为了达到某种预测效果而采用的教学行动综合方案，也是教师采取的有效达到教学目标的一切活动计划，包括教学事项的顺序安排、教学方法的使用、教学媒体的选择、教学环境的设置以及师生相互作用的设计等。教学策略包括教学活动的元认知过程、教学活动的调控过程和教学方法的执行过程。

教学策略的基本特征有综合性、可操作性、灵活性、指向性（任何教学策略都指向特定的问题情境）、调控性、层次性。

制定和选择教学策略的依据包括教学的目标与任务、教学内容的特点以及教学时间和效率的要求。

二、常用的课堂教学策略

（一）教师主导的教学策略

1. 指导教学

指导教学又称直接教学。指导教学以学生的成绩为中心，在老师的指导下进行学习，适用于团体教学。操作的具体步骤是教师向学生说明教学目标，在教学时间里呈现教学材料，及时对学生的学习情况进行反馈。

指导教学活动的基本阶段有复习和检查过去的学习、呈现新材料、提供练习、进行反馈和纠正、提供独立练习、每周或者每月的复习。

2. 授受学习

授受学习主要包括三个环节，即呈现先行组织者、提供学习任务和学习材料、增强认知结构。

（二）以学生为中心的教学策略

1. 发现学习

发现学习又称为"启发式教学"，由布鲁纳提出，适用于小组和个别教学。发现教学的阶段：第一，创设问题情景，在情境中出现问题和矛盾，提出要求解决问题；第二，推动学生利用教师提供的材料，找到解决问题的假设；第三，从理论和实践上检验自己的假设；第四，在评价的基础上得出结果。

发现教学的设计原则有：第一，教师向学生解释学习情景和材料性质；第二，根据学生经验，适当组织材料；第三，适当安排材料的难度；第四，确保难度适中，维护学生学习动机。

发现教学的优点有：充分发挥学生学习的积极性和主动性。发现教学的缺点有：教学情景灵活，教师不易把握；课堂容易失控；学生间会发生干扰，教学速度较慢，效率不高。

2. 情景教学

情景教学是指利用外界的环境，实现和学生心境共鸣的教学方法。这个环境可以是人为的，也可以是客观存在的。情景越形象，效果越显著。在情景教学中，教学的目标、内容、过程、材料多同现实生活相似。

3. 合作学习

合作学习是学生以主动合作学习的方式代替教师主导教学的一种教学策略，代表人物斯拉文。其基本特点是分工合作、密切配合、各自尽力、社会互动、团体历程；合作学习的分组原则是组内异质、组间同质；小组成员人数以 5 个左右为宜，一般来说，最为有效的小组人数是 4~6 人。

第四节　教学过程

一、教学过程的含义

教学过程的基本含义是教师根据一定的社会要求和学生身心发展的特点，通过有目的、有计划的传授知识和文化，培养学生全面发展的过程。

教学过程的构成要素，有多种说法，一般认为有学生、教师、教学内容和教学手段。

二、教学过程的本质

教学过程是一种特殊的认识过程。其中学生的认识特征有领导性、间接性、教育性、交流性。教学过程中学生认识的不同阶段分为引起学习动机、领会知识、巩固知识、运用知识、检查知识五个阶段。教学过程中的主要矛盾是学生与其所学的知识之间的矛盾。

三、历史上各教育家对教学过程的理解

孔子曾把教学过程概括为学—思—行，也可以说学—习—思—行。孟子进一步提出了"博学之、审问之、慎思之、明辨之、笃行之（《礼论、中庸》）的教学过程。夸美纽斯主张将教学建立在感觉的基础上。赫尔巴特提出了教学过程四阶段论，即明了、联合、系统、方法，后由其学生发展为五个阶段，这标志着教学过程理论的形成。杜威主张从做中学。除此之外还有加涅的信息加工理论，布鲁纳的结构教学理论，赞科夫的教学与发展理论，巴班斯基的教学最优化理论，斯金纳的程序教学理论。

第五节　教学评价

一、教学评价的基本含义

教学评价是以教学目标为依据，通过一定的标准和手段，对教学活动及其结果给予价值上的判断，即对教学活动及其结果进行评定、分析、测量的过程，或者定义为系统地收集学生的学习行为的有关资源，参照预定的教学目标对其进行价值判断的过程。其目的是对课程、教学方法以及学生培养方案作出决策。

教学评价是在课堂教学中保持教学的计划性和变动性的动态平衡的主要手段。

二、教学评价的功能

教育评价有鉴定功能、导向功能、激励功能、诊断功能、调节功能、监督功能、管理功能、教育功能。教育评价功能通过教育评价活动与结果，作用于评价对象而体现出来。其功能的内容取决于评价活动的结构及运行机制。

鉴定功能：教育评价认定、判断评价对象合格与否、优劣程度、水平高低等实际价值的功效和能力，它与教育评价活动同时出现并始终伴随着教育评价存在。

导向功能：教育评价本身所具有的引导评价对象朝着理想目标前进的功效和能力，这是由评价标准的方向性决定的。

激励功能：合理有效运用教育评价，能够激发和维持评价对象的内在动力，调动被评价者的内部潜力，提高其工作的积极性和创造性，从而达到教育管理的目的。

诊断功能：教育评价对教育的成效、矛盾和问题作出判断的功效和能力。

调节功能：教育评价对评价对象的教育教学或学习等活动进行调节的功效和能力。

监督功能：教育评价有对被评价对象起检查、督促的功效和能力。

管理功能：教育评价有使评价对象顺利完成预定任务、达成预期目的的约束功效和能力。

教育功能：教育评价本身所具有的影响评价对象的思想、品质、思维的功效和能力。

三、教学评价的原则

教学评价必须坚持的四大原则有客观性原则、整体性原则、指导性原则和科学性原则。客观性原则是指在评价过程中实事求是；整体性原则是指不能以偏概全，充分体现评价内容的全面性；指导性原则指评价要促进师生的发展；科学性原则指依据科学的方式、手段等进行评价。

四、教学评价包含的基本内容

教学评价一般包括对教学过程中教师、学生、教学内容、教学方法手段、教学环境、教学管理诸因素的评价，但主要是对学生学习效果的评价和教师教学工作过程的评价。教学评价的两个核心环节：对教师教学工作（教学设计、组织、实施等）的评价，对学生学习效果的评价。

五、教学评价的基本类型

教学评价是以一定的方法、途径对课程的目标、实施过程和结果等及其问题的价值和特点做出判断的过程；包括对课程本身的评价和对学生学业的评价。现代教育评价理念提倡发展性评价和激励性评价，关注学生的学习过程和个体差异。

（一）诊断性评价、形成性评价和总结性评价

根据教学评价的作用、功能不同，教学评价可分为诊断性评价、形成性评价和总结性评价。

1. 诊断性评价

诊断性评价又称"事前评价"，是在学期开始或一个单元教学开始时，为了解学生的学习准备状况及影响学习的因素而进行的评价，比如摸底考试。其功能主要是检查学生的学习准备程度、决定对学生的适当安置、辨别造成学生学习困难的原因。

2. 形成性评价

形成性评价又称"事中评价"，是指在教学过程中为了改进和完善教学活动而进行的对学生学习过程的评价，比如教学过程中的口头提问和书面测验。其主要功能是调节教学。

3. 总结性评价

总结性评价又称"事后评价"，也称为终结性评价，是为判断效果而进行的评价，比如期末考试。总结性评价是外部导向，主要供制定政策的管理人员参考。

（二）相对性评价、绝对性评价和个体内差评价

根据评价采用的标准或者处理方式不同，教学评价可以分为相对性评价、绝对性评价和个体内差评价。

1. 相对性评价

相对性评价又称为常模参照评价，是指运用常模参照性测验对学生的成绩进行评价，比如矮个子里选高个，水涨船高等。相对性评价具有很强的甄别性，可作为选拔人才、分类排队的依据。

2. 绝对性评价

绝对性评价又称目标参照评价，或者标准参照评价，是指运用目标的参照性测验对学生成绩进行评级，比如计算机二级、三级考试。

3. 个体内差评价

个体内差评价是指对被评价者的过去和现在进行比较，或将评价对象的不同方面进行比较。

（三）内部评价和外部评价

根据评价的主体不同，教学评价可分为内部评价和外部评价。

外部评价是指以被评价者以外的专业人员来进行的评价，评价可以是统计性分析也可以是文字描述。

内部评价就是指自我评价，即课程设计者或者使用者对自己进行的评价。

（四）标准化学业成就测验和教师自编测验

根据教学评价中使用测验的来源，教学评价可分为标准化学业成就测验和教师自编测验。

标准化学业成就测验是指由学科专家和测验编制专家按照一定的标准和程序编制的测验，主要是运用于普通学生。

教师自编测验是教师根据教学需要自行编制的，适用于教师设定的特殊教学目标。其在学校教学评价中应用最广，也是教师最愿意用的测验。

六、教学评价的方法和技术

（一）量化教学评价的方法

在学校教学评价中使用最多的是教学自编测验，比如选择题、匹配题等。有效的自编测验的特征有效度、信度、难度和区分度。

效度：心理测验中的效度是指所测量的与所要测量的心理特点之间符合的程度，有人称之为测验的准确性和有效性，即测验得到的是不是所要测定的心理行为与行为特征，也就是测验结果是否体现测验所预期效果的程度。效度高，信度高；信度高，效度不一定高。

信度：即可靠性，它是测量反映被测特征的真实程度的指标，也有人把信度作为测验结果的稳定性和一致性指标。

区分度：是指一道题能在多大程度上把不同水平的人区分开来，即题目的鉴别力。区分度越高，越能把不同水平的受测者区分开来，该道题目被采用的价值也就越大。

难度：即测试题目的难易程度。在能力方面的测试中，它一般作为衡量测试题目质量的主要指标之一。它是衡量试题质量的一个重要指标，它和区分度共同影响并决定试卷的鉴别性。

（二）质化的教学评价的方法

1. 观察评价

观察评价是指教师在教学过程中对学生的学习表现和学习行为进行自然观察，并对所观察到的现象做客观、详细的论录，然后根据这些观察和论录对教学效果做出评价。观察评价的方法有行为检查单、轶事训录、等级评价量表等。

2. 档案袋评价

档案袋评价又称为文件夹评价、学生成长记录袋评价、档案评价等，是为了打破传统的标准化考试，以体现学生实际发展水平而产生的评价方式。其基本的实施过程为组织计划、资料收集、成果展示。档案袋的类型包括成果型档案袋、过程性档案袋和评价性档案袋。

第七章

学校德育

第一节　德育概述

一、德育的含义

德育有广义与狭义之分。

广义的德育泛指所有有目的、有计划地对社会成员在政治、思想与道德方面施加影响的活动，包括社会德育、社区德育、学校德育和家庭德育等方面。

狭义的德育则专指学校德育，即教育者在特定的时空内对青少年学生在政治、思想与道德等方面所施加的有目的、有计划、有系统的影响。

二、德育的性质

德育的性质是由特定的社会经济基础决定的。德育具有社会性、历史性、阶级性、民族性和继承性。德育具有社会性，是各个社会共有的社会教育现象，与人类社会共始终。德育具有历史性，随社会发展变化而变化。阶级和民族存在的社会，德育具有阶级性和民族性。德育具有继承性，在其历史发展过程中，其原理原则、内容和方法等存在一定的共同性。虽然不同社会的政治经济制度不同，但德育的原理、原则、内容和方法总有一些相同的因素；因此，德育具有继承性。

三、学校德育的功能

（一）德育的社会功能

德育的社会功能指的是德育能够在何种程度上对社会发挥何种性质的作用，具体说来，主要是指学校德育对社会政治、经济、文化等发生影响的政治功能、经济功能和文化功能等。

（二）德育的个体功能

德育的个体功能是指德育对受教育者个体发展能够产生的实际影响。德育的个体功能可以描述为德育对个体生存、发展和享用发生影响。其中享用性功能是德育个体功能的最高境界。

（三）德育的教育功能

德育的教育功能有两大含义。一是指德育的"教育"或价值属性；二是指德育作为教育子系统对平行系统的作用。道德原则教育具有指导功能；道德规则教育具有约束功能；道德理想教育具有激励功能。

四、德育的地位

德育在德智体美劳五育中排第一，占据主导地位；德育工作是学校工作的灵魂，它致力于对学生思想品德和人格素质的培养，体现着学校教育的基本目的，贯穿德、智、体、美、劳教育实践的各个方面，统领着整个学校教育。它对青少年学生健康成长和学校工作起着指导、推动和保障作用。小学德育是社会主义精神文明建设的奠基工程，是提高全民族思想道德素质的奠基性教育，是培养造就合格公民的起点。

第二节 德育过程

一、德育过程的含义

德育过程指的是受教育者在道德认识、道德情感、道德意志、道德行为等方面的不断完善的过程。

道德认识也叫道德信念，指学生对道德行为准则及其执行意义的认识，其中包括道德概念、原则等，是道德成分的核心，是学生品德形成的基础。道德情感是伴随道德认识产生的一种内心体验，是道德成分中最具有动力的部分，是实现转化的催化剂。道德情感的内容包括公正感、责任感、义务感、自尊感、羞耻感、友谊感、荣誉感、集体主义情感，爱国主义情感等。道德意志是在自觉的执行道德义务的过程中克服所遇到的困难和障碍时表现出来的意志品质，是调节学生行为的精神力量。道德行为是人在一定的道德意识的支配下表现出来的对人和社会的有道德意义的活动，道德行为是评价人的道德高低的客观依据，是判断人道德高低的主要标准。

二、德育过程的构成要素

德育过程的构成要素包括德育者、受德育者、德育内容、德育方法。

德育过程中的基本矛盾是教育者所掌握的道德规范和受教育者原有的思想品德间的矛盾，也就是教育者和受教育者之间的矛盾。学生心理内部矛盾是思想品德发展的动力。

三、德育过程与教学过程、思想品德形成的关系

1. 德育过程与教学过程的关系

教学过程是指教师根据教学目的、任务和学生身心发展的特点，指导学生有目的、

有计划地掌握系统的文化科学基础知识和基本技能，发展学生智力和体力，让学生形成科学世界观及培养道德品质、发展个性的过程。

从德育过程与教学过程的含义上我们可以看出，教学过程包含德育过程，两者是整体与部分的关系。

2. 德育过程与思想品德形成的关系

德育过程与品德形成过程不同，二者既有区别又有联系。它们之间的区别：德育过程是教育者有目的、有计划、有组织地培养和发展受教育者品德的过程，而品德形成过程则是受教育者思想品德结构不断建构完善的过程。二者的联系表现在德育只有遵循人的品德的形成发展规律，才能有效地促进品德形成发展；而品德形成发展也离不开德育因素的影响。

四、德育过程的理论

（一）道德认知发展理论

1932 年，瑞士心理学家皮亚杰首次系统地追踪研究儿童道德认知发展。因此皮亚杰首先提出该理论，其后科尔伯格进一步发展了该理论。该理论的基本观点有人的本质是理性的，教师必须注重个体认知发展与社会客体的相互作用，以及注重研究个人道德认知能力的发展过程。

此理论在当代德育理论中流行最为广泛，占主导地位。皮亚杰认为儿童道德发展是一个从他律到自律的过程，具体可以分为四个阶段：

自我中心阶段（2~5 岁），是一种无道德规则阶段，即前道德阶段。

权威阶段（6~8 岁），又称为他律阶段或道德实在论阶段。

可逆性阶段（8~10 岁），又称为自律道德或合作道德阶段，是自律阶段的开始，由他律向自律过渡。

公正阶段（10~12 岁），道德观念倾向于主持公道、公平。

皮亚杰运用对偶故事法对儿童的道德进行研究。该方法利用讲述故事向被试提出有关道德方面的难题，然后向儿童提问。他利用这种难题测定儿童是依据对物品的损坏结果还是依据主人公的行为动机做出道德判断。皮亚杰每次都是以成对的故事测试儿童，因此，此方法被称为对偶故事法。

（二）科尔伯格的道德发展阶段理论

科尔伯格的道德发展阶段理论是通过道德两难故事法得出的。他进行了大量的实验研究后发现，儿童不论种族、文化、家境，他们的道德判断能力随着年龄的增加，发展趋势一致。于是他将儿童道德发展划分为三水平六阶段。

1. 前习俗水平（一般情况是 10 岁以下）

这一水平的儿童遵守规范，但还没有形成自己的主见，进行道德判断主要着眼于事情的结果与自己的利害关系。前习俗水平分为两个阶段：

（1）惩罚与服从的定向阶段。这一阶段儿童进行道德判断时的主要依据是是否受到惩罚——受到惩罚即是坏的行为，没受到惩罚即是好的行为。

（2）朴素的利己主义定向阶段（相对功利定向阶段）。这一阶段的儿童有着很强的自我中心，他们认为符合自己需要、对自己有利的行为就是好的，反之是不好的。他们关注的焦点是是否对自己有利。

2. 习俗的水平（10~20岁）

10~20岁的孩子德育的主要特征是认识到群体的行为规范并接受。习俗水平分为两个阶段：

（1）社会习俗定向阶段。这一时期的孩子顺从传统要求，符合大众意见，期望得到别人赞许，并按照人们所说的"好孩子"的标准来约束自己的行为，又叫做好孩子定向阶段。

（2）秩序和法规定向阶段。这一时期的孩子开始深刻认识到社会秩序的重要性，开始知法懂法，开始有法律意识，尊重法律法规的权威。

3. 后习俗水平（20岁以上的部分成年人）

这一阶段已经超越现实道德规范的制约，达到完成的自律水平。所以说成年人中只有少数才能达到。后习俗水平分为两个阶段：

（1）社会契约定向阶段。进入这一阶段的人开始认识到法律和道德准则是一种社会契约，是大家商定而来的，既然是商定而来的就是可以改变的。所以处于这一段的人认为法律法规应根据具体的情况改变或修订。

（2）普遍的道德原则定向阶段（这是道德推理的最高阶段）。处于这一阶段的人开始基于自己良心所选择的普遍的道德原则来进行道德判断，形成了自己的道德判断标准，知道了君子有所为有所不为，在进行判断时不仅考虑到法律的规定，同时还考虑到带有普遍意义的道德原则，比如公平、公正、道义。

（三）价值澄清理论

价值澄清理论的代表人物有美国的路易斯·拉斯、哈明等人。价值澄清学派认为，当代社会根本不存在一套公认的道德原则或价值观可传递给儿童，当代儿童生活在价值观日益多元化且相互冲突的世界，在每一个转折关头或处理每件事情时，都面临选择。其基本过程是：选择、赞赏、行动。在多种价值冲突下，儿童很难获得一个稳定的发展生态，从而导致了八种心理障碍，比如冷漠、心灰意冷、犹豫不决、自相矛盾、漂浮不定、盲从、盲目反抗和逢场作戏等。拉斯等人认为，传统的说教、榜样、说服、限制性鼓励、宗教等都不能解决这些新问题，他们一针见血地指出："我们不怀疑这些方法在过去可能控制过行为、甚至形成过信念和态度，然而，我们肯定这些方法并没有也不可能导致我们所关心的那种意义上的价值观，即代表着理智的人类在与复杂变化的环境相互作用时所作出的自由的和深思熟虑的选择"。把那些预定到的东西兜售、强加给别人，不仅不能产生思想，而且会扼杀了道德的发展，因为他们缺乏人性所需要的自由探究、审慎思考和理性的观念，这些方法都没有考虑如何帮助儿童发展一种评价过程，而仅仅是劝说儿童应采纳"正确的""永恒的"价值观。

（四）体谅关心理论

体谅关心理论形成于20世纪70年代，为英国德育学家彼得·麦克菲尔和他的同事所创，风靡于英国和北美。体谅关心理论把道德情感的培养置于中心地位。该理论的基本观点是道德教育重在提高学生的人际意识和社会意识，引导学生学会关心、学会体谅；坚持性善论，坚持人具有自我实现趋向；把培养健全人格作为德育目标；大力倡导民主的德育观。

体谅模式在理论上的缺陷有：

第一，麦克菲尔对于青少年学生的需要和特点的描述带有鲜明的人本主义色彩，他对道德感染、道德表率、观察学习和社会模仿的观点又有明显的行为主义倾向。

第二，麦克菲尔的研究对象主要是 12~18 岁的西方文化背景下的中产阶级子弟，他关于社会反应的道德分类的普适性值得怀疑。

第三，麦克菲尔关于青少年期是人生"社会试验期"的理论假设不完全可靠。

（五）社会学习理论

社会学习理论又叫观察学习理论；社会学习理论主要是由美国的班杜拉创立的。班杜拉的观点在行为派和认知派之间架起了一座桥梁。该理论强调观察学习是行为获得的基本学习方法，是通过观察、模仿，再经认知过程进而形成人的道德的复杂行为；注重强化的学习意义，强调外部直接强化、替代性强化和自我内在强化的交互作用。该模式吸取了认知发展论的某些观点，与行为主义的合理内核相结合，创立了新的认知——行为主义学说。

五、德育过程的规律

（一）德育过程知、情、意、行多端性规律

德育过程是培养和发展学生知、情、意、行的过程，其中知是基础，行是关键。其一般顺序是以知为开端，知、情、意、行依次发展。德育过程的基本特征有针对性和多端性。

（二）学生在活动和交往中形成思想品德的规律

德育过程在活动和交往中对学生授受各方面影响，具有实践性特征。学生思想品德形成的基础是活动和交往。

（三）学生思想内部矛盾转化规律

德育过程是促进学生思想内部矛盾斗争的发展过程，具有多样性。学生品德赖以形成的内部因素，也是学生品德发展程度的一个主要标志是学生的自我教育能力。德育过程中的矛盾有教育者与受教育者的矛盾，教育者与德育内容和方法的矛盾，受教育者与德育内容和方法的矛盾。其中主要矛盾是教育者提出的德育要求与受教育者已有品德水平之间的矛盾。

（四）学生思想品德形成的长期性和反复性规律

德育过程是一个长期的、反复提高的过程，具有长期性和反复性特征。

第三节　德育的任务、目标与内容

一、德育的任务

我国德育的任务主要体现在培养学生树立坚定的政治方向；引导学生逐步树立科学世界观和人生观；逐步使学生具有社会主义的基本道德品质和法制观念，养成文明行为习惯；培养学生具有一定的品德能力和良好的品德心理品质。

二、德育的目标

我国德育的目标是培养四有新人,培养社会主义建设者;把全体学生培养成为爱国的具有社会公德、文明行为习惯的遵纪守法的好公民。德育的基础是教学生学会做人。学校德育目的构成的三因素论中的三因素是道德认知、道德情感、道德行为。

三、德育的内容

德育的内容是教育者依据学校德育目标所选择的,形成受教育者品德的社会思想政治准则和道德规范的总和。

德育的内容确定依据有德育目标、受教育者身心发展特征(主要指学生的年龄特征)、德育所面对的时代特征、学生思想实际和文化传统。

四、我国中小学的德育内容

我国中小学的德育内容可以概括为以下几个方面:

1. 政治教育

政治教育主要是指按照特定国家的政治观和社会对公民的一般要求,对公民进行系统的政治理论教育和法制教育以及社会行为规范教育。我国政治教育主要包括马克思主义基本理论教育、阶级教育和社会科学教育。

2. 思想教育

思想教育是指有关人生观、世界观以及相应思想观念方面的教育,包括辩证唯物主义和历史唯物主义世界观和人生观教育、革命理想和革命传统教育、劳动教育、自觉纪律教育。我国思想教育的主要内容是辩证唯物主义和历史唯物主义的世界观。

3. 道德教育

道德教育注重受教育者的良好个性塑造培养,包括有关道德知识学习、传统美德教育、审美及情操教育、社会公德教育和道德思维能力培养、道德情感培养、信念培养以及良好的行为习惯培养等。

4. 心理健康教育

心理健康教育是指通过对学生进行心理健康知识的教育和训练,培养学生良好的心理素质,预防学生心理障碍和心理疾病的产生,促进学生身心全面和谐发展。心理健康教育包括学习辅导、生活辅导、择业指导。

5. 法制教育

法制教育就是指进行民主、纪律与法制教育,培养学生的民主意识和参与意识;提高学习对纪律的认识,加强其纪律性;使学生掌握法律常识、遵纪守法。

第四节 德育的原则、途径与方法

一、德育的基本原则

德育的基本原则是指根据德育目的、德育目标和德育过程规律而提出的指导德育工作的基本要求。

1. 导向性原则

导向性原则是指进行德育时要有一定的理想性和方向性，以指导学生向正确的方向发展。德育必须坚持正确的政治方向，将理想性和现实性相结合且符合新时期的方针政策。

2. 疏导原则

疏导原则是指进行德育要循循善诱，以理服人，从提高学生认识入手，调动学生的主动性，使他们积极向上。疏导原则在操作过程中要注意讲明道理，疏通思想；因势利导，循循善诱；以表扬激励为主，坚持正面教育。

3. 尊重学生与严格要求学生相结合原则

教师要关心、关爱、信任学生，对学生的要求必须合情合理；对相关策略严格要求；必须坚持奖励为主、惩罚为辅的原则。教师严格要求学生要做到严而有理、严而有度、严而有恒、严而有方、严而有情。教育过程中要慎用惩罚，但适当的惩罚还是必要的，尤其对严重违规行为。

4. 教育的一致性与连贯性原则

教育者要统一学校内部各方面的教育力量，形成一股统一的教育力量，按照一致的培养目标和方向，统一教育的计划和步骤；要统一社会各方面的教育影响，形成有效的教育合力；对学生进行德育要有计划、有系统地进行，做好衔接工作，对学生的教育前后连贯一致。

5. 因材施教原则

在德育的过程中，教师应该根据学生的年龄特征、个性差异以及品德发展现状，采取不同的方式教学。

6. 正面说服教育原则

正面说服教育原则是指在德育中必须坚持以正面引导、说服教育为主，以摆事实、讲道理的方式来进行。该原则要求对学生进行思想品德教育时要循循善诱，耐心开导，使学生接受规范要求。

7. 知行统一原则

知行统一原则是指在德育过程中，既要对学生进行品德规范教育，提高学生道德认识水平，形成正确的观念；又要在此基础上引导学生在实践中锻炼自我、规范自我、训练行为习惯，培养学生言行一致的优良品德。

8. 发扬优点、克服缺点原则

深入了解学生；对学生优点进行肯定；培养学生的自信心和自尊心；重视扬长避短，长善救失。

9. 集体教育与个别教育相结合的原则

该原则由马卡连柯总结得出，他认为教师要影响个别学生，首先要影响这个学生所在的集体，然后通过集体和教师一道去影响这个学生，这就是"平行教育原则"。简单地说就是："在集体中，通过集体，为了集体的教育体系。"

二、德育的途径

德育途径是指学校教育者对学生实施德育时可供选择和利用的渠道，又称为德育组织形式。我国的德育途径主要有六个：

1. 思想品德课（思想政治课）与其他学科教学

思想品德课与其他学科教学是学校有目的、有计划、系统地对学生进行德育的基本途径。思想品德课之外的其他各科教学是学校德育最经常、最基本的途径。

2. 社会实践活动

学生的思想品德是在活动和交往中形成，并通过活动和交往表现出来的。社会实践活动有助于培养学生各种良好的品德和风尚，因此，社会实践活动也是学校德育不可缺少的重要途径。

3. 课外、校外活动

课外、校外活动是整个教育体系中必不可少的组成部分，它不受教学计划的限制，是向学生进行德育的重要途径。这一途径符合学生的身心发展特点和需要，能够充分调动他们的积极性，也是最受学生喜爱的途径。

4. 共青团、少先队组织的活动

共青团、少先队是青少年学生自己的集体组织。学校通过学生自己的组织进行德育，有利于调动学生的积极性和创造性，培养他们的主人翁意识以及自我教育和管理的能力，自觉提高思想认识，形成优良品德。

5. 校会、班会、周会、晨会、时事政策的学习

校会、班会、周会、晨会是全校师生或全班同学参加的活动，能持久地、潜移默化地影响学生，及时地、有针对性地解决学生的思想问题。时事政策学习是国情教育的重要途径，一般采取做政策报告、学生自己阅读报纸或收听广播、收看电视等形式。

6. 班主任工作

班级是学校教育工作的基本单位，班主任是班级教育系统的主导力量。班主任工作是学校对学生进行德育的一个重要而又特殊的途径。学校通过班主任可以更好地发挥上述各个德育途径的作用。

三、德育的方法

常见的德育方法有如下六种：

1. 说服法

说服法又称为说理教学法、说服教育法，主要分为两类：言语文字说服和运用事实说服。说服法包括讲解、谈话、报告、讨论和参观等。

运用说服法要注意以下几点要求：明确目的，富有知识性、趣味性，注意时机和以诚待人。

说服是通过陈述事实、推理等手段，向学生传达某种行为方式的积极信息，使得学生相信其所说的行为方式，并能按此行为方式行事，说服不是一蹴而就的，如果急于求成，有时就会适得其反，比如"登门槛效应"。教育者可先向被说服者提出一个较小的要求，当其接受后再提出更大的要求，后者往往才是真正的规范要求。

2. 榜样法

榜样法又称为榜样示范法，是指用榜样人物的优秀品德来影响学生的思想，情感和行为的道德方法。榜样包括伟人的典范、教育者的示范、学生中的好榜样等。

3. 锻炼法

锻炼法又称为实践锻炼法，是有目的地组织学生参加各种实际活动，使其在活动中锻炼思想，增长才能，培养优良的思想和行为习惯的德育方法。其锻炼的主要方式是学习活动、社会活动、生产劳动和课外文体科技活动等。

4. 陶冶法

陶冶法又称为陶冶教育法，是指教师利用自身环境和自身的教育因素，对学生进行潜移默化的熏陶和感染，使其在耳濡目染中受到感化的德育方法。陶冶主要包括艺术陶冶、人格陶冶、环境陶冶，除此之外还有情感陶冶、科学知识陶冶、活动和交往情景陶冶。

5. 表扬奖励与批评处分

表扬奖励与批评处分又称为品德评价法，主要包括奖励、惩罚、评比、操行评定。表扬奖励是指对学生的良好思想、行为作出的肯定评价，以引导和促进其品德积极发展的方法。批评处分是指对学生不良思想、行为作出的否定评价，以帮助他们改正缺点与错误的方法。教师运用奖励和处分时的要求是：公平、正确、合情合理；发扬民主；注重宣传与教育。

6. 指导自我教育法

指导自我教育法，即在班主任的激发和引导下，充分发挥学生的主体作用，促使他们自觉进行行为转化和行为控制的方法。指导自我教育是班主任工作的一个方面，而学生学会自我教育则是班主任工作的目标和努力方向。

指导自我教育法的最大特点是激发学生高度的自觉性，即激发学生的自我意识、培养和发展学生的自我教育能力，使学生从他律逐步过渡到自律，以教达到不教。

7. 品德修养指导法

品德修养指导法是指教师指导学生自觉主动的进行学习、自我品德反思，以实现思想转化以及行为控制的德育方法，主要包括学习、自我批评、座右铭、自我实践体验与锻炼、角色扮演法和合作学习法等。

第八章

班级管理与班主任工作

第一节　班级概述

一、班级的含义和特点

班级是学校的基本单位，也是学校行政管理的最基层单位，是学校为了实现一定的教育目的，将年龄和知识程度相近的学生编班分级而形成的，有固定人数的基本教育单位。班级基本成员有班主任、任课教师、学生。班级是学校教育工作的基本单位，它既是教育的对象，又是一种重要的教育力量。班级的特点具有学习性、教育性、不成熟性、社会性等特点。

二、班级的历史发展

"班级"一词来自班级授课制。1632 年夸美纽斯出版的《大教学论》对班级授课制进行了讲述。最早使用"班级"一词的，则是文艺复兴时期的埃拉斯莫斯。19 世纪初的英国出现了导生制，这对班级组织的发展起到了巨大的推动作用。在中国，班级授课制最早始于 1862 年（同治元年）清政府开办的京师同文馆，20 世纪初，"废科举、兴学校"，班级授课制开始在中国进行普及。

三、班级的功能

班级不仅是一种社会组织，而且是由不同个体组成的群体，这就决定了班级组织既具有社会化功能，又具有个体化功能。

1. 班级的社会化功能

班级的社会化功能主要体现在传递社会价值观，指导生活目标；传授科学文化知识，形成社会生活的基本技能；教导社会生活规范，训练社会行为方式和提供角色学习的条件，培养社会角色。

2. 班级的个体化功能

班级的个体化功能包括促进发展功能、满足需求功能、诊断功能和矫正功能。

四、班级的组织建构

美国社会学家帕森斯（T. Parsons，1902—1979）从系统的角度把班级视为一种特殊的社会系统。他认为，任何社会组织都必须具备适应、目标达到、整合和模式维持四个基本条件。根据帕森斯的社会组织理论，我们可以对班级组织的结构作以下分析。

1. 正式组织和非正式组织

正式组织是有明确目标和规范制度的团体。正式组织在学校的人际关系中起主导作用，一般分为三个层次：对全班负责的角色，如班干部；对小组工作负责的角色，如小组长；对自身任务负责的角色，如小组一般成员。

非正式组织是个人属性层面的人际关系，主要类型有积极型、消极型、娱乐型和破坏型。学校自发组织的文娱活动小组、公益活动小组、体育活动小组等是积极型非正式组织。

2. 班级的组织建构原则

班级的组织建构原则主要有有利于教育原则、目标一致原则和有利于身心发展原则。其中利于教育原则是班级组织建立的首要原则。

3. 班级组织机构的微观建制

班级组织机构的微观建制有三种形式。

（1）直线式

直线式结构借鉴了军事管理组织结构，结构形式相对简单，它的构成要素主要是班主任、班长、组长。直线式结构采用自上而下的直线管理方法。它的特点是：权力集中，指挥统一，由班主任控制整个班级组织，有利于规范管理，提高工作效率；班级组织目标以及活动计划的制订、组织、实施控制、考核评比等都由班主任具体负责，目标明确，意见统一；班长、组长在班主任的安排和指导下开展工作，一般学生接受班主任领导的同时，还要服从班长和组长的领导，有利于统一管理和安排工作。

（2）职能式

职能式结构是在直线式结构的基础上发展起来的，它是根据班级管理目标和管理内容及分工的需要，在班长和组长之间设立了中层职能管理人员，进行直线职能分工管理。职能式结构的特点是：按组织目标和内容设立专业管理人员，使班级管理更加专业；设立中层职能人员，缩小了管理跨度，有利于班主任从事务工作中解脱出来，加强教育教学和管理研究，提高管理效率；担任中层职能工作的同学具有一定的专业特长，同学之间的特长互补，可以提高班级的整体水平；学生参与管理不仅可以培养他们的管理能力，还可以调动他们的积极性，发挥他们的主观能动作用。

（3）直线职能式

直线职能式结构把班级管理人员分成两类，一类是班委，一类是团支部。

班委负责常规管理，配合、协助班主任贯彻、落实学校的教育教学工作计划，开展学习、体育、劳动、卫生等方面的活动，维护和保持班级正常的教育教学秩序。团支部的主要任务是开展课外活动，通过课外活动培养学生良好的思想品德和行为习惯，利用班级宣传阵地——黑板报、班报、团课等进行正确的舆论引导。直线职能式结构的特点有：实行班委会和团支部负责制，使中层分工更趋专业化和科学化，有利于实现班级管理目标；加强了班委的职能，有利于班委在常规管理中发挥主体作用；突出了班级团支部的地位，使团支部在班级管理中充分发挥模范带头作用。

第二节　班级管理

一、班级管理的含义

班级管理是一个动态过程，是班主任和老师根据一定的目的和要求，采用的一定的手段和措施，带领全班学生对班级的各种资源进行计划、组织、协调、控制，以实现教育目标的组织活动过程。

二、班级管理的功能和目的

1. 班级管理的功能

班级管理的主要功能表现在有助于实现教育目标，提高学习效率；其基本功能体现在有助于维护班级秩序，形成良好班风；其重要功能体现在有利于锻炼学生能力，让学生学会自治自理。

2. 班级管理的目的

班级管理的目的是实现教育目的，使学生得到充分、全面的发展；班级管理的手段是计划、组织、协调和控制。

三、班级管理的内容

（一）班级组织管理

1. 班集体的概念

班集体是按照班级授课制的培养目标和教育规范组织起来的，以共同学习活动和直接性人际关系交往为特征的社会心理共同体。

2. 班集体特征

班集体必须具备以下五个基本特征：明确的共同目标；一定的组织结构，有力的领导集体；共同的生活准则，健全的规章制度；集体成员之间相互平等、心理相容的氛围；宽松的个性发展空间。

（二）班级制度管理

制度是调节人与人之间的行为规范，对于班级管理来说，制度是管理的具体体现。按制度的形成方式，制度可分为成文制度和非成文制度。

（三）班级活动管理

班级活动是班级在班主任的指导下，根据学校整体安排或班级学生发展需要而进行的全员性活动的总称，它既可以是弥补课程教学不足的教学活动，也可以是开发智力或发展能力的课外、校外活动，是学校教育活动的有机组成部分。

（四）班级教学管理

教学是学校的中心工作，教学质量管理是班级教学管理的核心。班级教学管理的内容包括以下几个方面：明确教学管理的目标和任务；建立行之有效的班级教学秩序；建立班级管理指挥系统；指导学生学会学习。

四、班级管理的模式

（一）班级常规管理模式

班级常规管理是指通过制定和执行规章制度来管理班级的经常性活动，班级常规管理是建立良好班集体的基本要素。班级常规管理的内容主要包括有关班集体和学生管理的制度、学校常规制度、班级规范等。

1. 制定班规的原则

班级常规管理中一个重要的环节是制定班规，制定班规的原则有：

（1）合法性原则

班规的制定要以国法校纪为依据，要符合国家的教育方针，要符合"一范一责"的内容，不可与国法校纪相违背。

（2）民主性原则

班规的制定要由全班全体学生讨论通过，不能只听班主任的个人意见。班主任可以是班规制定的参谋者和指导者，要调动全体学生参与班规的制定。

（3）可行性原则

一个班有一个班的具体情况，所以班规的制定要根据不同的班级、不同的学生制定相应的班规，不可依据班主任的经验千篇一律，一贯而行。

（4）宽容性原则

班规具有一定的约束力和强制性，但它并不是国法校纪，班规的出发点仍然是教育和自省。因此，班规在内容上和执行中，要有一定的宽容性。

2. 班级规章制度的作用

班级规章制度具有指向、制约、自律、协调等多重作用。指向作用是指班级通过制定规章制度的方式规范和约束学生的行为，使得学生树立正确的集体观和良好的行为习惯。制约作用是指班级规章制度能告知学生哪些是应该做的，哪些是不应该做的。自律作用是指班级规章制度对学生在校期间的行为起约束作用，使学生形成良好的行为习惯，最终由他律转化为自律。协调作用是指班级规章制度从班集体出发，规定学生个人如何在集体中生存。

（二）班级平行管理模式

班级平行管理指班主任通过集体的管理去间接地影响个人，又通过对个人的直接管理去影响集体，从而把对集体和个人的管理结合起来的管理方式。班级平行管理主要来自马卡连柯的"平行影响"的教育思想。

（三）班级的民主管理模式

班级的民主管理是指班级成员在服从班集体的正确决定和承担责任的前提下参与班级全程管理的一种管理方式。该管理模式最有利于学生全面发展。

（四）班级目标管理模式

班级目标管理指班主任与学生共同确定班集体的总体目标，然后转为小组目标和个人目标，使其与班级总体目标融为一体，形成目标体系，以此推动班级管理活动，实现班级目标的方法。

五、当前班级管理中存在的问题和解决方法

1. 存在的问题

班主任对班级管理的方式偏重于专断型；班级管理制度缺乏活力，学生参与班级管理的程度较低。

2. 解决方法

建立以学生为本的班级管理机制；以满足学生的发展为目的，学生发展是班级管理的核心；确立学生在班集体中的主体地位，现代班级管理强调以学生为核心；有目的地训练学生自我管理班集体的能力，把班集体作为学生自我教育的主体。

六、班级管理的原则

班级管理原则是根据班级管理规律和实践经验制定的，班主任在开展班级管理时应遵循的基本要求。班级管理原则如下：

方向性原则：是指班级管理工作必须坚持正确的方向，用正确的思想引导学生。

全面管理原则：是指学生管理必须面向全体，从整体着眼。这是学生管理的主要特征，也是所有班级管理者应该充分认识到的。

自主参与原则：是指班级成员参与管理，发挥其主体作用。

教管结合原则：是指把班级的教育工作和对班级的管理工作辩证地统一起来。具体地说，就是班级管理者对学生既要坚持正面引导，耐心教育，又要凭借必要的规章制度要求学生，约束其行为，实行严格的教育管理。只有这样，才能获得教育的实际效果。

全员激励原则：激励含有激发动机、形成动力的意思。它能使人产生自觉行为，形成一种推动力、自动力。所谓全员激励，是指激励全班每个学生，充分发挥他们的智力、体力等各方面的潜能，实现个体目标和班级总目标。

平行管理原则：是指管理者既通过对集体的管理去间接地影响个人，又通过对个人的直接管理去影响集体，从而把对集体和个人的影响结合起来。

第三节　班级的课堂管理

一、课堂管理概述

课堂管理是指教师有效地利用时间，创造愉快和富有建设性的学习环境以及减少问题行为而采取的组织教学、设计学习环境、处理课堂行为等的一系列活动与措施。其功能主要有维持功能（基本功能）、促进功能和发展功能。课堂管理过程的实质就是

师生在课堂中相互作用的过程。影响课堂管理的因素主要有教师的领导风格，其分为参与式领导风格和监督式领导风格。

课堂管理的原则包括系统性原则、组织性原则、内在性原则、动态性原则、需要性原则、目标原则、建立积极的师生关系和同伴关系、激励原则、反馈原则。

二、课堂群体管理

（一）群体的概念、特征以及对个体的作用

群体是指人们为了实现共同的目标，以一定方式的共同活动为基础而结合起来的联合体。其特征有共同的活动目标，群体有一定的结构，成员在心理上有依存关系和共同感。

（二）群体对个体的作用

群体对个体的作用主要体现在其心理上和行为上的变化。

1. 社会助长

社会助长是个体与别人在一起活动或者别人在场时，个体的行为效率提高的现象，比如参加长跑比赛，拉拉队员在旁边大声喊："×××，加油"这样的话，往往能鼓舞参赛者的士气，取得好的效果。另外，有时他人的在场也会导致效率下降，比如考试的时候，老师站在旁边观看，考生会紧张，从而导致思维混乱，这种现象可以称为社会干扰或者社会抑制。

2. 社会惰化

社会惰化是指当群体一起完成一件工作时，群体中的成员每个人所付出的努力比个体单独情况下完成任务时偏少的现象。

3. 去个性化

去个性化是由费斯廷格等人提出的，他们认为在群体中，人们有时会感到自己被淹没在群体中，个人的意识和理解评价感丧失，个体的自我认同被群体的行为与目标认同所取代；个体难以意识到自己的价值与行为，自制力变得极低，结果导致人们加入到冲动的、情绪化的，有时是破坏性的行动中去。

去个性化具三个特征：

成员的匿名性：在群体中，个体认为成员较多，就算自己犯一点错误也不会被察觉。

责任分散：在群体中，个体认为整个群体活动的责任是分散的，任何一个成员都不必承担群体行动的责任。

相互感染：比如上课的时候一个孩子不听话的举止没有得到抑制，其他孩子也会慢慢模仿。

4. 群体极化

群体极化是指群体成员已有的倾向性，通过群体的作用得到了加强，使得一种观点或态度从原来的平均水平加强到具有支配性水平的现象。

5. 从众与服从

从众是个体在群体压力下，放弃自己的意见而采取与大多数人一致的行为的社会现象，主要分为三类，即真从众、权宜从众和不从众。

服从是指在权威命令、社会舆论和群体气氛的压力下，放弃自己的意见而采取与大多数人一致的行为。被迫的服从也叫做顺从，是指在表面上授受他人的意见或者观点，在外显的行为上和他人相一致，而在认识与情感上与他人并不一致。

6. 模仿与暗示

模仿是个体有意无意的效仿他人的言行而引起的与之相类似的行为活动。模仿也是心理的一种认同。

暗示是使用含蓄或者间接的方法，使得某种信息在他人的心理与行为方面产生影响，从而使他按照一定的方式行动或授受某种信念与意见。

（三）正式群体和非正式群体

1. 正式群体

正式群体是指在学校行政部门、班主任或社会团体的领导下，按照一定章程组成的学生群体。正式群体的发展一般要经历松散群体、联合群体和集体三个阶段。集体是群体发展的最高阶段。

2. 非正式群体

非正式群体是指在同伴交往过程中，一些学生自由组合、自发形成的小群体。

3. 群体动力

群体动力是影响群体和个人行为发展变化的力量的总和。群体凝聚力是指群体成员的吸引力和成员之间的相互吸引力，其是衡量一个班级成功与否的重要标志。

群体动力中具有突出影响的是课堂气氛。课堂气氛是指在课堂上占优势地位的态度和情感的综合状态。课堂气氛可以划分为积极的课堂气氛、消极的课堂气氛、对抗的课堂气氛、一般型的课堂气氛。

在积极的心理课堂气氛中，师生之间的感情和谐、融洽、积极而愉快，在教学过程中，师生都全身心地投入，注意力集中，思维活跃，彼此配合默契，教学效果良好；在消极的心理课堂气氛中，学生的情绪是压抑的、不愉快的，对老师的教学内容不感兴趣，无精打采，心不在焉，思维堕化，反应迟钝；在对抗的心理课堂气氛中，师生之间感情冲突、对立，教师对课堂失去了控制能力，课堂纪律混乱。

影响课堂气氛的主要因素有教师的领导方式、教师对学生的期望、教师的情绪态度。除此之外还有教师的移情、教师的教学能力、学生因素和环境因素等次要因素。

4. 人际关系

人际关系是指人与人在相互交往的过程中所形成的社会心理关系，主要体现在认知、情感和行为三个方面。在人际交往过程中，衡量人际关系好坏最重要的指标是双方的心理距离。

舒尔茨提出了最基本的人际关系需要有三类，即控制需要（支配需要）、感情需要（情感需要）、包容需要。

学生在学校的人际关系主要是同伴关系和师生关系。其中学生之间主要的人际关系表现为吸引与排斥、合作与竞争；师生间的人际关系主要分为四种，即单项交往、双向交往、师生保持双向交往、以教师为中心的师生之间的双向交往。其中，单项交往教学效果最差、以教师为中心的师生之间的双向交往教学效果最好。

三、课堂纪律的管理

课堂纪律是指对学生进行规范和控制的行为标准，也可以解释为保障和促进学生学习而设置的行为标准以及施加的控制。课堂纪律可以分为四类：教师促成的纪律、集体促成的纪律、任务促成的纪律和自我促成的纪律。自我促成的纪律是课堂纪律管理的最高目标。

学生、学习过程和学习情景是课堂的三大要素，构成了课堂结构。课堂结构包括课堂教学结构和课堂情景结构。

课堂教学结构包括教学时间的合理利用、课程表的编制和教学过程的规划。课堂情景结构主要包括班级的规模的控制、课堂规则的建立和学生座位的分配。座位分配尤其要考虑对人际关系的影响。

维护课堂纪律的策略包括建立有效的课堂规则、合理组织课堂教学、做好课堂监控、培养学生的自律品质。

第四节　良好班集体的培养

一、班集体概念

班集体是按照班级授课制的培养目标和教育规范组织起来的，以共同学习活动和直接性人际关系为特征的社会心理共同体。班集体是班级群体的最高形式。

二、班集体的基本特征和教育价值

（一）班集体的基本特征

班集体的基本特征是有共同的班级奋斗目标，这是班集体形成的基础；健全的组织系统和有利的领导集体；严格的规章制度和纪律；共同的生活准则；民主、平等的班级气氛和宽松的个性发展空间。

（二）班集体的教育价值

班集体的教育价值体现在班集体有利于形成学生的群体意识，有利于训练学生的自我教育能力，有利于培养学生的社会交往和适应能力。

三、班集体的发展阶段

一个班的学生，从刚刚组建的群体发展为坚强的班集体，需要经历一个发展过程。这个过程可以分为三个阶段。

1. 形成时期（组建阶段或松散群体）

一个班级有了几十个学生，班级就从组织形式上建立起来了。不过这时班级的核心和动力是班主任。这时班集体对班主任有较大的依赖性，不能离开班主任的监督。如果班主任不注意严格要求，班集体就可能变得松弛、涣散。

2. 巩固时期（核心初步形成阶段或合作群体）

一个良好的班集体都会有一批团结在教师周围的积极分子，他们是带动全班同学实现集体发展目标的核心。因此，建立一支核心队伍是培养班集体的一项重要工作。这个时期的特点是师生之间、同学之间有了一定的了解，产生了一定的友谊与信赖，学生积极分子不断涌现并团结在班主任周围，班集体的组织与功能比较健全，班级的核心初步形成，班主任与班委一道履行班集体的领导与教育职能。

3. 成熟时期（集体阶段或自主活动）

随着班级学生主动参与、自主组织，具有积极社会意义的班级活动的不断开展，各种学生小群体在相互交流、为实现班级目标而共同奋斗的过程中，彼此融合成为班级组织的有机组成部分，班级群体逐渐发育成为作为教育主体的班集体。这是班级群体发展的最高、最完善的阶段，也是班主任工作的奋斗目标和理想追求。

四、良好班集体的形成与培养

班主任应通过协调课堂内的各种人际关系而有效地建立良好的班集体。

1. 确定班级的发展目标

教师要精心设计班级发展的目标。班集体的发展目标一般可以分为近期、中期和远期三种，目标的提出应该由易到难、由近到远、逐步提高。

2. 建立班级的核心队伍

首先，教师要善于发现和培养积极分子；其次，教师应把对积极分子的使用与培养结合起来。

3. 建立班级的正常秩序

教师在班级的组建阶段，就应着手正常秩序的建立工作，特别是当接到一个教育基础较差的班级时，首先就要做好这项工作。

4. 组织形式多样的教育活动

教师在组织各种教育活动时，要有明确的目的和要求，要精心设计活动内容，注意形式的适龄化，力争把活动的开展过程变成教育学生的过程。班级教育活动分为日常性活动和阶段性活动。

5. 培养正确的舆论和良好的班风

班集体形成的主要标志是形成正确的班级舆论和良好的班风。

6. 集体教育和个别教育相结合

班主任要把集体教育和个别教育结合起来。

第五节　班主任工作

一、班主任概述

班主任是班集体的领导者和组织者，是学校贯彻国家教育方针、促进学生健康成长的骨干力量。

班主任的领导方式主要有权威型、民主型、放任型。不同的班主任领导方式对学生发展的影响不同。民主型最有利于学生发展。班主任工作的首要任务和中心环节是组织建立良好的班集体；中心任务是促进班集体全体成员的全面发展。

二、班主任的角色

班主任是学生全面成长的关护者，是对学生产生全面影响的教育因素，是班级的领导者，对班集体的发展有主导作用。

《中小学班主任工作的规定》明确规定了班主任的角色，包括班主任是学生日常思想品德教育的实施者；班主任是学生健康成长的引导者；班主任是学生管理工作的主要实施者。

班主任的角色特点决定着他们对学生的全面发展负有以下责任：教育的责任、培养的责任、发现的责任、激活的责任和夯实的责任。

三、班主任工作的内容

（1）了解和研究学生。了解和研究学生需要了解学生个人，了解学生群体关系以及了解和研究学生的学习环境，这是班主任工作的前提和基础。班主任了解学生方法主要有分析书面材料法、调查法、观察法、谈话法，其中最基本的方法是观察法。

（2）有效地组织和培养优秀的班集体。

（3）协调校内外各种教育力量：充分发挥本班科任教师的作用，协助和指导班级团队活动，争取和运用家庭和社会的教育力量。

（4）学习指导、学习活动管理和生活指导、生活管理。

（5）组织校外、课外活动和指导课余活动。

（6）建立学生档案：基本过程是收集、整理、鉴定、保管。

（7）操行评定：基本过程是学生自评、小组评议、班主任评价、信息反馈。

（8）班主任的工作计划和总结：①工作计划包括学期或者学年计划、学周或者月计划、具体活动计划。②班主任的工作总结，包括全面总结和专题总结。

（9）个别教育工作。个别教育工作主要包括先进生工作和后进生工作。后进生通常是指学习积极性不高，学习成绩暂时落后，不太守纪律的学生。

（10）班会活动的组织。班会的基本特征是集体性、自主性和针对性。班会一般有三类，即常规班会、主题班会、生活班会。班级活动的主要形式是主题班会。思想品德教育活动、文化学习活动、科技活动、文艺活动、劳动活动、游戏活动、综合活动都属于班级活动。

（11）偶发事件的处理。

四、班主任的素质

班主任岗位是需要较高的素质和人格要求的专业性岗位，应由取得教师资格、思想道德素质好、业务水平高、身心健康、乐于奉献的教师担任。具体来讲，一个合格的班主任应该具有以下基本素质：忠诚于党的教育事业，热爱学生，善于做学生的思想工作；具有符合素质教育要求的教育观和较强的教育教学和组织能力；掌握教育学、心理学的基本知识和方法，熟悉相关法律法规；品德高尚，为人师表；具有团队协作精神和较强的人际沟通能力。

第九章

课外、校外（活动）教育

第一节　课外、校外（活动）教育概述

一、课外、校外教育的概念

课外、校外教育是指在课程计划和学科课程标准之外，利用课余时间，对学生施加的各种有目的、有计划、有组织的教育活动。选修课、自习课不属于课外教育。

校外活动是指由校外教育机构或社会团体领导和组织的、在学校教育教学计划范围外对学生进行的多样化的教育活动。

二、课外、校外教育与课堂教育的区别

从两者的联系来看，它们的目的具有一致性，都是为了实现学生全面发展的教育目的，完成学校的教育任务；两者都是在学校的统一领导下有计划、有组织进行的；课外、校外教育不是课堂教学活动的延伸，不是为了完成作业而开设的领域，其通过活动的形式促进学生全面发展；课外、校外教育活动不局限于课堂教学的内容和教学大纲的范围。

第二节　课外、校外教育的内容与形式

一、课外、校外教育的主要内容

课外、校外教育的主要内容有社会实践活动、学科活动、科技活动、文学艺术活动、体育活动、社会公益活动和课外阅读活动。

二、课外、校外教育的组织形式

1. 群众性活动

群众性活动是一种面向多数学生或全体学生的带有普及性质的活动；具体的活动方式有集会活动、报告和讲座、竞赛活动、参观、访问、游览、调查、文体活动、墙报和黑板报、社会公益活动和主体系列活动等。

2. 小组活动

课外、校外活动的基本组织形式是小组活动。小组活动的特点是自愿组合、小型分散、灵活机动。小组活动可以分为学科小组、劳动技术小组、艺术小组和体育小组活动。

3. 个别活动

个别活动是指学生在教师指导下，在课外、校外单独进行的活动。

第三节　课外、校外教育的特点和要求

一、课外、校外活动的特点

课外、校外活动的特点有自愿性、自主性、实践性、广泛性、灵活性。课外、校外教育活动，无论是活动的内容，还是活动的形式都体现了灵活性。课外活动也能在校内进行。课外活动可以扩大学生的活动领域。课外活动是学生自愿选择、自愿参加的。

二、课外、校外教育的主要要求

学校教学工作是教育学生的基本途径，同时课外、校外教育也是教育学生的重要途径。课外、校外教育要有明确的目的性和计划性；活动内容要丰富多彩，形式要多样化，要富有吸引力；要注意发挥学生的个人主动性、独立性、创造性，并与教师指导相结合；要考虑学生的兴趣爱好和特长，符合学生的年龄特征；课堂教学和课外活动要互相配合，互相促进；要因地、因校制宜。

第十章

教育科学研究及其方法

第一节 教育科学研究概述

一、教育科学研究概述

（一）教育科学研究的含义

教育科学研究的含义是指以教育问题为对象，运用科学的方法，遵循一定的研究程序，搜集、整理和分析相关资料，以发现和总结教育规律的一种认识活动。教育科学研究的对象是教育问题。教育科学研究包括客观事实、科学理论和方法技术三个基本要素。

（二）教育科学研究的类型

1. 基础研究、应用研究和开发研究

根据研究的目的不用，教育科学研究可以分为基础研究、应用研究和开发研究。

基础研究以抽象和一般为特征，目的是揭示、描述、解释某些现象和过程，以及它们的活动机制和内在规律。

应用研究是对基础研究的成功进一步地进行验证。

开发研究是在基础研究与应用研究的基础上对研究的成功进一步地推广扩大，以实现其研究价值。

2. 定量研究和定性研究

根据方法论的不同，教育科学研究分为定量研究和定性研究。

定量研究也称为量化研究，是对事物某方面的量的规定性的科学研究，也就是通过解决"是多少"等的数量问题来对事物进行研究。

定性研究也称为质化研究，是对事物的质的方面的分析和研究，主要是通过研究事物"为什么"的问题，继而对所研究的事物做出言语文字的描述。

3. 描述性研究和干预性研究

根据研究包含的认识客观事物和找出改变客观事物的方法的不同，教育科学研究分为描述性研究和干预性研究。

描述性研究是对客观事物进行观察，努力反映其客观状态，回答"是什么、为什么、怎举样"的问题。

干预性研究是着力于对客观事物施加可能引起改变的影响，从而达到通过影响改变现状、解决问题的目的。

第二节　教育科学研究的基本过程

一、选择研究课题

研究课题可以来自于实验，也可以来自于教育理论。一个好的研究课题必须具备的特征是：选题必须要有价值；选题必须要有科学的现实性；选题必须明确；选题必须新颖、有独创性；选题必须有可行性。

二、教育文献检索和综述

1. 教育文献检索

文献检索的作用体现在文献检索是必不可少的步骤，它贯穿于研究的全过程；网络检索是最快捷的教育文献检索的方法。

2. 教育文献综述

教育文献综述是指在理解、概括、分析文献的基础上，将有关的内容叙述出来。其主要的步骤是：问题的提出、研究方法、正文部分、主要文献目录。它主要分为叙述性文献综述和评述性文献综述。

3. 教育科学研究资料的收集、整理与分析

搜集资料是研究的主要任务和研究基础。资料分析的基本步骤是阅读资料、筛选资料和解释资料。分析研究资料的方法分为定性分析法和定量分析法两种。

第三节　教育科学研究方法

一、教育科学研究方法的含义

教育科学研究方法从狭义来看就是人们在进行教育科学研究中所采取的步骤、手段和方法的总称。

二、常用的教育科学研究方法

1. 观察研究方法

观察研究方法指人们有目的、有计划地通过感官和辅助仪器，对处于自然状态下的客观事物进行系统考察，从而获取经验事实的一种科学研究方法。

2. 调查研究法

调查研究法是在教育理论的指导下，通过运用观察、例表、问卷、访谈、个案研究及测验等方式，搜集教育问题资料，从而对教育的现状做出科学分析，并提出具体的工作建议的一整套实践活动。最基本、使用最为广泛的调查方法是问卷调查。

3. 实验研究法

实验研究法是根据研究目的，运用一定的人为手段，主动干预或者控制研究对象的发生、发展过程，通过观察、测量、比较等方式探索、验证所研究现象的因果关系的研究方法。

4. 个案研究法

对一个事件或一个学生进行单独调查的研究方法叫做个案研究法。个案研究法是教育科学研究中运用最为广泛的定性研究法，也是描述性研究和实地调查的一种具体方法。其通常用于对学习困难、成绩差的学生进行研究。

6. 抽样调查法

抽样调查法就是从调查对象的总体中抽取一部分单位作为样本，并以对样本进行调查的结果来推断总体的方法。

7. 比较法

比较法是根据一定的标准，对不同国家的教育制度、教育理论或教育实践进行比较，找出各国教育规律和普遍规律的研究方法。

三、几种新兴的教育科学研究方法

1. 行动研究法

行动研究法指实际工作者基于解决问题的实际需要，与专家、学者以及本单位成员共同合作，将实际问题作为研究主题，进行系统研究，以解决实际问题的一种研究方法。它的特点可以概括为"为教育行动而研究，在教育行动中研究，由教育行动者研究"。

2. 质性研究法

质性研究法也称实地研究法和参与研究法，是基于经验和直觉的研究方法，以研究者本人作为研究工具，凭借研究者自身的洞察力，在与研究对象的互动中理解和解释其行为并进行意义建构。

3. 教育叙事研究

教育叙事研究是以抓住人类经验的故事性特征进行研究并用故事的形式呈现研究结果的一种研究方式，是教育主体通过讲述教育故事，体悟教育真谛的一种研究方法。

4. 校本研究

校本研究是对以校为本的教学研究的简称，指以学校自身条件为基础，以学校校长、教师为主力军，针对学校现实存在的问题而开展的有计划的研究活动。

校本研究的特征有：校本研究是一种实践研究；校本研究是以学校为基础和前提；校本研究为了学校、在学校中、基于学校。

校本研究的基本要素包括自我反思、同伴互助、专业引领等。

第二部分
教育心理学

- 心理发展与教育
- 学习与学习理论
- 学习迁移、记忆和遗忘
- 学习策略与不同类型的学习
- 影响学习的心理因素
- 个别差异与教育
- 学生心理健康教育

第一章
心理发展与教育

第一节　教育心理学概述

一、教育心理学的研究对象

　　教育心理学是一门研究教育教学情境中学与教的基本心理规律的科学；教育心理学的性质是：其既是心理学的分支学科，属于心理学范畴，又是由教育学和心理学结合而产生的交叉学科（边缘学科）；既是一门理论性学科，又是一门实践应用性学科。教育心理学和普通心理学的关系是：个性和共性的关系。

　　教育心理学的研究对象包括学生学的心理活动、教师教的心理活动和教育过程中学与教相互作用的基本心理规律。

二、教育心理学的研究内容

　　教育心理学的具体研究是围绕着学与教相互作用的过程展开的，其核心内容是学习过程和学习心理。教育心理学研究学习过程、教学过程、评价与反思过程三个过程，研究教师心理、教学心理、学生心理和学习心理四个内容，研究教师、学生、教学内容、教学媒体、教学环境五大要素。

三、教育心理学发展的过程

　　（1）初创时期：20 世纪 20 年代以前。

　　瑞士教育家裴斯泰洛奇第一次提出了"教育教学要心理学化"的思想。赫尔巴特首次提出了把教学理论建立在科学理论的基础上，这个科学理论就是心理学。1868 年俄国教育家乌申斯基出版了《人是教育的对象》，他被视为"俄国教育心理学的奠基人"。1877 年，俄国教育家卡普捷列夫出版了《教育心理学》一书，这是世界上最早的正式以"教育心理学"命名的著作。1903 年，美国心理学家桑代克出版了《教育心理学》，这是西方第一本以"教育心理学"命名的著作，标志着教育心理学成为一门新的独立学科。桑代克被称为"教育心理学之父"。陈鹤琴在我国采用日记法研究儿童心理，通过对其长子陈一鸣的追踪研究探索中国儿童心理发展及教育规律，写成了中国第一部儿童心理学教科书——《儿童心理之研究》。

（2）发展时期：20世纪20年代至50年代末。

（3）成熟时期：20世纪60年代至70年代末期。布鲁纳在美国发起了课程改革运动；罗杰斯提出了"以学生为中心"的主张；奥苏伯尔提出了有意义学习的条件；加涅对人类的学习进行了集中分类。

（4）完善时期（深化拓展）：20世纪80年代后期。布鲁纳等人出版了《教学过程》。布鲁纳总结了教育心理学20世纪80年代的成果，提出了主动性研究、反思性研究、社会性研究和合作性研究。

第二节　心理发展概述

心理发展是指个体从出生、成熟、衰老直到死亡，整个生命历程中发生的一系列心理变化过程。

心理发展的一般规律包括认知发展一般规律和人格发展一般规律。

学生心理发展的基本特征有连续性和阶段性、定向性和顺序性、不平衡性和个别差异性；其中不平衡性主要体现为发展速度、发展时间、成熟时期三个方面的不平衡。

个体心理发展可以分为八个主要阶段，分别是0岁到1岁的乳儿期、1岁到3岁的婴儿期、3岁到6~7岁的幼儿期或者学龄前期、6~7岁到11~12岁的童年期或者学龄初期、11~12岁到14~15岁的少年期或者学龄中期、14~15岁到25岁的青年期、25岁到65岁的成年期和65岁以后的老年期。

第三节　心理发展理论

一、皮亚杰的认知发展理论

（一）皮亚杰的理论概述

瑞士心理学家皮亚杰的代表作有《儿童逻辑的早期形式》《儿童心理学》。皮亚杰对制约心理发展的各种因素进行了分析，他认为支配心理发展的因素有以下几种：成熟、物理因素、社会环境和平衡。他认为心理结构的发展涉及图式、同化、顺应和平衡。

图式是指人在认识周围事物的过程中，形成自己独特的认知结构。它是组织化的知识结构。从发展的角度来看，儿童最初的图式是遗传所带来的一种本能反射行为，如吸吮反射。

同化是指有机体在面对一个新的刺激情景时，把刺激整合到已有的图式或者认知结构中。

顺应是指当有机体不能利用原有图式接受和解释新刺激时，其将通过改变认知结构发展来适应刺激。

平衡是指同化和顺应之间的均衡。

（二）认知发展阶段理论①

皮亚杰的核心理论是发生认知论。他将儿童和青少年的认知发展划分为四个阶段：感知运动阶段、前运算阶段、具体运算阶段和形式运算阶段。

1. 感知运动阶段（0~2岁）

在感知运动阶段，婴儿赖以吸收外界知识的图式，主要是视觉、听觉、触觉等感觉与手的动作。其最初只是简单的反射，而后逐渐从学习中变得复杂，由身体的动作发展到心理的活动。感知运动期的末期，婴儿已开始从具体实物中学到抽象的概念，即获得了客体永久性。接近两岁的婴儿，不仅能当场模仿人或动物的动作，而且还能在事后凭记忆去模仿这些动作。像此种仅凭事后记忆就能模仿出来的能力，称为延后的模仿。

2. 前运算阶段（2~7岁）

前运算阶段又称为"前运算期"，其主要特点如下：

（1）知觉集中倾向

所谓知觉集中倾向，是指前运算期的儿童在面对问题情境时，只凭知觉所及，集中注意于事物的单一向度或层面，忽略事物的其他向度或层面。顾此失彼的结果，难免导致对问题的错误解释。对儿童知觉集中倾向的实验研究中，心理学家重复实验验证最多的是守恒问题的研究。前运算期儿童缺乏守恒概念。

（2）不可逆性

所谓可逆性，是指思考问题时可以从正面去想，也可以从反面去想；可以从原因去看结果，也可以从结果去分析原因。如此，顺向与逆向兼顾的思维历程，即称为可逆性。前运算期儿童思维不可逆。

（3）表象性思维

这一阶段的儿童由于已经掌握了口头语言，开始从具体动作中摆脱出来，凭借表象在头脑中进行"表象性思维"。他们使用的词语或其他符号还不能代表抽象的概念，他们的思维仍受具体直觉表象的束缚。比如：看见大象后他们可以画出基本轮廓。利用早期的信号功能，他们开始学习并用符号对事物进行表征，比如用羊的符号表示真正的羊。

（4）万物有灵论

万物有灵论又叫"泛灵论"，认为一切事物都有生命。

（5）一切以自我为中心

前运算期的儿童会出现"集体的独白现象"，即"在群体里，每个儿童都热情地说着，彼此之间没有任何真实的相互作用或者交谈"。

（6）不合逻辑的推理

比如甲知道乙脚摔断了，后来又知道乙得了流感，后来乙的流感好了，最后甲认

---

① 华图教育. 教育公共基础笔试［M］. 成都：成都时代出版社，2014：147.

为乙的脚也好了。前运算期的儿童还不能够推断事实：比如用一块白布盖上一个苹果，问孩子苹果的颜色，孩子会说是白色。

3. 具体运算阶段（7~12 岁）

这一时期儿童思维的主要特征是，他在面对问题时，遵循逻辑法则推理思维，但此推理思维能力只限于眼见的具体情境或熟悉的经验。

（1）序列化

根据具体事实做推理思维，按物体某种属性为标准排成序列，从而进行比较的心理运作，皮亚杰称之为序列化。

（2）去集中化，形成守恒概念

所谓去集中化，是指具体运算期的儿童，在面对问题情境思维时，不再只凭知觉所见的片面事实去做判断。已具备了守恒的概念，是具体运算期儿童思维成熟的最大特征。

（3）思维可逆

具体运算期的儿童，思维可逆。思维的可逆性的标志是守恒观念的形成。

（4）分类

儿童的认知发展达到具体运算期时，其就具备了分类的能力。

（5）具体事物基础上的逻辑推理

这一阶段的儿童认知结构已经具有了抽象概念，因而其能够进行逻辑推理，但仍需要具体事物的支持。

（6）去自我中心

（7）理解原则和规则

这一阶段的儿童能理解原则和规则但只能刻板遵守规则，不敢改变。

4. 形式运算阶段（12~15 岁）

在形式运算阶段，儿童思维方式具有以下三个特征：

（1）假设演绎推理

假设演绎推理是逻辑思维的基本形式之一。此种推理思维的特点是，先对所面对的问题情境提出一系列的假设，然后根据假设进行验证，从而得到答案。

（2）命题推理

认知发展臻于形式运算期的青少年，在推理思维时，不必一定以现实的或具体的资料做依据，只凭一个说明或一个命题，即可进行推理。

（3）组合推理

在面对由多项因素形成的复杂问题情境时，认知发展臻于形式运算期的青少年，可以根据问题的情境提出假设，然后一方面孤立某些因，一方面组合另一些因素，从而在系统验证中获得正确答案。

二、埃里克森的心理发展阶段理论[①]

埃里克森是新精神分析学派代表人物，他提出的人格发展阶段理论认为人格的发

① 华图教育. 教育公共基础笔试［M］. 成都：成都时代出版社，2014：148.

展贯穿于个体的一生，他把个体人格发展过程划分为八个阶段，每个阶段都有一个独特的发展任务。如果外在环境有利于个体顺利实现这一发展任务，则其人格就会健康发展；反之，则个体会出现发展"危机"，并妨碍后来各时期人格的健康发展。

1. 婴儿期（0~18个月左右）：基本的信任感对基本的不信任感

这一阶段，婴儿的目标是建立起对周围世界的基本信任感。如果婴儿得到较好的抚养并与母亲建立了良好的亲子关系，那么儿童将对周围世界产生信任感，否则其将产生怀疑和不安。

2. 儿童早期（18个月到3岁）：自主对羞怯与怀疑

这一阶段，儿童渴望自主并试图自己做一些事情，比如自己吃饭、穿衣。这时父母要允许儿童自由地探索，给予适当的关怀和保护。如果父母对儿童一味地严厉要求和限制，会使得儿童对自己的能力产生怀疑。

3. 学前期（3~6、7岁）：主动感对内疚感

这一阶段，儿童表现出强烈的好奇心并渴望帮助别人做事。成年人应该是鼓励和满足儿童的主动性和创造性的活动。而过多的干涉可能会造成儿童缺乏主动性并产生自卑感。

4. 学龄期（6、7~12岁）：勤奋感对自卑感

这一阶段，儿童成功的体验有助于儿童建立勤奋的特质，并在以后的生活中表现出乐于工作和较好的适应性。如果儿童没有形成这种勤奋感，他们就会形成一种引起他们对成为社会有用成员的能力丧失信心的自卑感。

5. 青年期（12~18岁）：角色同一对角色混乱

这一阶段，个体开始考虑"我是谁"这一问题，即有关自我形象、能力、信念、性格等方面的问题。如果个体在这个时期把这些方面很好地整合起来，使行为符合其角色，个体便获得了较好的角色同 性；反之，则会造成角色混乱。

6. 成年早期（18~30岁）：亲密对孤独

这一阶段，个体渴望与他人建立亲密的关系，否则将产生孤独感。

7. 成年中期（30~60岁）：繁殖对停滞

这一阶段，个体的繁殖感不仅仅指生育方面，也表现在工作和人际关系等方面；反之，则会产生停滞感。

8. 成年晚期（60岁以上）：完善对绝望

这一阶段，当个体回顾过去时，可能怀着完善的感情与世告别，也可能怀着绝望走向死亡。

三、维果茨基的认知发展论

维果茨基是苏联著名心理学家，社会文化历史学派的创始人，提出"文化历史发展理论"，探讨发展的实质以及教学与认知发展的关系，并提出了"最近发展区"观点，其思想对儿童心理发展领域产生了重大的积极影响。

（一）文化历史发展理论

心理的发展就是指一个人的心理（从出生到成年），是在环境与教育的影响下，在低级的心理机能的基础上，逐渐向高级的心理机能转化的过程。

关于心理机能由低级向高级发展的原因，维果斯基强调了三点：起源于社会文化—历史的发展，是受社会规律所制约的；从个体发展来看，儿童在与成人交往的过程中通过掌握高级的心理机能的工具——语言、符号这一中介环节，使其在低级的心理机能的基础上形成了各种新的心理机能；高级的心理机能是不断内化的结果。

由此可见，维果斯基的心理发展观、内化学说、工具理论等，是与他的文化—历史发展观密切联系在一起的。

1. 心理发展的本质

心理机能由低级向高级发展的标志是什么？维果斯基归纳为四个方面的表现：心理活动的随意机能；心理活动的抽象—概括机能，也就是说各种机能由于思维（主要是指抽象逻辑思维）的参与而高级化；各种心理机能之间的关系不断地变化、组合，形成间接的、以符号或词为中介的心理结构；心理活动的个性化。

2. 内化学说与工具理论

维果茨基认为，新的、高级的、社会历史的心理活动形式，首先是作为外部形式的活动而形成的，以后才"内化"，转为内部活动，最终默默地在头脑中进行。在外部的实际动作向内部智力动作转化的过程中，语言符合系统起了至关重要的作用，其中，外部语言符号就作为了"工具"，使得心理发展由外向内进行。

（二）最近发展区

维果茨基认为，儿童有两种心理发展水平：一种是现有的（或称今天的）发展水平；另一种是潜在的（或称即将达到的）发展水平。要达到教育的最佳状态，我们需要了解儿童学习的潜能，即儿童在得到适当的帮助后所能够达到的水平。从这个意义上来讲，维果茨基认为教学"创造着"学生的发展，他主张"教学不应指望于儿童发展的昨天"，教学应当走在发展的前面。

（三）学习最佳期

从发展的观点看，儿童学习任何内容时，都存在一个最佳年龄。忽视儿童的学习最佳期，就很难发挥教学的最大作用，对儿童认知发展造成不利的影响。因此，在儿童的成熟和发育的基础上开始某一种教学，需要考虑将教学建立在儿童正在开始形成的心理机能的基础上，教学应走在心理机能形成的前面。

（四）维果茨基的心理发展理论对儿童教育的意义

"最近发展区"概念的提出对于儿童教育具有重大意义，根据这一观点，教育者若总是针对儿童现有的水平，考查儿童目前解决问题的水平，即便成绩很理想，也不能说明儿童认知发展有多大的进步，因为在这种情况下学生的学习还未突破他实际的发展水平。因此，教师应提供给学生一定程度的较高难度的学习任务，当儿童得到适当的帮助后，就可以促进其智力有高一级的发展。维果斯基的理论对于合作学习、情境学习等教学模式也有一定的指导性。

第四节　教育与心理发展的关系

一、早期教育与心理发展

关键期这一概念最初是由奥地利生态学家康罗德·洛伦兹（1937）提出来的，又称最佳期、敏感期、临界期、转折期。后来，心理学家将这类研究借用到儿童早期发展的研究中，提出了儿童心理发展的关键期问题。如2~3岁是儿童口头语言发展的关键期。儿童语言发展中的不完整句包括单词句和电报句。单词句是指用一个词代表的句子，一般出现在1~1.5岁；电报句又称双词句，是由2个单词组成的不完整句，有时也由3个词组成，一般出现于1岁半~2岁半左右。4~5岁是儿童学习书面语言的关键期。形状知觉发展时期是4岁。

陈鹤琴在《家庭教育——怎样教育孩子》中提出了"整体教育"。日本教育家木村久一提出早期教育造就人才。

早期教育与心理发展的三个学派：精神分析学派重视婴儿的经验，特别是挫折；洛伦茨提出"关键期"概念；布赫提出刺激理论。

二、准备状态和心理发展

准备状态（readiness）的基本含义是：儿童身心发展达到适宜于学习某种事物的状态或者指学习者在从事新的学习时，其身心发展水平对新的学习的适应性，即学生在学习新知识时，那些促进和妨碍学习的个人生理、心理发展的水平和特点。儿童六至七岁才达到了接受正式教育的准备状态。学习准备包括纵向和横向两个维度。教学必须要坚持准备性原则（又称为量力性原则和可接受原则），如跳一跳，摘桃子。

学习准备状态是由多种因素构成的，其大体可分为三个维度。

一是生理方面的发展状态，特别是神经系统的发育与成熟程度，这是构成准备状态的物质基础。格塞尔（A. Gessell）著名的"双生子爬梯实验"和我国李惠桐的"婴儿动作发展的训练最佳期"的研究提供了这方面的证据。

二是智力和技能方面的准备，这是接受学校教育的重要条件。智力的发展和技能的掌握不仅与生理发育的一定成熟程度相适应，而且要求某些先行心理因素的发展作为其前提，这些先行的心理因素又是与较早的生理发育程度相适应的。

三是非智力因素的准备，如学习动机与兴趣、学习态度和习惯、生活经验与人际交往等，这些因素的准备状态不仅影响到学生的学习成绩，而且关系到学生的学习热情和意志品质的发展。

第五节　儿童、青少年的心理发展与教育

一、儿童的心理发展

童年期又称为学龄初期，是个体一生发展的基础时期，也是生长发育最旺盛、变化最快、可塑性最强、接受教育最佳的时期。到了四年级（10~11岁），儿童的思维开始由具体形象思维过渡到抽象逻辑思维，但是抽象逻辑思维依旧以具体形象为支柱。朱智贤教授认为思维发展的关键期是四年级。

二、青少年的心理发展

青少年包括少年期和青年初期。青少年期更可能经历的事件或体验的情绪有喜怒无常和亲子冲突。

少年期相当于初中阶段，主要是在11、12岁~14、15岁，又称为学龄中期和危险期或者心理断乳期，也叫做青春发育期，也是生理发展的第二个高峰时期。在人的一生中，少年期无论在生理上或在心理上都是急剧变化期。这一时期，青少年的心理活动随意性增长，从依赖性向独立性过渡；从"自我朦胧"向"自知之明"过渡；从幼稚向成熟过渡。其抽象思维已占主导地位，并出现了反思思维，但抽象思维在一定程度上仍要以具体形象思维为主导。

青年初期相当于高中阶段：抽象逻辑思维由"经验型"向"理论型"转化（15~18岁）；开始出现了辩证思维，智力接近成熟，对未来充满了理想；主要心理特征是智力发展显著，自我意识增强（呈现出稳中有升），性意识发展。

第二章

学习与学习理论

第一节　学习概述

一、学习的含义

广义的学习是指从低等动物到人发展的过程中，通过活动、练习，获得的行为经验，并由经验引发行为或者行为潜能的较为持久的适应性变化的过程。

狭义的学习专指人类的学习。学习是在社会生活实践中，在社会传递下，以语言为中介，人类自觉地、积极主动地掌握社会的经验的过程。

学习的内涵主要有：学习实质上是一种适应活动；学习是人和动物共有的普遍现象；学习是由反复经验引起的；学习是有机体后天习得经验的过程；学习的过程可以是有意的，也可以是无意的；学习引起的是相对持久的行为或行为潜能的变化。

二、人类学习和动物学习的区别

（一）人类学习的特点

人类学习的特点表现在人类学习以间接经验为主；人类学习通过语言为中介；人类学习是一种积极的、自觉的建构过程。

（二）学生学习的特点

学生学习的特点是：学习是掌握间接经验的过程，是有目标，有计划的过程；学习是能动的知识建构过程；人类的学习和学生的学习之间是一种一般和特殊的关系；学生学习具有独特性、稳定性、发展性、灵活性等特征。

三、学习的分类

（一）加涅的学习分类

1. 学习水平分类

加涅根据学习由简单到复杂、学习水平由低到高的顺序层次不同，将学习分为八类：

信息学习是指学习对某种信号做出某种反应，基本过程是刺激—强化—反应，比如巴甫洛夫的经典性条件反射。

刺激—反应学习是指在某一情景中对刺激做出某种反应，比如桑代克和斯金纳的操作性条件反射，基本过程是情景—反应—强化。

连锁学习是指形成一系列的反映动作的学习，比如体操学习。

言语联结学习是指一系列的言语单位的联结，比如诗歌的背诵。

辨别学习是指学会认识多种刺激的异同并对之做出不同的反应，比如经典条件反射中的"分化"。

概念学习是指对刺激进行分类时，学会对一类刺激做出同样的反应，比如手摸到烫的事物（火、烧烫的铁或者烟头等）都会迅速避开。

规则和原则学习是指两个或者两个以上的概念之间关系的学习。

解决问题的学习（高级规则学习）是指在各种情况下，利用所学的原理或者规则去解决问题。

上述的八种分类中，前三类属于简单的反映，许多动物也能够完成。

2. 按学习结果，加涅将学习分为五种

智慧学习是指运用符号和概念与环境交互作用的能力的学习，分为五类，即辨别学习、具体概念学习、定义性概念学习、规则学习、高级规则学习；认知策略的学习是指调控自己注意、学习和思维等内部心理过程的学习；言语信息的学习是指有关事物的名称、时间、地点等方面的学习；动作技能的学习，同身体动作行为有关；态度的学习是指影响个体对人、事、物采取行动的内部状态，比如上幼儿园的孩子慢慢地不怕生人了。其中，前三项属于认知领域，第四项属于动作技能领域，第五项属于情感领域。

（二）奥苏泊尔的学习分类

奥苏泊尔提出从学生的学习方式不同，将学习分为接受学习和发现学习；从学习内容与学习者认知结构的关系分类，将学习分为有意义学习和机械学习。奥苏伯尔主张有意义地接受学习。

第二节 学习理论

学习理论简称"学习论"，是说明人和动物学习的性质、过程和影响学习的因素的各种学说。

一、行为主义学习理论

行为主义学习理论认为，其基本的理论公式为 S（外界刺激）—R（反应）：认为人和动物在受到外界的刺激下会产生相应反应。行为主义学习理论主要包括桑代克的学习试误理论、巴甫洛夫的经典条件反射理论、斯金纳的操作条件反射理论和班杜拉的社会学习理论。

（一） 桑代克的尝试错误说

桑代克的尝试错误说（试误说）又称为联结学说，即反复错误后找到真理，是最早完整的行为主义学习理论，他用猫做实验，把学习归结为刺激(S)—反应(R)的联结形式。

桑代克的试误说提出了学习的三大重要原则：

1. 准备律

准备律是指联结的加强或者削弱取决于学习者心理准备和心理调解状态，如教师不得突发进行考试，这违背了准备律。

2. 练习律

练习律是指刺激与反应之间的联结会由于重复与反复的练习而加强；不重复或者练习，联结的力量就会减弱；包括"应用"和"失用"两部分，如学习之后要进行适当的练习巩固。

3. 效果律

效果律是指刺激和反应之间的联结可因为导致了满意的结果而加强，也可能因导致了烦恼的结果而减弱，如学生期末成绩优异得到了教师和家长的表扬。

学习的副律有五条：多重反映原则、倾向和态度原则、选择性原则、同化和类化原则、联想交替原则。

（二） 巴甫洛夫的经典性条件作用论

巴甫洛夫用狗做实验，得出了经典条件反射理论

1. 分化和泛化

分化是能够区分相似刺激物的本质特征，并做出不同的反应。

泛化指不能区分事物的相似性，比如一朝被蛇咬十年怕井绳。

2. 恐惧性条件作用

将对有机体具有恐惧性质的刺激作为无条件刺激进行的条件作用，称为恐惧性条件作用，比如看见了闪电害怕打雷，会马上捂住耳朵和闭上眼睛。

3. 高级条件作用

当条件作用形成后，条件刺激可以像无条件刺激一样诱发有机体的反应。这种由一个已经条件化了的刺激来使另一个中性刺激条件化的过程，称为高级条件作用。

4. 消退

消退是一个无强化的过程，比如教师不理打小报告的学生、家长刻意不理吵着要吃糖的小孩。

5. 恢复

条件反射会自动恢复。当消退现象产生后，如果个体休息一段时间，条件刺激会再度出现，比如家长刻意的不理哭着要吃糖的孩子，孩子当时可能会不再吵闹，但是等一段时间孩子再次看见糖，会再次吵闹。

（三） 斯金纳的操作性条件作用理论

斯金纳用白鼠做实验，提出了操作性条件作用理论，将人和动物的行为分为应答性行为和操作性行为两类。应答性行为是由特定刺激所引起的，是经典条件作用的研究对象。而操作性行为则不与任何特定刺激相联系，是有机体自发作出的随意反应，

是操作性条件作用的研究对象。操作条件反射理论强调行为后的强化。斯金纳认为教育就是塑造人的行为，学习即强化，将强化分为了正强化和负强化。

1. 强化规律

操作性行为主要受强化规律的制约。其规律主要有以下四种：

（1）正强化

正强化指采用适当的强化物使有机体反应频率、强度和速度增加的过程，也指给予愉快刺激，行为频率增加。比如学生上课举手发言，老师表扬了他，后来他举手发言的次数增加了，这个就是一种正强化。

（2）负强化

负强化指撤销厌恶刺激，行为频率增加。如放学后小明主动写作业，妈妈就免除了他不喜欢的家务活，他以后放学也会主动写作业，这就是一种负强化。

（3）惩罚

惩罚是当有机体做出某种反应以后，呈现一个厌恶刺激（如体罚、谴责等），以消除或抑制此类反应的过程。惩罚分为正惩罚和负惩罚。正惩罚是指施加一个坏刺激。负惩罚指在出现一个行为（反应）后取走欲望刺激，如拿走孩子的玩具，以减少该行为。

（4）消退

有机体做出以前曾被强化过的反应，如果在这一反应之后不再有强化物相伴，那么此类反应在将来发生的概率便降低，这就是消退。消退是一种无强化过程。

2. 逃避条件作用和回避条件作用

（1）逃避条件作用

这是指当厌恶刺激或不愉快情境出现时有机体做出某种反应，从而逃避了厌恶刺激或不愉快情境。如看见马路上的垃圾后绕道走开，感觉屋内人声嘈杂而暂时离开等。

（2）回避条件作用

这是指当预示着厌恶刺激或不愉快情境即将出现时，有机体做出反应从而避免了厌恶刺激或不愉快情境。如过马路时听到汽车喇叭声后迅速躲避。

3. 操作性条件反射理论的教育应用

操作性条件反射理论的教育应用主要是程序性教学和行为塑造或矫正。

（1）程序性教学的含义

程序性教学是一种个别化的教学形式，是指将要学习的大问题分解为一系列的小问题，并将其按照一定的程序编排和呈现给学生，要求学生学习并回答问题，学生回答问题后及时得到反馈信息；程序教学的基本原理是连续接近法。

（2）程序教育的原则

程序教学法，在美国教育界影响深远。这个教学法有以下五个原则：

第一，小步子原则。

通过循序渐进的学习，每个学习单位的内容都是孩子能够轻松掌握的，孩子的学习积极性就会很高，而且得到表扬的机会也会增多。

第二，积极反应原则。

老师为了课程进度，忽视与学生的互动，往往自顾自地讲授，许多问题都是老师自问自答的假提问，学生很少有回答问题的机会。这会让孩子们的学习积极性受到伤害。

第三，即时强化原则。

电子游戏在这方面做得很到位。孩子完成一个任务，立刻就会有相应的奖励，或者是一句赞美的话，或者是一个虚拟奖品，让孩子们欲罢不能。

第四，自定步调原则。

这也涉及了我在橡皮筋理论里提到的量体裁衣，循序渐进。

第五，低错误率原则。

斯金纳认为，错误的行为往往导致惩罚，而惩罚对于学习新知识，新技能帮助不大。怎样避免错误连连？实际上还是要把握好最近发展区的理论，不要超越孩子的能力。

4. 操作性条件反射理论的意义

（1）强化的应用

在对学生进行奖励时，应该注意避免外部奖励对内部奖励的破坏；奖励虽然是行为塑造的有效方法，但是奖励运用必须得当，否则就会强化不良行为。

（2）消退的应用

消退是一种无强化过程，其作用在于降低某种反应在将来发生的概率，以达到消除某种行为的目的。消退是减少不良行为，消除坏习惯的有效方法。

（3）惩罚的应用

惩罚仅仅是手段，而不是最终的目的。惩罚的目的是教育。惩罚应当合情合理、公平、准确；惩罚应与对学生的尊重相结合。

（四）班杜拉的社会学习理论

美国心理学家班杜拉不满于极端行为主义的观点，在吸取了认知学习理论观点后，形成了一种认知——行为主义的模式。形成了很有特色的社会学习理论。

1. 观察学习的过程

观察学习包括注意、保持、复制和动机四个子过程。

（1）注意过程

注意过程即观察者注意并知觉榜样情景的过程。实验中，儿童看到成年人的行为并了解到即为注意。

（2）保持过程

保持过程即观察者记住从榜样情景了解的行为，以表象和言语形式将他们在记忆中进行表征、编码以及存储。保持就其内涵来说就是记住，实验中，儿童记住了成年人的行为以及由其带来的结果，这一过程就是保持。

（3）复制过程

复制过程即观察者将头脑中有关榜样情景的表象和符号概念转为外显的行为。复制是指别人怎么做，我也怎么做，就是学习别人的做法，实验中成年人怎么做儿童也怎么做，这一过程就是复制。

（4）动机过程

动机过程即观察者因表现所观察到的行为而受到奖励。儿童做出来与材料中榜样一模一样的行为并得到强化就是动机过程。

2. 强化理论

根据实验，班杜拉提出了观察学习的强化理论。他把强化分成以下三类：

（1）直接强化

观察者因表现出观察行为而受到强化。就其对象上来说，即别人对自己强化，强化对象是自己。

（2）替代性强化

观察者因看到榜样的行为被强化而受到强化。就其对象上来说，即别人对别人强化的过程，强化对象是别人。

（3）自我强化

人能观察自己的行为，并根据自己的标准进行判断，由此强化或处罚自己。就其对象上来说，即自己对自己进行强化，强化对象是自己。

3. 自我效能理论

自我效能是指个体对自己能否在一定水平上完成某一活动所具有的能力判断、信念或主体自我把握与感受，也就是个体在面临某一任务活动时的胜任感及其自信、自珍、自尊等方面的感受。自我效能也可称作"自我效能感""自我信念""自我效能期待"等。

班杜拉指出，自我效能的形成主要受五种因素的影响，即行为的成败经验、替代性经验、言语劝说、情绪的唤起以及情境条件。

二、认知结构学习理论

认知心理学的兴起被称为心理学发展史上的"第二次革命"。认知心理学派学习理论的基本观点有：强调意识的能动性和人的主观能动性；主张以信息加工观点为核心。认知结构学习理论认为，学习不是在外部环境的支配下被动形成 S-R 联结，而是主动地在头脑内部构造认知结构。

（一）苛勒的完形—顿悟说

格式塔学派的完形—顿悟说的代表人物是苛勒、考夫卡和韦德海默。苛勒的黑猩猩叠箱子摘香蕉实验最具代表性。该学派认为学习理论是 S（刺激）—O（意识）—R（行为）的过程。

完形—顿悟说认为学习是通过顿悟实现的；学习的实质是在于构造完型；刺激和反应之间不是直接联系的，而是需要以意识为中介。

所谓的顿悟，就是领会到自己的动作和情景，特别是和目的物之间的关系。苛勒的完型—顿悟学习与桑代克的联结—试误学习也并不是互相排斥和绝对对立的。通常联结—试误是顿悟的前奏，顿悟则是练习到某种程度时出现的结果。

（二）布鲁纳的认知—结构学习论

认知—结构学习论又称认知—结构论或认知—发现说。

心理学家布鲁纳于 1994 年受邀在美国教育科学研究会所做的专题报告中，精辟地总结了教育心理学十几年来发展成果。认知—结构学习论的基本观点有：

1. 学习观

布鲁纳认为学习的实质是主动的形成认知结构。认知结构是指反映事物之间稳定联系或关系的内部认识系统，或者说是某一学习者观念的全部内容与组织。学习的过程包括获得、转化、评价。

2. 教学观

（1）教育的目的在于理解学科的基本结构

布鲁纳所谓学科的基本结构，是指学科的基本概念、基本原理、基本态度和方法。

（2）掌握学科基本结构的教学原则

布鲁纳强调学习的主动性和认知结构的重要性，主张教学的最终目标是促进学生对学科结构的一般理解。

动机原则：指教材内容的难度要有利于维持学生的内部学习动机，不能太难或太简单。布鲁纳认为学生具有三种最基本的内在动机：好奇内驱力即求知欲，胜任内驱力即成功的欲望，互惠内驱力即人与人之间和睦共处的需要。

结构原则：指教学内容的安排要考虑学生的知识结构。布鲁纳认为任何知识结构都可以用动作、图像和符号三种表象形式来呈现。

程序原则：教材的难度与逻辑上的先后顺序，必须针对学生的心智发展水平及认知表征方式，做适当的安排。

强化原则：教师在教学过程中应注意通过反馈使儿童知道自己的学习结果，从而强化有效的学习。

3. 提倡发现学习

布鲁纳所提倡的发现学习就是指教师不再把知识以结论的形式直接给学生，而是学生在教师指导下自己去发现问题、思考分析问题，最终解决问题，从而在这一系列的过程中发现需要掌握的知识。值得注意的是，这里所谓的发现，不只限于发现人类尚未知晓的事物的行动，而且还包括用自己头脑亲自获得知识的一切形式。

（三）托尔曼：符号学习理论

符号学习理论又称为符号—完形—期待理论、认知—目的论、认知地图说。托尔曼，美国著名的心理学家、新行为主义的代表和目的行为主义的创始人，他对学习心理有比较大的贡献，提出了整体行为模式和中介变量。他建立了符号学习理论，成为认知心理学的先驱。

认知—目的论支持 S（刺激）—O（意识或者是机体内部的变化）—R（行为）学习理论，其基本观点是：

认知地图（或认知图）是托尔曼符号学习理论中的一个重要概念，是指在过去经验的基础上产生于头脑中的某些类似于一张现场地图的模型。

潜伏学习（或潜在学习）是托尔曼提出的一种学习现象。它是指未表现在外显行为上的学习，亦即有机体在学习过程中，每一步都在学习，只是某一阶段其学习效果并未明确显示，其学习活动处于潜伏状态。

托尔曼为了弥补行为主义者华生的 S—R 公式的不足，于 1932 年提出中介变量的概念，强调注意有机体内部因素在行为中的作用。他认为刺激与反应之间存在着一系列不能被直接观察到的，但可以根据引起行为的先行条件及最终的行为结果本身推断出来的中介因素，这便是中介变量。

（四）奥苏伯尔的有意义接受学习论

1. 学习的分类

美国著名心理学家奥苏伯尔根据学习进行的方式把学习分为接受学习和发现学习。

根据学习材料与学习者原有认知结构的关系，我们可以把学习分为机械学习和有意义学习，并认为学生的学习主要是有意义的接受学习；

根据知识本身的存在形式和复杂程序，我们可以将学习分为符号学习、概念学习和命题学习。

符号学习：又称为表征学习，是指学习单个符号或者一组符号的意义，主要是三类，即词汇学习，如汉字和英语单词；非语言学习，如图像和图表；事实性学习，比如历史事件和历史人物。

概念学习：掌握同类事物的共同关键特征和本质属性。概念学习以表征学习为前提，又为命题学习奠定了基础，是有意义学习的核心。

命题学习：是指学习由若干概念组成的句子的复合意义，即学习若干概念之间的关系。命题是知识的最小单元。命题学习必须以符号学习和概念学习为基础，这是一种更加复杂的学习。

2. 有意义学习的实质和条件

（1）有意义学习的实质

有意义学习的实质是符号所代表的新知识与学习者认知结构中已有的适当观念建立实质的、非人为的联系。

（2）有意义学习的条件

第一，学生要具有有意义学习的意向，即把新知识与认知结构中原有的适当观念关联起来的意向。

第二，学习材料对学习具有潜在意义，即学习材料具有逻辑意义。

这两个条件缺一不可，否则会导致机械学习。

3. 认知同化理论

第一，下位学习（类属学习）。将概括程度较低或包容范围较窄的新概念或命题，归属到认知结构中原有的概括程度较高或包容范围较广的适当概念或命题之下，从而获得新概念或新命题的意义。例如，将新学的概念"橄榄树"归到"树"这个总括的概念中。

第二，上位学习（总括学习）。新概念、新命题具有较广的包容面或较高的概括水平，将一系列已有观念包含于其下而获得意义。例如，先知道"松树""柳树"等具体概念后，再学习"树"这一总括概念。

第三，并列（结合）学习。新旧知识既无上位关系，也无下位关系，这时发生的学习就是并列学习。例如，先知道"松树"的概念，再学习"柳树"的概念。

4. 先行组织者策略

所谓先行组织者，是先于学习任务本身呈现的一种引导性材料，它的抽象、概括和综合水平高于学习任务，并且与认知结构中原有的观念和新的学习任务相关联。先行组织者可以分为陈述性组织者和比较性组织者。

（1）陈述性组织者：陈述性组织者和新的学习内容之间是"下位关系"，其抽象和概括的程度要高于新知识。比如老师要讲述老鹰的特征，可以让学生先了解鸟类的特征，其中鸟类的特征就作为了具体的陈述者。

（2）比较性组织者：主要是比较新知识和认知结构中旧知识的异同，增加新旧知识的可辨认性；比如要学习新知识"鹰"的概念，可以结合已经学会的"麻雀"的特征进行比较。

（五）加涅的信息加工学习理论

加涅根据信息加工理论提出了学习过程的基本模式，认为学习过程就是一个信息加工的过程，即学习者将来自环境刺激的信息进行内在的认知加工的过程。

加涅认为，学习是一个有始有终的过程，这一过程可分成若干阶段，每一阶段需进行不同的信息加工。与此相应，教学过程既要根据学生的内部加工过程，又要影响这一过程。

加涅认为，学习的模式是用来识别学习的结构与过程的，它对于理解教学和教学过程，以及如何安排教学事件具有极大的应用意义。加涅将学习过程分为八个阶段。

动机阶段：学生的学习是受动机推动的，形成动机或期望，是整个学习过程的预备阶段。

领会阶段：首先必须接受刺激即必须注意与学习有关的刺激。最初的注意往往是因刺激的突然变化引起的，因此，教师可以采用许多手段来引起学生的注意。

习得阶段：涉及对新获得的刺激进行知觉编码后贮存在短时记忆中，然后再把它们进一步编码加工后转入长时记忆中。

保持阶段：学生习得的信息经过编码过程后，即进入长时记忆贮存阶段。

回忆阶段：学生习得的信息要通过作业表现出来，信息的提取是其中必需的一环。

概括阶段：加涅所说的概括，就是指我们通常所讲的学习的迁移。

作业阶段：教师需要根据几次作业才能对学生的成绩作出推断。

反馈阶段：加涅所讲的信息反馈，类似于其他心理学家所讲的强化。

（六）掌握学习理论

布卢姆基于"任何教师实际上都能帮助他的所有学生获得优异成绩"的假设提出掌握学习理论。

1. 主要观点

掌握学习理论主要观点有让每个学生有足够多的学习时间。影响学业达成度的另外三个变量：认知的前提特征在学习中占 50% 的作用，情感的前提特征在学习中起 25% 的作用，教学质量占 25% 的作用。

2. 掌握学习的实施步骤

定向（教学目标）——新授，单元掌握——评价，形成性测验、总结性测验——矫正。

3. 掌握学习的优点和局限性

掌握学习的优点表现在有利于大面积提高教学质量，教学效果好；有利于学生心理健康发展；有利于师生关系的改善；新型的个别化教学实践有利于因材施教；实现差生转化。

掌握学习的局限性表现在一定程度上以牺牲优生的发展为代价，在实践中有加重师生负担的可能性；并非一种万能的教学模式，有一定的适用范围；在目标设定方面值得斟酌；有机械程序化的倾向。

三、建构主义学习理论

建构主义并不是一种特定的学习理论，而是一个理论体系。其基本教育思想是：以学生为中心进行教学；强调合作学习；重视学生的经验背景，引导学生从已有的经验中"生长"出新的知识；注重在实际情景中进行教学。

（一）代表人物和不同倾向流派

建构主义学习理论的代表人物是皮亚杰，维果茨基，斯滕伯格，科尔伯格，卡茨。其不同倾向流派如下：

激进建构主义：代表人物是斯特菲和冯、格拉塞斯菲尔德。

社会建构主义：代表人物是库伯和鲍尔斯菲尔德。

社会文化倾向：此流派主要是受到了维果茨基的影响。

信息加工建构主义：代表人物是斯皮洛。

（二）建构主义学习理论的基本观点

1. 建构主义的知识观

建构主义的知识观包括：知识不是对现实纯粹客观的反应；强调知识的动态性；要把儿童现有的知识经验作为新知识的生长点，引导儿童从原有的知识经验中生长出新的知识经验；知识并不能准确无误的概括世界的法则；知识不能以实体的形式存在于客体之外。

2. 建构主义的学习观

（1）学习的主动建构性

建构主义认为，学习不是知识由教师向学生的传递，而是学生建构自己的知识的过程。

（2）学习的社会互动性

学习者是通过对某种社会文化的参与而内化相关的知识和技能、掌握有关的工具的过程，这一过程常常需要一个学习共同体的合作互动来完成。

（3）学习的情境性

建构主义者提出了情境性的认知观点。知识存在于具体的、情境性的、可感知的活动之中，不是一套独立于情景的知识符号，只有通过实际应用活动才能真正被人理解。

3. 建构主义学生观

建构主义强调学生经验世界的丰富性；强调学生的巨大潜能；认为学生并不是空着脑袋进入学习情景中的；强调学习者本身已有的经验结构。

4. 建构主义的学习环境

建构主义认为，学习者的知识是在一定情境下，借助于他人的帮助，如人与人之间的协作、交流，利用必要的信息等，通过意义的建构而获得的。理想的学习环境应当包括情境、协作、交流和意义建构四个部分。

（三）建构主义教学理论对当前教育实践的启示

教学活动必须建立在学生已有知识经验的基础上，学生学习的过程是在教师的指导下自我建构、自我生成的过程。这也是新课程改革的基本理念。

四、人本主义学习理论

人本主义学习理论是 20 世纪 60 年代在美国兴起的一个心理学流派。

该学习理论从全人教育的视角阐释了学习者整个人的成长历程；启发学习者的经验和创造潜能，引导其结合认知与经验，肯定自我，进而自我实现；教学目标中注重情感与认知的统一；教学过程中强调学生的中心地位；教学内容要针对学生的生活需求。人本主义学习理论的主要代表人物是马斯洛和罗杰斯。

（一）马斯洛的学习理论

美国心理学家马斯洛被公认为人本主义心理学的领导人物之一，他以人性论、潜能论和动机论为理论基础，创建了理论化、系统化的自我实现心理学。

1. 自我实现的人格观

人本主义心理学家认为人的成长源于个体自我实现的需要，自我实现的需要是人格形成发展、扩充成熟的驱力。所谓自我实现的需要，马斯洛认为就是"人对于自我发挥和完善的欲望，也就是一种使他的潜力得以实现的倾向"。

2. 内在学习论

马斯洛认为，理想的学校应反对外在学习，倡导内在学习。所谓内在学习就是依靠学生内在驱动，充分开发学习潜能，使学生达到自我实现的学习。这是一种自觉的、主动的、创造性的学习模式。这种内在教育的模式会促使学生自发的学习，打破各种束缚人发展的清规戒律，自由地学他想学的任何课程，充分发挥其想象力和创造力。

（二）罗杰斯的学习理论

1. 知情统一的教学目标观

罗杰斯的教育理想就是要培养既用认知的方式也用情感的方式行事的知情合一的人。这种知情融为一体的人，他称之为"完人"或"功能完善者"。罗杰斯主张在学习过程中，做到以学生为中心，强调学生在学习中的情感体验；主张在学习的过程中，积极主动地去学习，培养功能完善者。

2. 有意义的自由学习观

人本主义者倡导有意义的自由学习观，有意义学习关注学习内容与个人之间的关系。它不仅是理解记忆的学习，而且是学习者所作出的一种自主、自觉的学习。学习者能够在相当大的范围内自行选择学习材料，自己安排适合于自己的学习情境。

2. 学生中心的教学观

罗杰斯主张用"学习的促进者"代替"教师"这个称谓。教师的任务是为学生提供学习的手段和条件，促进个体自由地成长。学生中心模式又称为非指导模式，教师的角色是"助产士"或"催化剂"。学生中心的教学观主张非指导性教学原则，将良好的人际关系作为课程实施的重要影响因素，提出教学过程以解决学生的情感问题为目标的教学理论。

第三章

学习迁移、记忆和遗忘

第一节　学习迁移

一、学习迁移的含义

学习迁移也称训练迁移，是指一种学习对另一种学习的影响，或习得的经验对完成其他活动的影响。我们常说的举一反三、触类旁通、闻一知十就是典型的学习迁移形式。

二、学习迁移的种类

（一）正迁移与负迁移

根据迁移的性质和结果的不同，学习迁移分为正迁移（助长性迁移）、负迁移（抑制性迁移）、零迁移。

正迁移是指一种学习对另一种学习起到积极的促进作用。正迁移分为横向迁移和纵向迁移。负迁移是指两种学习之间的相互干扰、阻碍。介于正、负迁移之间的一种迁移状态可称为零迁移。

（二）水平迁移与垂直迁移

根据迁移的概括和抽象水平的不同，学习迁移分为水平迁移和垂直迁移。

水平迁移也称为横向迁移，指同一概念水平间的知识的相互影响，如直角、钝角、锐角间的影响；直线相交、直线平行、直线重合的知识处于同一概括水平，它们之间的相互影响。

垂直迁移也称为纵向迁移，指不同概念间的知识的相互影响，如数学中的角影响到了直角的学习。垂直迁移表现在两个方面：一是自下而上的迁移，二是自上而下的迁移。

（三）一般迁移与具体迁移

根据迁移内容的不同，学习迁移可分为一般迁移和具体迁移。

一般迁移又称为普遍迁移或者非特殊迁移，指一种理论学习中的一般原理迁移到了另一种学习中，如学习数学知识对物理知识的影响。

具体迁移又称为特殊迁移，指的是一种学习中的具体的特殊经验迁移到了另一种学习中，如学会了写"石"则会写"磊"、学会了写"林"则会写"森"、学会了 EYE 和 BALL 则知道 EYEBALL。

（四）同化性迁移、顺应性迁移与重组性迁移

根据迁移的心理机制的不同，学习迁移可分为同化性迁移、顺应性迁移与重组性迁移。

同化性迁移：本质不变，如闻一知十，触类旁通。

顺应性迁移：本质变化，如意识到本身知识的错误，接受了新的、正确的知识。

重组性迁移：认知中的知识再次组合，关系变化。

（五）顺向迁移与逆向迁移

据迁移的方向的不同，学习迁移可分为顺向迁移与逆向迁移。

顺向迁移：先学的知识对后学的知识形成影响。

逆向迁移：后学的知识对先学的知识造成影响。

（六）自迁移、近迁移与远迁移

根据迁移的程度的不同，学习迁移可分为自迁移、近迁移与远迁移。如果个体所学习的经验影响着相同情境中的任务操作，则属于自迁移。近迁移即把所学的经验迁移到与原初的学习情境比较相近的情境中。个体能将所学的经验迁移到与原初学习情境极不相似的其他情境中时，即产生了远迁移。

（七）低路迁移和高路迁移

根据迁移的路径的不同，学习迁移可分为低路迁移和高路迁移。

低路迁移是指以一种自发的或自动的方式所形成的技能迁移。这种迁移是通过在各种情境中的练习获得的，其发生几乎是不留意的，不需要或很少需要意识、思维的参与。

高路迁移是指有意识地将某种情境中学到的抽象知识应用于另一种情境中的迁移。当学生在一种学习情境抽取出了一种规则、原理、范例、图式等，然后运用于新的情境。

三、影响学习迁移的主要因素

（1）学习材料之间以及学习情境的相似性。学习情境越相似，学习迁移就越容易。

（2）原有认知结构。原有认知结构的特征直接决定了迁移的可能性及迁移的程度。

（3）学习的心向与定势。定势对迁移的影响表现为两种：促进和阻碍（此观点由邓克尔提出）。陆钦斯量杯实验证明了定势对迁移既有积极作用又有消极作用。

（4）教师的指导。教师有意识的指导有利于积极迁移的发生。

（5）学习情境的相似性。简单地说，学习的情境如学习时的场所、环境的布置、教学或测验的人员等越相似，学生就越能利用有关的线索，提高学习或问题解决中迁移的出现。

（6）学习策略的水平。学习策略对迁移的影响主要表现在认知策略与元认知策略对迁移的影响上。

（7）迁移的媒体。有时，两个学习情境并不能直接发生联系或产生迁移，需要借助一定的媒体才能使两种学习间产生迁移。此时，能否选择能引起正迁移的媒体会对迁移的发生和性质产生影响。除此之外，还有次要因素，如智力与能力等。

四、迁移的理论

（一）早期迁移理论

1. 形式训练说

这是一种早期的学习迁移理论，代表人物是沃尔夫。该理论以官能心理学为基础，主张迁移来自于训练强化，认为迁移是无条件的，是自动发生的；认为"心智"是由诸如推理力、记忆力、判断力、意志力和注意力等此类的官能构成的，通过某些特定学科的学习，可以训练或增强这些官能。

2. 共同要素说

该理论的代表人物是桑代克和伍德沃斯。这是桑代克于20世纪初提出的一种学习迁移说。该理论主张相同的要素促进了迁移；认为学习活动中含有共同成分，无论学习者是否意识到这种成分的共同性，都会产生迁移现象。

3. 概括化迁移理论

概括化迁移理论又称为概括说、经验类化理论或泛化说，代表人物是贾德。桑代克的相同要素理论遭到了贾德的抨击。贾德主张迁移的关键是概括化的原理和经验，认为只要对自己的经验进行了概括，就可以完成从一个情景到另一个情景的迁移。

4. 关系转换理论

格式塔心理学家苛勒通过小鸡觅食实验认为，学习迁移实际上是一个转化或者说关系转化的问题。在他们看来，一种情境中手段目的的整体关系，是迁移的基础。换言之，产生迁移的原因，并不是两种情境之间存在着作为零碎成分的相同要素，而是由于两者之间存在着相同的关系或完形。

（二）现代迁移理论

1. 产生式迁移理论

安德森提出迁移来于知识和技能之间的重叠，重叠多，迁移就多，也可以理解为前后两项学习任务产生迁移的原因是两项任务之间产生式的重叠，重叠越多，迁移量越大。两项任务之间的迁移，是随其共有的产生式的多少而变化的。

2. 认知结构理论

奥苏泊尔认为一切有意义的学习都是在原有认知结构的基础上产生的，不受原有认知结构影响的有意义学习是不存在的；指出了三个影响迁移的主要认知结构变量，即认知结构的可利用性、可辨别性、稳定性、清晰性、概括性、包容性、连贯性。

3. 迁移的情景性理论

格林诺提出学习迁移要取决于最初的学习情景，也取决于后来的迁移情景。他认为迁移问题主要是说明在一种情境中参与某种活动的学习，将如何影响在不同情境中参与另一种活动的能力。

第二节　记忆

一、记忆的含义

记忆是人脑对经历过的事物的反映，是个体对其经验的识记、保持、再认或重现。运用信息加工的术语讲，记忆就是指人脑对外界输入的信息进行编码、存储和提取的过程。

二、记忆的分类

（一）根据信息的编码、存储和提取的方式以及信息存储的时间长短

根据信息的编码、存储和提取的方式不同以及信息存储的时间长短的不同，记忆可分为瞬时记忆、短时记忆和长时记忆。

1. 瞬时记忆

瞬时记忆又称为感觉记忆，指当客观的刺激停止后，感觉信息会在一个极短的时间内保存下来。瞬时记忆往往保持在几秒之内，大约是 0.25～2 秒；瞬时记忆容量较大、形象鲜明、信息原始；瞬时记忆的编码方式是声像和图像，具有形象性；瞬时记忆进入短时记忆需要注意加入。

2. 短时记忆

短时记忆的时间通常不超过一分钟。米勒认为短时记忆的容量可以用"组块"来计算，其容量有限，由 7±2 个组块组成；短时记忆意识清晰、操作性强、容易受到干扰；其编码方式是听觉和视觉，主要是听觉编码，如声音；短时记忆的基本形式是工作记忆和直接记忆；短时记忆进入长时记忆需要复述加入。

3. 长时记忆

长时记忆指信息经过充分的加工，在头脑中长期保持的记忆。图尔文将长时记忆分为情景记忆和语义记忆。长时记忆的特点有记忆范围无限、记忆的保持时间长。长时记忆的编码方式有两种形式：语义编码和表象编码。长时记忆中的信息是以意义编码为主。

（二）根据记忆的发展水平的不同，记忆可分为动作记忆、形象记忆、情绪记忆、逻辑记忆

动作记忆如记住飘动的红旗；形象记忆如记住朋友的脸；情绪记忆如记住收到大学通知那一刻和失恋那一天的心情；逻辑记忆如记住 1+1＝2。

（三）根据记忆的内容的不同，记忆可以分为形象记忆、情境记忆、情绪记忆、语义记忆、动作记忆

形象记忆：对感知过的事物形象的记忆。情境记忆：对亲身经历过的，有时间、地点、人物和情节的事件的记忆。情绪记忆：对自己体验过的情绪和情感的记忆。语义记忆：也叫词语—逻辑记忆，是用词语概括的各种有组织的知识的记忆。动作记忆：对身体的运动状态和动作机能的记忆。

三、记忆的三种储存模式

（一）识记

识记是记忆的开端，指的是信息的编码。

识记根据有无明确目标分为无意识记（不随意识记）和有意识记（随意识记），根据材料有无意义分为机械识记和意义识记。

（二）保持和遗忘

保持是再认和再现的保证，在保持过程中数量会减少，但质量提高。遗忘是对材料不能再现或者再认，或者是错误地再现或者再认，遗忘分为暂时遗忘和永久性遗忘。

（三）再认和再现

再认就是指经历过的事物重新出现时能识别它是过去经历过的事物的现象。例如，之前背过的知识在选择题时能选出来，我们能一眼认出久别重逢的挚友等。

回忆也叫再现，就是指经历过的事物不在面前时，也能够在头脑中浮现的现象。例如，阔别多年的亲人，只要有人提及他们，我们就会想到他们的音容笑貌。

四、记忆的四大品质

记忆的敏捷性是指一个人在识记事物时的速度方面的特征。能够在较短的时间内记住较多的东西，就是记忆敏捷性良好的表现。

记忆的持久性是指记忆内容在记忆系统中保持时间长短方面的特征。能够把知识经验长时间地保留在头脑中，甚至终身不忘，这就是记忆持久性良好的表现。

记忆的准确性是指对记忆内容的识记、保持和提取时是否精确的特征。它是指记忆提取的内容与事物的本来面目相一致的程度。

记忆的准备性是指对保持内容在提取应用时所反映出来的特征。记忆的目的是在实际需要时，能迅速、灵活地提取信息，回忆所需的内容加以应用。

第三节　遗忘

一、遗忘的含义

记忆的内容不能再认和回忆，或者再认和回忆时发生错误，就是遗忘。遗忘有不完全遗忘和完全遗忘，暂时性遗忘和永久性遗忘。不完全遗忘能再认不能回忆，而完全遗忘不能再认也不能回忆；暂时性遗忘指一时不能再认或重现，永久性遗忘指永久不能再认或回忆等。

二、遗忘的主要规律

德国心理学家艾宾浩斯最早对遗忘进程进行了系统的研究，提出了经典的艾宾浩斯遗忘曲线。

艾宾浩斯遗忘曲线揭示了遗忘在数量上受时间因素制约的规律：遗忘量随时间递

增；遗忘的速度是先快后慢，先多后少，呈负加速型。

二、遗忘产生的原因

对于遗忘产生的原因，历来有各种不同的看法，归纳起来有下述四种。

（一）痕迹衰退说

痕迹衰退说是一种对遗忘原因的最古老的解释。它最早由亚里士多德提出，由桑代克进一步发展。这种理论认为遗忘是由记忆痕迹衰退引起的，消退随时间的推移自动发生。从这个角度来说，为避免遗忘就应该多加练习。

（二）干扰说

干扰说认为，遗忘是在学习和回忆之间受到其他刺激干扰的结果。干扰主要有两种情况，即前摄抑制和倒摄抑制。所谓前摄抑制，是指前面学习的材料对识记和回忆后面学习材料的干扰；倒摄抑制，是指后面学习的材料对保持或回忆前面学习材料的干扰。

（三）同化说

奥苏伯尔根据他的有意义接受学习理论提出，遗忘就其实质来说，是知识的组织与认知结构简化的过程。他认为知识的遗忘是由知识的同化造成的。

（四）动机说（压抑说）

这一理论最早由弗洛伊德提出。他主张遗忘是被压抑的结果，认为人会故意遗忘一些不开心的事或者在紧张情况下造成遗忘，如刻意不去想失恋的日子，刻意不去想摒弃你的女朋友和考试中知识的暂时遗忘。

三、克服遗忘的策略

（一）深度加工材料

所谓深度加工，是指通过对要学习的新材料增加相关的信息来达到对新材料的理解和记忆的方法，如对材料补充细节、举出例子、做出推论，或使之与其他观念形成联想。

（二）有效运用记忆术

有效的记忆术主要包括：联想法、形象法、口诀法、故事法、口诀法等。

联想法。通过建立事物间的联系而记忆。如：在换插头时你总也记不住蓝线与棕线中哪根是带电的，那么你不妨这样来记"如果你抓了那根带电的线，你的手最终也会变成棕色。"建立了这样的联系，相信你应该不会忘记棕线是带电的。

形象法。对比较抽象的东西赋予一定形象而进行记忆。例如，记单词 avarice（贪婪），可把它分成 ava 跟 rice 的形式。前面部分 ava 类似于人的两只眼睛和一个鼻子，后面则是"米饭"的意思。一个人用两眼盯着米饭就表示贪婪。在这里，既有联想法，又有形象法，使人印象深刻。

口诀法。将要记忆的东西编成口诀来记。例如，周总理曾把全国 31 个省、直辖市、自治区编成一首口诀："两湖两广两河山，五江云贵福吉安，四西二宁青甘陕，还有内台北上天。"非常方便记忆。

谐音法。利用谐音把毫无意义的材料变为意义生动的材料，帮助记忆。例如，记马克思的生日：1818年5月5日，可以这样记，"一巴掌–巴掌打得坏蛋呜呜直哭。"

故事法。把一些本不相关的内容审成故事，从而形象化地记忆。例如：茅盾在《子夜》来到《林家铺子》去喂养他的《春蚕》，却发现《春蚕》蛀《蚀》了白杨树，忙写了篇《白杨礼赞》来赞扬白杨树。

（三）进行组块化编码

所谓组块，是指在信息编码过程中，利用储存在长时记忆系统中的知识经验，对进入到短时记忆系统中的信息加以组织，使之成为人所熟悉的、有意义的、较大单位的过程。常用的组织加工方式是类别群集：将一系列项目按照一定的类别来记忆。

（四）适当过度学习

所谓过度学习，是指在学习达到刚好成诵以后的附加学习。当然，过度学习并不意味着复习次数越多越好。学习的熟练程度达到150%时，记忆效果最好。

（五）合理进行复习

1. 及时复习

艾宾浩斯曲线提醒我们要及时复习。复习应注意：首先，要有计划；其次，控制复习的量。第1次复习安排在1天之内，第2次复习安排在1周之内，第3次复习安排在半个月之内，第4次复习安排在1月之内。

2. 分散复习

分散复习是相对于集中复习而言的。集中复习就是指集中一段时间一次性重复学习许多次，分散复习就是指每隔一段时间重复学习一次或几次。对于大多数学习而言，分散复习的效果优于集中复习。

3. 反复阅读结合尝试背诵

研究表明，反复阅读结合尝试背诵的效果优于单纯的重复阅读。

4. 多种感官参与学习活动

运用眼、耳、嘴、手、脑进行看、听、说、写、记，这样多种感官协同复习，可以提高知识的再现率。

第四章

学习策略与不同类型的学习

第一节　学习策略

一、学习策略的概述

（一）学习策略含义

学习策略是指学习者为了提高效率和学习质量，有目的、有意识地制定的有关学习过程的复杂方案，是规则、方法、技巧及其他调控方式的综合。学习方法是学习策略的知识和技能基础，是学习策略的一个重要组成部分。

（二）学习策略的特点

1. 操作性与监控性的有机统一

学习策略的操作性体现在学生认知过程的各个阶段，它能够为有效认知提供各种方法和技能。监控性则体现在内隐的认知操作之中。操作性和监控性是学习策略的基本特性。

2. 外显性和内隐性的有机统一

外显性表现在我们可以直接观察到学生外部学习的操作，内隐性表现在学习策略对学习的调控是在头脑中借助内部语言进行的内部意向活动。

3. 主动性和迁移性的有机统一

主动性是指学习策略是学习者对学习活动的能动把握；迁移性是指人们从某种学习情境中获得的学习策略，能够有效地迁移到类似的或不同的学习情境中去。

二、学习策略的分类

学习策略可分为认知策略、元认知策略和资源管理策略。

（一）认知策略

认知策略是学习者信息加工的方法和技术。基本功能有两个：一是对信息进行有效的加工与整理；二是对信息进行分门别类的系统储存。

1. 复述策略

复述策略是指在工作记忆中为了保持信息而对信息进行重复的过程，是短时记忆的信息进入长时记忆的关键。复述策略包括排除相互干扰，利用无意识记和有意识记，整体识记和分段识记，多种感官参与，采用多种形式复习和画线。

2. 精加工策略

精加工策略是指把新信息与头脑中的旧信息联系起来，从而增加新信息意义的深层加工策略。精加工策略包括做笔记、提问策略、记忆术、生成性学习和运用背景知识，联系客观实际。其中记忆术又分为位置记忆法、缩简和编歌诀法、谐音联想法、关键词法、视觉想象法和语义联想法。位置记忆法最早被古希腊演讲家使用，是通过与你熟悉的某种地点顺序相联系来记忆一些名称或者客体顺序的方法，对记忆有顺序的系列项目特别有用。视觉想象法指通过想象将头脑中的旧知识联系在一起，赋予新材料以更多的意义。语义联想法对于意义性较强的学习材料可以通过新旧之间的连接，用头脑中已有的图式使新信息内化。

3. 组织策略

组织策略是整合所学新知识之间、新旧知识之间的内在联系，形成新的知识结构。组织策略对认知结构的改变主要体现在对知识的简化、系统化和概括化上。常用的组织策略包括列提纲、利用图形和利用表格。列提纲的方法有以下两种：让学生每读完一段后用一句话作概括；让学生准备一个提要来帮助别人学习材料。利用图形比如系统结构图、流程图、模式或模型图和网络关系图。利用表格分为一览表和双向表。

（二）元认知策略

学习的元认知策略，是指学生对自己整个学习过程的有效监视及控制的策略。其大致分为三种：

1. 计划策略

元认知计划策略是指根据认知活动的特定目标，在认知活动开始之前计划完成任务所涉及的各种活动、预计结果、选择策略，设想解决问题的方法，并预估其有效性。元认知计划策略包括设置学习目标、浏览阅读材料、产生待回答的问题以及分析如何完成学习任务。

2. 监视策略

元认知监视策略是在认知活动进行的实际过程中，根据认知目标及时评价、反馈认知活动的结果与不足，正确估计自己达到认知目标的程度、水平；并且根据有效性标准评价各种认知行动、策略的效果。元认知监控策略包括阅读时对注意加以跟踪、对材料进行自我提问、考试时监视自己的速度和时间。

3. 调节策略

元认知调节策略是指根据对认知策略的效果的检查，及时修正、调整认知策略，如发现问题，则采取相应的补救措施。调节策略能帮助学生矫正他们的学习行为，使他们补救理解上的不足。

（三）资源管理策略

学习时间管理：通过一定的方法合理安排时间，有效利用学习资源。学习时间管理包括统筹安排学习时间，高效利用最佳时间和灵活利用零碎时间。

学习环境管理：注意自然条件和设计好学习的空间。

学习努力管理：进行自我激励，包括激发内在的动机、树立学习信心等。

学习工具的利用：善于利用参考资料、工具书、电脑与网络等。

社会资源的利用：善于利用老师的帮助以及通过同学间的合作与讨论来加深对内容的理解。

三、学习策略的培养

（一）学习策略培养的原则

主体性原则：是指任何学习策略的使用都依赖于学生主动性和能动性的充分发挥。

内化性原则：是指训练学生不断实践各种学习策略，逐步将其内化成学习能力，并能在新的情境中灵活应用。

特定性原则：是指学习策略一定要适应学习目标和学习的类型。

生成性原则：是指学生要利用学习策略对学习材料进行重新加工，生成某种新的东西。

有效的监控：是指学生应当知道何时、如何应用他们的学习策略并能反思并描述自己对学习策略的运用过程。

（二）学习策略培养的方法

1. 指导教学模式

指导教学模式与传统的讲授法十分类似，由激发、讲演、练习、反馈和迁移等环节构成。

2. 程序化训练模式

所谓程序化训练就是将活动的基本技能，如解题技能、阅读技能、记忆技能等，分解成若干有条理的小步骤，在其适宜的范围内，作为固定程序，要求活动主体按此进行活动，并经过反复练习使之达到自动化程度。

3. 完形训练模式

完形训练就是在直接讲解策略之后，提供不同程度的完整性材料促使学生练习策略的某一个成分或步骤，然后逐步降低完整性程度，由学生自己完成所有成分或步骤。

4. 交互式教学模式

这主要是帮助差生学习，包括总结、提问、质疑和预测四个环节。

5. 合作学习模式

这是当今教育改革的基本理念，由斯拉文提出。

第二节 知识

一、知识的概述

（一）知识的含义

知识就是指个体通过与环境相互作用后获得的信息。其实质是人脑对客观事物的特征与联系的反映，是客观事物的主观表征，是通过主客体的相互作用产生的。

（二）知识的表征

知识表征是指信息在人脑中的储存和呈现方式，它是个体知识学习的关键。人们在学习过程中，都是根据自己对知识的不同表征而选择相应的学习方法和应用方法。知识表征的形式包括概念、命题、表象、图式。

（三）知识的分类

1. 感性知识和理性知识

根据反映活动的深度不同，知识分为感性知识和理性知识。感性知识指的是从个人的角度出发，强调个人的这种感受和体会，更多的是指向个人的，可以理解为从"我"出发。理性知识则是从客观现实出发，强调的是现实状况，没有个人观点的表达，更多的是事实性的描述，比如今天的气温是30℃，这个就属于是理性内容，也就是客观现实。

2. 具体知识和抽象知识

根据抽象程度不同，知识分为具体知识和抽象知识。

3. 陈述性知识、程序性知识和策略性知识

根据知识的表征方式不同，知识可分为陈述性知识、程序性知识和策略性知识。

陈述性知识：关于世界"是什么"的知识。其主要有三种：关于事物名称或符号的知识；简单的命题知识或事实知识；有意义的命题的组合知识，即经过组织的前述两种知识。

程序性知识：关于"怎么办"的知识。程序性知识涉及的对象是客观事物。

策略性知识：关于"如何学习"的知识。策略性知识处理的是学习者自身的认知活动。

知识基于类型有这三种区分，教师在教学过程中所采取的教学组织也应有相应不同。

4. 具体的知识、处理事务的知识和科学领域中的原理

布卢姆在认知领域教育目标中将知识分成具体的知识、处理事务的知识和科学领域中的原理。

5. 显性知识和隐性知识

根据能否系统的表达，我们可将知识分为显性知识和隐性知识（缄默性知识）。缄默性知识相对应的学习是体验学习。

二、奥苏泊尔的知识学习类型分类

（一）符号学习、概念学习和命题学习

根据知识本身的存在形式和复杂程度，我们可以将知识学习分为符号学习、概念学习和命题学习。

1. 符号学习

符号学习又称为表征学习，是指学习单个符号或者一组符号的意义。其主要有三类：词汇学习如汉字和英语单词、非语言学习如图像和图表、事实性学习比如历史事件和历史人物。

2. 概念学习

概念学习是指掌握同类事物的共同关键特征和本质属性。概念学习以表征学习为前提，又为命题学习奠定了基础，是有意义学习的核心。

3. 命题学习

命题学习指若干概念之间关系的学习。命题是知识的最小单元。命题学习是指学习由若干概念组成的句子的复合意义，即学习若干概念之间的关系。命题学习必须以符号学习和概念学习为基础，这是一种更加复杂的学习。

（二）上位学习、下位学习、并列结合学习

根据知识间的相互关系，知识学习可分为上位（总括学习）、下位（类属学习）、并列结合学习（组合学习）。

三、知识学习的一般心理过程

（一）知识的获得

知识的获得是知识学习的第一个阶段。

1. 知识直观

（1）知识直观的类型

实物直观：是在感官实际事物的基础上提供感性材料的直观教学方式，比如演示实验、观察标本、到工厂参观。

模像直观：指观察与教材相关的模型，形成感知表象，比如看幻灯片，电影和电视等。它可以人为地排除一些无关因素，突出本质要素，扩大直观的范围。一般而言，在知识学习的初级阶段，模像直观的教学效果要优于实物直观。

言语直观：适用范围最广，通常不受时间和空间的限制。

（2）提高知识直观效率的方法

提高知识直观效率的方法包括：灵活选用模像直观和实物直观；加强与形象的配合；运用感知规律；培养学生的观察能力；让学生参与直观过程。

2. 知识概括

概括是主体通过对感性材料的分析、综合、比较、抽象等深度加工改造，从而获得对一类事物的本质特征与内在联系的抽象的、一般的、理性的认识活动过程。

知识概括的类型分为感性概括和理性概括。有效进行知识概括的方法有：

（1）配合使用正例和反例。

正例又称为肯定例证，包含着概念或规则本质特征和内在联系的例证；反例又称为否定例证，指不包括或者指包括一小部分概念或者规则的主要属性和关键特征的例证。

（2）正确使用变式。

变式就是变化使用不同形式的直观材料或事例说明事物的属性，使本质特征属性保持不变而非本质属性或有或无，以便突出事物的本质属性，如教师讲三角形，举出了直角、锐角和钝角三角形。

（3）科学地进行比较。

比较主要有两种方式：同类比较和异类比较。同类比较即关于同类事物之间的比较。通过同类比较，便于区分对象的一般与特殊、本质与非本质，从而找出一类事物所共有的本质特征。

异类比较即不同类但相似、相近、相关的事物之间的比较通过异类比较，不仅能使相比客体的本质更清楚，而且有利于确切了解彼此间的联系与区别，防止知识间的混淆与割裂，有助于知识的系统化。

（4）启发学生进行自觉概括。

教师启发学生进行自觉概括的最常用方法是鼓励学生主动参与问题的讨论。

（二）知识的理解

知识理解就是指学生运用已有经验、知识去认识实物的种种联系、关系，直至认识其本质规律的逐步深入思维活动。

（三）知识的保持

知识的保持是指遵循记忆规律，运用记忆术来促进知识的保持。

（四）知识的提取应用

学生应用知识的一般过程包括审题、联想相关知识的重现、找到解题方法、解题和验证。其包括的三个基本环节是：审题、联想和解题。

影响知识应用的主要因素：知识的理解和巩固程度、课题的性质、智力活动方式和解题时的心理状态。

第三节　技能

一、技能的概念

技能不属于人的本能，技能的形成是一个长期过程。技能是个体运用已有知识经验，通过练习而形成的合乎法则的能顺利完成某种任务的一种动作方式或智力活动方式。

二、技能的基本特点

技能是通过学习或练习而形成的，不同于本能行为；技能是一种活动方式，不属于认知经验的知识；技能是符合法则的活动方式，不是一般的习惯动作，随意运动。

三、影响技能形成的因素

影响技能形成的因素包括：技能的性质与活动模式；能否有效地应用技能去解决问题，这与个体的知识结构有关；教学方法、教师示范和说明的状况；与实践结合的程度；强化的状况；起点行为，即学习者学习技能开始前的准备状况；学习技能的动机；等等。

四、技能的种类

根据技能的性质和特点，我们可将技能分为两种类型：动作技能和心智技能。

（一）动作技能

1. 动作技能的含义

动作技能也叫操作技能、运动技能，是通过学习而形成的合乎法则的操作活动方式。它是通过大脑皮层的运动后由我们的肌肉、肌腱以及关节运动而形成的。

2. 动作技能的特点

首先，就动作的对象而言，动作技能的活动对象是物质性客体或肌肉，具有客观性。

其次，就动作的进行而言，动作技能的进行是通过肌体运动实现的，具有外显性。

最后，就动作的结构而言，动作技能的每个动作必须切实执行，不能合并、省略，在结构上具有展开性。

3. 动作技能的分类

动作技能本身又可以从不同的角度进行如下分类：

（1）根据动作的精细程度与肌肉运动强度的不同，动作技能可以分为细微型动作技能与粗放型动作技能。

（2）根据动作的连贯与否，动作技能可以分为连续型动作技能与断续型动作技能。

（3）根据动作对环境的依赖程度不同，动作技能可以分为闭合性动作技能与开放性动作技能。

（4）根据动作对象的不同，动作技能可以分为徒手型动作技能与器械型动作技能等。

4. 操作技能的形成阶段

冯忠良提出的操作技能的形成阶段：操作定向—操作模仿—操作整合—操作熟练。

操作定向（认知阶段）就是了解操作活动的结构与要求，在头脑中建立起操作活动的定向映像的过程。

操作模仿是掌握操作技能的开端，是需要以认知为基础，具有稳定性、准确性和灵活性差的特点。

操作整合（联系形成阶段）是把构成整体的各部分要素，依据其内在的联系联结成为一个整体，形成操作活动的序列，这个阶段动觉开始占主导。

操作熟练（自动化阶段）是操作技能掌握的高级阶段，动觉完全占主导。

动作技能熟练程度的标志有：活动结构的改变；活动速度加快，品质变优；活动调节上视觉控制减弱，动觉控制增强；意识减弱。

操作技能形成的标志是：达到熟练操作。操作评定主要是对学生操作和技能类的评定，主要考察学生的实际运用能力和动手能力，旨在测评学生解决问题的能力。

5. 操作技能的培训要求

操作技能的培训要求有：准确的示范和讲解；必要而适当的练习（练习是形成各种技能所不可缺少的关键因素）；充分而有效的反馈（这是提高练习效率的最重要因素）；建立稳定而清晰的动觉。

练习曲线基本内容包括：开始进步快；中间有一个明显的、暂时的停顿期，即高原期；后期进步较慢；总趋势是进步的，但是有时会出现暂时的倒退现象。

学生在练习中有时也会出现某一时期练习成绩不随练习次数提高的停滞现象。人们通常把学生在学习过程中出现一段时间的学习成绩和学习效率停滞不前，甚至学过的知识感觉模糊的现象，称为"高原现象"。

反馈主要分为内部反馈和外部反馈，内部反馈如自己知识的反思，外部反馈如教师的指导等。影响反馈效果的因素有反馈的内容、反馈的方式和反馈的频率。

（二）心智技能

1. 心智技能的含义

心智技能也称智力技能、认知技能，是一种调节、控制心智活动的经验，是通过学习而形成的合乎法则的心智活动方式。阅读技能、运算技能和记忆技能等都是常见的心智技能。

2. 心智技能的特点

心智技能与动作技能相比，具有以下三个特点：对象具有观念性、执行具有内潜性、结构具有简缩性。

3. 心智技能阶段论：原型定向—原型操作—原型内化

（1）安德森心智技能三阶段论

美国认知心理学家安德森认为，心智技能的形成需经过三个阶段，即认知阶段、联结阶段和自动化阶段。

在认知阶段，学习者要了解问题的结构，即起始状态、要达到的目标状态、从起始状态到目标状态所需要的步骤。对于复杂的问题，学习者要了解问题的各个子目标及其达到子目标所需要的算子。

在联结阶段，学习者应用具体的方法来解决问题，主要表现在把某一领域的描述性知识转化为程序性知识，这种转化即程序化的过程。

在自动化阶段，个体获得了大量的法则并能完善这些法则，操作某一技能所需的认知投入较小，且不易受到干扰。

（2）加里培林的心智技能五阶段形成理论

苏联教育心理学家加里培林将心智技能的形成划分为以下五个阶段：

①活动的定向阶段。

活动的定向阶段是智力活动的准备阶段。学生应了解活动的任务，形成对活动及其结果的表象，对活动进行定向；教师应向学生提供活动的样本，指出活动的操作程序以及关键点。

②物质活动或物质化活动阶段。

物质活动和物质化活动是直观中的两种基本形式。物质活动是运用实物的教学，而物质化活动则是物质活动的一种变形，是指利用实物的模象进行的活动。这个阶段实质上是借助实物或模象为支柱进行的心智活动的阶段。此阶段的关键有两点：一是展开，二是概括。展开即把智力活动分为若干小的单元；概括指形成关于智力活动的较为概括的表象。

③有声的言语活动阶段。

有声的言语活动阶段是指学生的学习活动已不直接依赖实物或模象而借助自己出声的外部言语形式来进行的阶段。在这一阶段，智力活动已经摆脱了实物或实物的替代物，而以外部言语为支持物。本阶段是外部的物质活动向智力活动转化的开始，是智力活动在形式上发生质变的重要阶段。

④无声的外部言语活动阶段。

无声的外部言语活动阶段是出声的言语活动向内部言语活动转化的开始，是不出声的外部言语活动。其特点在于智力活动的完成是以不出声的外部语言来进行的。

⑤内部言语活动阶段。

内部言语活动阶段是智力活动形成的最后阶段。在这一阶段中，智力活动的压缩和自动化，似乎不需要意识的参与。这一阶段的特点是简缩和自动化。

（3）冯忠良的心智技能发展的三阶段论

我国心理学家冯忠良将心智技能的发展分为三个阶段：原型定向、原型操作和原型内化。

①原型定向：就是了解原型的活动结构，从而使得主体明确活动的方向，知道该做哪些动作和怎样去完成这些动作，相当于加里培林的"活动定向阶段"。

②原型操作：是依据智力技能的实践模式，把学生在头脑中已建立起来的活动程序计划以外显的操作方式付诸实践，获得完备的动觉映像的过程，相对于加里培林的"物质或者物质化活动阶段"。

③原型内化：智力活动的实践模式向头脑的内部转化，由物质的、外显的、展开的转为观念的、内潜的、简缩的形式的过程，相当于加里培林的后三个阶段。

第四节　问题解决

一、问题解决的含义

所谓问题，是指个体不能用已有的知识经验直接加以处理并因此而感到困惑。问题解决是指从问题的初始状态到目标状态，采取的一系列有目标指向性的认知操作的过程。问题解决的最高表现形式是创造性。

二、问题解决的三个基本特点

1980年，美国心理学家安德森提出了关于问题解决的三个基本特点。

1. 目的指向性

问题解决具有明确的目的，问题解决的活动必须是指向目的的活动，它总是要达到某个特定的终极状态。

2. 操作序列性

问题解决必须包括心理活动过程的序列，而不是简单的心理操作。

3. 认知操作性

问题解决的活动必须有认知成分的参与，依赖于一系列的认知操作来进行，如发明创造属于问题解决。

三、问题的分类

1. 根据问题的组织程度来划分

根据问题的组织程度，问题可以分为结构良好的问题和结构不良问题。

结构良好的问题：初始状态、目标状态和操作都是具体明确的。

结构不良问题：并不是指这个问题本身有什么错误或是不恰当，而是指它没有明确的结构或解决途径。

2. 根据问题解决的不同来划分

根据问题解决的不同，问题可分为归纳结构问题、转换问题、排列问题。

归纳结构问题要求人们根据已知的条件，找出隐含在条件中的关系进而推导出问题的答案，如类推问题。

转换问题，即给出一个初始状态，问题解决者需要进行一系列的认知操作，达成一个个子目标，最终实现大目标，如牧师与野人过河问题。

排列问题要求问题解决者必须以一定的方式将呈现给他的信息重新排列，使其结果满足某一要求，如字谜游戏问题。

二、问题解决的历程

1. 发现问题

发现问题是问题解决的首要环节。能否发现问题，主要是依据个体活动的积极性和已有的知识经验。

2. 理解问题和表征问题

理解问题的深层特征是解决问题的关键。比如幼儿对事物的理解往往是表面的，不能理解事物的内部含义；所以，幼儿只会理解别人话语里的表面意义，而不能理解反话中的内部含义。

3. 提出问题解决假设

提出问题解决假设是问题解决的关键环节。问题解决主要有两种方法：启发式和算法式。提出假设的数量和质量取决于个体思维的灵活性和已有的知识经验。

算法式尽可能地将所有可能的解决问题的方法都例举出来并进行尝试，直到最终从根本上解决问题。这种方法需要花费大量时间，却是能够确保问题解决的有效途径。

启发式是基于一定的经验，根据现有问题的状态与目标状态之间的内在联系，采用较少搜索而找到解决问题途径的一种策略。

除此之外，还有以下方法：

手段—目的分析法就是将需要达到问题的目标状态分成若干个子目标，通过实现一系列的子目标而最终达到总目标。

爬山法是采用一定的方法逐步降低初始状态和目标状态的差距。爬山法与手段—目的分析法的主要不同是爬山法是为了达到目的不得不暂时扩大目标状态和初始状态之间的差距。

逆推法就是从问题的目标状态开始搜索直至找到初始状态的方法，比如数学的倒推运算。

酝量效应实际上是产生了顿悟，指个体长期思考一问题而突然明白。

4. 验证假设

验证假设包括直接检验和间接检验。

三、影响学生问题解决的主要因素

（1）问题的特征。个体解决有关问题时，常常受到问题的类型、呈现的方式等因素的影响。

（2）已有的知识经验。已有经验的质与量都影响着问题解决，与问题解决有关的经验越多，解决该问题的可能性也就越人。

（3）定势与功能固着。定势影响问题解决。功能固着也可以看做是一种定势，即从物体正常功能的角度来考虑问题的定势。当在某种情形下需要利用物体的某一潜在功能来解决问题时，功能固着可能起到阻碍的作用。

（4）原型启发与酝酿效应。原型启发是指从其他事物中看出了解决问题的途径和方法。原型是指对解决问题起启发作用的事物。酝酿效应：当一个人长期致力于某一问题解决而又百思不得其解的时候，如果他对这个问题的思考暂时停下来去做别的事情，几小时几天或几周之后，他可能会忽然想到解决的方法。

（5）情感与动机状态。一般来讲，积极的情绪有利于问题的解决，而消极的情绪会干扰问题的解决。动机是促使人解决问题的动力。没有解决问题的动机，就不可能有解决问题的行为，问题当然不可能解决。

（6）个性因素。个性因素对解决问题也有重要影响。实验表明：一个人是否善于解决问题，与他的灵活性、首创性和自信心等个性心理品质相关。此外，个体的智力水平、认知风格和世界观等也影响着问题解决的方向和结果。

第五节　态度和品德

一、态度的实质和结构

态度是通过学习而形成的影响个人行为选择的内部准备状态或反应倾向性。态度的结构主要包括认知成分、情感成分和行为成分。

二、品德的实质与结构

品德又称为道德品质，是个体依据一定的社会道德准则规范自己行动时所表现出来的稳定的心理倾向和特征。品德的结构主要包括道德认知、道德情感、道德意志和道德行为，简称为知、情、意、行。

1．道德认知

道德认知指个体对于行为规范及其意义的认识，是人的认识过程在道德上的表现；品德的核心是道德认知。当认识继续深入，达到坚信不疑的程度，并能指导自己的行动时，道德认知就形成了道德信念。

2．道德情感

道德情感是人的道德需要是否得到实现及其引起的一种内心体验，也就是人在心理上所产生的某种道德义务的爱憎、喜恶等情感体验。

3．道德意志

道德意志是个体自觉地调节道德行为，克服困难，以实现预定道德目标的心理过程。

4．道德行为

道德行为是道德形成的最终环节，是指个体在一定的道德意志支配下表现出来的对他人和社会的有道德意义的活动。道德行为是衡量道德品质的重要标志。

三、品德发展阶段论

品德发展阶段论包括皮亚杰的道德发展阶段论和柯尔伯格的道德发展阶段论。这两个理论已经在教育学基础部分，第七章德育部分做了详细阐述，请参看此部分内容。

四、品德教育的基本观点

（一）品德形成的一般过程

一般认为，品德的形成过程要经历依从、认同与内化三个阶段。

1．依从

依从包括从众和服从两种。从众是指人们对于某种行为要求的依据或必要性缺乏认识与体验，跟随他人行动的现象。服从是指在权威命令、社会舆论或群体气氛的压力下，放弃自己的意见而采取与大多数人一致的行为。

2．认同

认同是指在思想、情感、态度和行为上主动接受他人的影响，使自己的态度和行为与他人相接近。认同实质上是对榜样的模仿。

3．内化

内化是指在思想观点上与他人的思想观点一致，将自己所认同的思想和自己原有的观点、信念融为一体，构成一个完整的价值体系。

（二）影响品德学习的一般条件

影响品德学习的一般条件分为外部条件和内部条件。

1．外部条件

影响品德学习的外部条件有家庭教养方式、社会风气和同伴群体。

家庭教养方式：如民主、信任、容忍的家庭教养方式，小孩的态度和品德发展得好。

社会风气：比如老人跌倒，大人不敢扶，也会影响到孩子。

同伴群体：平时交往对象都是互帮互助，有正确价值观，那么个体也会受到正向的影响。

2．内部条件

影响品德学习的内部条件有认知失调、态度定势和道德认识水平。

认知失调指个人的观点和他人、社会观点不一致。认知失调是态度改变的先决条件。克服方式是改变自己的观点或者忽略他人的观点。

态度定势：过去经验影响对其他相似情境的态度。如家中对老人的尊重会影响对其他老人的态度。

道德认识水平：在已有的道德判断基础上提出更高的要求。

（三）良好态度和品德的培养

教师可以综合应用一些方法来帮助学生形成或改变态度和品德，常用而有效的方法有说服、榜样示范、群体约定、价值辨析、奖励与惩罚等。

1．说服

教师经常应用言语来说服学生改变态度，在说服的过程中，教师要向学生提供某些证据或信息，以支持或改变学生的态度。

2．榜样示范

榜样行为的示范有多种方式：既可以通过直接的行为表现来示范，也可以通过言语讲解来描述某种行为方式；既可以是身边的真人真事的现身说法的示范，也可以借助于各种传播媒介象征性地示范。

3．群体约定

群体成员共同讨论规定、原则。

4．价值辨析

一种观念要真正成为个人的道德价值观，须经历三个阶段：

（1）选择阶段：自由选择；从多种可选范围内选择；充分考虑各种选择的后果之后再进行选择。

（2）赞赏阶段：喜爱自己的选择并感到满意；愿意公开承认自己的选择。

（3）行动：按自己的选择行事；作为一种生活方式加以重复。

5．给予适当的奖励与惩罚

（1）奖励

①给予奖励时要选择、确定可以得到奖励的道德行为。

②选择恰当的奖励物。

③应该强调内部奖励。

（2）惩罚

当不良行为出现时，可以用两种惩罚方式：一是给予某种厌恶刺激，如批评、处分、舆论谴责等；二是取消某种喜爱刺激或剥夺某种权利，如不许参加某种娱乐性活动。

6．角色扮演

角色扮演是使个人暂时置身于他人的社会位置，并按照这一位置所要求的方式和态度行事，以增进个人对他人社会角色及自身原有角色的理解，从而更有效地履行自己的角色。

7．小组道德讨论

小组道德讨论即让学生在小组中就某个有关道德的典型事件进行讨论，以提高他们的道德判断水平。这是基于科尔伯格道德判断理论而设计的德育模式。

第五章

影响学习的心理因素

第一节　学习动机

一、学习动机的概念、功能及成分

1. 学习动机的概念

学习动机是引发和维持个体学习活动，并将学习活动引向一定学习目标的动力机制。学习动机的心理成分包括学习需要、学习自觉性、学习兴趣和学习态度。其中学习需要和学习自觉性是主要的心理成分。

2. 学习动机的功能

学习动机的功能有激发功能、定向功能和维持功能。

激发功能：唤起、引发学生的学习行为。

定向功能：使学生的学习行为在初始状态时指向一定的学习目标，并推动学生为达到这一目标而努力学习。

维持功能：在学习过程中，学生学习是认真还是马虎，是勤奋还是懒惰，是持之以恒还是半途而废，在很大程度上取决于学习动机的水平。

3. 学习动机成分

（1）动机的两个基本要素是诱因和内驱力。

诱因是指能够引起有机体的定向行为，并能满足某种需要的外部条件或者刺激物；相对于学习期待而言，诱因是动态的，学习期待是静态的。

内驱力也是一种需要，但它是动态的。从需要的作用来看，学习需要就是学习的内驱力，即学习驱力。

（2）学习动机的基本组成成分是学习需要和学习期待。

学习需要是个体在学习中感到某种欠缺而力求获得满足的心理状态，包括学习的兴趣、爱好和学习的信念。学习兴趣是学习动机中最活跃的部分。

学习期待是个体在学习过程中所要达到目标的主观倾向。

学习需要在学习动机结构中占主导地位；学习期待也是学习动机结构的必不可少的成分。

二、动机分类

1. 近景动机和远景动机

根据学习动机起作用时间的长短来划分，我们可以把学习动机分为近景动机和远景动机。近景动机是指与近期目标相联系的动机；远景动机是指与长远目标相联系的动机。如有的学生努力学习，其目标是期末考试获得好成绩；而有的学生努力学习，其目标是为今后从事教育事业打基础。前者为近景动机，后者为远景动机。

2. 内在动机和外在动机

根据动机的引发原因，我们可以将动机分为内在动机和外在动机。学生具有三种最基本的内在动机，即好奇内驱力、胜任内驱力和互惠内驱力。

3. 主导性动机和辅助性动机

根据动机在活动中所起的作用不同，我们可以将动机分为主导性动机与辅助性动机。

4. 生理性动机和社会性动机

根据动机的起源，我们可以将动机分为生理性动机和社会性动机。

5. 高尚的学习动机和低级的学习动机

按照学习动机的社会意义，我们可以将动机分为高尚的学习动机和低级的学习动机。

6. 认知内驱力、自我提高内驱力、附属内驱力

奥苏伯尔将动机分为认知内驱力、自我提高内驱力和附属内驱力。

认知内驱力是一种要求了解和理解周围事物的需要，要求掌握知识的需要，以及系统地阐述问题和解决问题的需要，是一种重要的和稳定的动机。

自我提高的内驱力是一种通过自身努力，胜任一定的工作，取得一定的成就，从而获得一定的社会地位的需要。

附属的内驱力是指个人为了保持长者们或权威们的赞许或认可，而表现出来的一种把学习或工作做好的需要。对于学生来说，附属的内驱力表现为，学生为了获得家长或教师的认可或赞许而努力学习，取得好成绩的需要。附属的内驱力与自我提高的内驱力有明显的不同。

三、学习动机理论

（一）强化动机理论

强化动机理论由联结主义心理学家提出（桑代克等人），分为正强化和负强化。教师可以采用强化原则，通过奖励或者惩罚的措施来维持学生的学习动机。在教育史上广为流行的程序教学和计算机辅导教学的心理基础，就是通过强化原则来维持学生的学习动机。

（二）成就动机理论

阿特金森提出，成就动机分为力求成功的动机和避免失败的动机。成就动机是个

体努力克服障碍，施展才能，力求又快又好地解决某一问题的愿望或趋势。力求成功者最有可能选择成功概率是 50% 的任务；避免失败者倾向于选择非常容易或者非常困难的任务。提高成就动机的途径和方法有：增加诱因价值；提高学生的成就需要；提高学生的期望水平。

（三）德韦克成就目标定向理论

20 世纪 80 年代初，美国心理学家德韦克等综合成就动机的研究成果，提出了较为完善的成就目标理论。成就目标，通俗来说就是个体从事与成就有关的行为的理由和目的，它既包含了目的性，又包含了动机性。成就目标定向理论是以内隐能力理论为基础发展而来的一种学习动机理论。其包括两种固有的潜在能力观点：能力增长观、能力实体观。

1. 能力增长观

能力增长观认为能力是可以改变的，其随着学习的进行而提高。他们一般倾向于确立目标和自我标准，希望通过学习来掌握知识、提高能力，认为自己比之前进步就是成功。

2. 能力实体观

能力实体观认为能力是不变的，不会随学习的进行而提高。他们倾向于设立表现目标和他人标准，希望在学习过程中证明自己的高能或避免表现自己的低能，认为比别人表现得优越才是成功。

（四）动机的自我价值理论

自我价值理论是美国心理学家卡文顿提出的。这一理论将学生划分为四种类型。这里的"趋"表示追求成功；"避"表示避免失败。

1. 高趋低避型

这类学生渴望获得成功，但是并不害怕失败。他们拥有无穷的好奇心，对学习有极高的自我卷入水平。这种类型的学生通常被称为"乐观主义者"。

2. 低趋高避型

这类学生不渴望成功，但是特别害怕失败，对这类学生来说，逃避失败要比对成功的期望更加重要。这种类型的学生被称为"逃避失败者"。

3. 高趋高避型

这类学生既特别渴望成功，又特别害怕失败，对任务又爱又恨，常常处于矛盾的状态，有一种隐晦努力的现象，被称为"过度努力者"。

4. 低趋低避型

这类学生既不渴望成功，也不害怕失败。这种类型的学生被称为"失败接受者"或俗称的学渣型学生，表现出一种无所谓的态度。

（五）耶克斯-多德森定律

动机处于适宜强度时，工作效率最佳；动机强度过低时，缺乏参与活动的积极性，工作效率不可能提高；动机强度超过顶峰时，工作效率会随强度增加而不断下降，因为过强的动机使个体处于过度焦虑和紧张的心理状态，干扰记忆、思维等心理过程的正常活动。

（1）动机的最佳水平随着任务性质的不同而不同。在比较容易的任务中，动机越高效果越好；在比较困难的任务中，动机较低效果越好。

（2）一般来讲，动机的最佳水平为中等强度的动机。动机的强度适中，对学习具有较适宜的促进作用，作业水平较高，学习效率也高。

（3）学习水平同学习效果之间的关系呈倒 U 型曲线。动机水平与学习效果之间的关系也并不是简单的直线关系。

（六）需要层次理论

需要层次理论的代表人物是马斯洛和罗杰斯。马斯洛代表作是《人类动机的理论》（1943 年），他认为不同的需要驱动不同的行为。

生理需要，维持机体生存及延续种族的需要，如对水、食物、休息、性等的需要，它驱动人求食、睡眠、找配偶等行为。

安全需要，希望受到保护、免于危险从而获得安全的需要，它驱动人寻求帮助，避免疾病、恐惧、焦虑等行为。

归属和爱的需要，它驱动人寻求他人和社会的接纳、爱护、关注、欣赏、支持、鼓励等行为。

尊重的需要，包括自我尊重和受他人尊重，前者驱动如自信、自强、自立、胜任等行为，后者驱动如注意、接受等行为。

认知需要，它驱动人类对自身和周围世界的探索、理解、解决疑难等行为。

审美的需要，它驱动人寻求对称、秩序、完整结构及自身行为完美等行为。

自我实现的需要，它驱动人通过创造和追求自我理解，充分发挥和表现自己的潜能的行为。

一般而言，只有低级的需要得到满足后，人们才会有高层次需要的追求。但是有些人会越过低层次的需要，追求高层次的需要。

四、学习动机的激发和培养

学习动机的培养可以从以下几点入手：了解和满足学生的需要，促使学习动机的产生（马斯洛需求层次理论）；重视立志教育，对学生进行成就动机训练（成就动机理论）；帮助学生确立正确的自我概念，获得自我效能感（自我效能感理论）；培养学生努力导致成功的成败归因观（成败归因理论）。

在学生已经产生学习的需要以后，要使它真正变成学习中经常起作用的、有效的动力，教师还必须采取相应的措施，把学习动机激发起来。学习动机的激发是在学习过程中进行的，它主要依赖于教师的教学内容、教学方法以及教学组织。所以动机的激发是从有到优的过程。在教学过程中，教师可以从以下几点激发学生的学习动机：创设问题情境，实施启发式教学；根据作业难度，恰当控制动机水平；充分利用反馈信息，妥善进行奖惩；正确指导结果归因，促使学生继续努力。

第二节　归因与学习

一、归因的含义

所谓归因是指人们对自己或他人活动及其结果的原因所作出的解释和评价。

二、成败归因理论

海德最早研究归因理论。维纳在海德和罗特以及阿特金森的理论基础性上提出三纬度六因素理论。三纬度分别是内部与外部归因、稳定与不稳定性归因、可控和不可控归因；六因素分别是能力、努力程度、工作难度、运气、身心状况、外界环境（见表2-5-1）。

表 2-5-1　六因素

	成败归因维度					
	稳定性		因素来源		可控制性	
	稳定	不稳定	内在	外在	可控制	不可控制
能力	√		√			√
努力		√	√		√	
任务难度	√			√		√
运气		√		√		√
身心状况		√	√			√
外界环境		√		√		√

三、引导合理归因

引导合理归因主要从以下几个方面来进行：归因训练、注意学生归因趋向、培养学生对自己能力的信念、注意任务难度和因材施教。

学生如果将失败归因于能力，就会出现习得性无助。习得性无力感理论，简称为"无力感"，指由于连续的失败体验而导致个体产生对行为结果感到无力控制、无能为力的心理状态，是当个体感到无论做什么事情都不会对自己的重要生活事件产生影响时所体验到的一种抑郁状态。

第三节　注意

一、注意的含义

注意是指心理活动或意识活动对一定对象的指向和集中。注意的特性有指向性和集中性。

二、注意的分类

1. 无意注意

无意注意又叫不随意注意，是指事先没有目的，不需要意志努力的注意。

2. 有意注意

有意注意又称随意注意，是有预先目的，必要时需要意志努力的注意。长时间的有意注意容易产生疲劳。

3. 有意后注意

有意后注意是指有预定目的，但不需要意志努力的注意，比如电脑打字时的"盲打"。

三、注意产生和维持的条件

引起无意注意的条件包括客观刺激物本身的特点和主体本身的状态。

刺激物本身的特点包括刺激物的强度、刺激物之间的对比关系、刺激物的运动变化和刺激物的新异性。

主体本身的状态主要包括对事物的需要和兴趣、人的情绪状态和精神状态以及人的知识和经验。

四、注意的品质

（一）注意的广度

注意的广度又叫注意的范围。注意的广度是指同一时间内，一个人能清楚地觉察到或认识到客体的数量。"眼观六路，耳听八方""一目十行"是对注意广度的形容。

（二）注意的稳定性

注意的稳定性又叫注意的持久性。注意的稳定性是指注意保持在某种刺激或某种活动上的时间长短。

（三）注意的分配

注意的分配是指在同一时间内把注意指向于不同对象，如一边看书一边打游戏就是注意的分配。

（四）注意的转移

注意的转移是指人能根据新的任务，主动地把注意从一个对象转移到另一个对象上。

五、感知觉

感觉和知觉是产生感性认识的心理过程，常常被合称为感知。

（一）感知觉的概念

1. 感觉

感觉是脑对现实事物个别属性的直接反映。

2. 知觉

知觉是脑对直接作用于感官的事物整体的综合反映。

知觉与感觉同样都是对客观事物的直接反映，但知觉反映的并不是事物的某一种属性，而是事物的整体和全貌。通过知觉，我们才能对某一具体事物有一个完整的映象，知道它的意义，对它作出解释。

（二）感觉和知觉的分类

1. 感觉的分类

感觉分为外部感觉和内部感觉两大类。

外部感觉分视觉、听觉、嗅觉、味觉和肤觉五大类。它们分别通过眼、耳、鼻、舌、身等不同的感觉器官产生。皮肤感觉又可分为触觉和温度觉。内部感觉有平衡觉、运动觉、肌体觉。

2. 知觉的分类

知觉是对事物整体的反映，是对各种感觉的综合，知觉的分类不能依感受器所产生的感觉种类而分，因为它是对各种感觉通道复合刺激的反映。一般的知觉分类可以按反映活动中起主导作用的分析器来命名。例如以视觉为主的知觉称为视知觉；以听觉为主的知觉称为听知觉等。

知觉的分类如按知觉的客体来划分，可分为时间知觉、空间知觉和运动知觉。

（三）感觉的心理现象

感觉的各种心理现象是由于各种刺激因素，如时间因素、空间因素的变化以及各种感觉间的相互作用而引起的。这些现象多数是各种感觉共有的特性，也有些只是在某一种感觉中表现明显。

1. 感觉适应

适应是感受器在刺激物的连续作用下，感受性发生变化的现象。适应可引起感受性提高，也可引起感受性降低，它们对于人适应环境有很重要的生物学意义。

视觉适应的机制主要是视觉的两重性。明适应一般只需几秒钟至一分钟即能恢复正常，主要是视锥细胞的功能；而暗适应则需要的时间较长，主要是视杆细胞的功能。如果没有适应机制，人就不能靠视觉精细地反映变动着的环境。

适应现象在其他各种感觉中也很明显：在飞机轰鸣的驾驶舱中操作，一开始觉得很嘈杂，过一会儿也就习惯了，这是听觉的适应；"入芝兰之室，久而不闻其香"是嗅觉的适应；游泳时，刚跳进水中会觉得水很冷，不久这种感觉就消失了，这是皮肤感觉对温度的适应。但是，适应现象只是在感觉阈限之内才产生，超过了上阈就会引起疼痛等不适之感。

2. 感觉对比

对比是同一感觉器官在不同刺激物作用下，感觉在强度和性质上发生变化的现象。视觉中的对比是很明显的。

3. 感觉后象和闪光融合

在刺激作用停止后，感觉在短暂的时间内仍不消失的现象称为后象。视觉后象有两种：正后象和负后象。

闪光融合现象是与视觉后象相联系的一种视觉现象。当断续作用的光刺激达到一定频率时，个体感觉到的不再是断续刺激而是连续的刺激，这种现象叫做闪光融合现象。

4. 联觉

联觉是一种感觉引起另一种感觉的心理现象。这一现象是感觉之间相互作用的结果。联觉有多种表现。最明显的是色觉与其他感觉的相互影响，色觉可以引起不同的温度觉；视觉与听觉、方位知觉等也都有联觉作用。

（四）知觉的特性

知觉的基本特性，就是对知觉过程中反映主体主观能动作用的一个概括。

1. 知觉的基本特性

（1）知觉的选择性

人对外来信息有选择地进行加工的能力就是知觉的选择性。

（2）知觉的整体性

知觉是对客观事物各种属性和各个部分整体的反映。

（3）知觉的理解性

人对客观事物的知觉是一个主动反映的过程，它是根据主体的知识经验，对知觉对象进行加工处理，并用行为或动作把它们表示出来。这种特性就是知觉的理解性。

（4）知觉的恒常性

当我们从不同角度、不同距离、在不同物理环境下，知觉某一熟知的物体时，虽然该物体的物理特征受环境影响而有所改变，但由于对该物体的知觉经验，我们的主观感受并不随物理条件的变化而变化。这种特征被称为知觉的恒常性。常见的恒常性现象主要有大小、形状、明度、颜色等方面的恒常性。

第六章

个别差异与教育

第一节　人格差异

一、人格概述

人格是构成一个人思想、情感及行为的特有模式，这个独特模式包含了一个人区别于他人的稳定而统一的心理品质，即人格是决定个体的外显行为和内隐行为，并使其与他人行为有稳定区别的综合心理特征。人格是气质和性格的总称，性格是核心，在心理学中人格又称为个性。

二、奥尔波特的人格特质理论

奥尔波特将人的特质分为首要特质、中心特质和次要特质三大类。

1. 首要特质

所谓首要特质，是一个人最典型、最具概括性的特质。小说或戏剧的中心人物，往往被作者以夸张的笔法，特别突显其首要特质，如林黛玉的多愁善感。

2. 中心特质

所谓中心特质，是构成个体独特性的几个重要特质，每个人身上有 5~10 个中心特质。例如，林黛玉的清高、聪明、孤僻、抑郁、敏感等，都属于中心特质。

3. 次要特质

所谓次要特质，是个体不太重要的特质，往往只有在特殊情境下才表现出来。如有些人虽然喜欢高谈阔论，但在陌生人面前则沉默寡言。

三、人格差异

学生的个别差异从心理学的角度看，主要包括了认知差异和性格差异。认知差异包括认知能力差异和认知方式差异。

（一）气质

1. 气质的概念

气质是表现在心理活动的强度、速度、灵活度与指向性等方面的一种稳定的心理特征，即我们通常所说的禀性。气质无好坏之分，性格有好坏之分。

2. 气质的类型

（1）气质的体液说：四种气质类型

体液说，是古希腊的一位医生希波克拉底提出的。希波克拉底认为人的体内有四种液体，即血液、黏液、黄胆汁、黑胆汁。所谓的不同气质类型，是由于人体的这四种不同液体所占的比例所决定的。值得注意的是，这四种液体产生的器官是不同的，每种液体占主导地位所形成的气质类型也是不同的。

①胆汁型：黄胆汁——生于肝。黄胆汁占主导即为胆汁质。胆汁质类型的个体情绪体验强烈、爆发迅猛但平息快速，思维灵活但粗枝大叶，他们精力旺盛、争强好斗、勇敢果断，为人直率、朴实真诚。但缺点在于遇事鲁莽欠思量，容易刚愎自用；容易冲动，是急性子（强、不平衡）。

②多血型：血液——生于心脏。血液占主导即为多血质。这种类型的人情感丰富但不稳定。他们热情、活泼，善于人际交往但往往交情浅薄，行动敏捷、适应力强。但缺点在于缺乏毅力且稳定性比较差；性格外向，嘻嘻哈哈（强、灵活、平衡）。

③黏液型：黏液——生于脑。黏液占主导即为黏液质。黏液质情绪平稳、表情平淡，思维的灵活性差但思考问题周全细致，他们安静、踏实且自制力强。缺点在于行动迟缓、缺乏生气；慢性子，拖拖拉拉（强、不灵活、平衡）。

④抑郁型：黑胆汁——生于胃。黑胆汁占主导即为抑郁质。抑郁质类型的个体情绪体验深刻且细腻，情绪抑郁、多愁善感、思维敏锐、想象力丰富，他们踏实稳重、自制力强，但不擅于与人交往、孤僻，他们行为缓慢、柔弱、胆小（弱）。

（2）气质的高级神经活动类型说

俄国生理学家巴甫洛夫，对高级神经活动过程进行研究，提出了气质的高级神经活动类型理论。他提出大脑皮层的基本神经过程——兴奋和抑制过程有三种特性。

神经过程的强度：神经细胞和整个神经系统的工作能力和耐力。

神经过程的平衡性：兴奋和抑制两种神经过程的相对关系。

神经过程的灵活性：兴奋和抑制两种神经过程相互转换的速度。

巴甫洛夫根据这三种特性的独特结合，把高级神经系统活动划分为许多不同的类型：

强、平衡、灵活性：条件反射形成或改变迅速，且动作灵敏，外表活泼，能很快适应快速变化的外界环境，又叫"活泼型"。

强而不平衡型：兴奋占优势，兴奋过程强于抑制过程，条件反射形成比消退来得快，易兴奋、易怒而难以抑制，"不可遏止型"或"兴奋型"。

强、平衡，不灵活：条件反射容易形成而难以改变，庄重、行动迟缓而有惰性，又叫"安静型"。

弱型：兴奋和抑制都很弱，感受性高，难以承受强刺激，胆小而显神经质，又被称作"抑制性"。

这种神经活动类型，恰恰与古希腊希伯以克里特所划分的四种气质类型相对应（见表2-6-1）。

表2-6-1　高级神经活动类型与气质类型对照表

神经系统的基本特点	高级神经活动类型	气质类型
强、不平衡	兴奋型	胆汁质
强、平衡、灵活	活泼型	多血质
强、平衡、不灵活	安静型	黏液质
弱	抑制型	抑郁质

3. 气质差异对教师的要求

教师要尊重学生的差异，允许学生按照自己的方式进步，采用合理的教学方法，重视因材施教。对于抑郁质的学生，教师需要给予更多的关怀和照顾，不宜在公开场合批评他们，要在能接受的范围内，鼓励他们参加公开活动的勇气。

4. 托马斯和切斯的分类

托马斯（A. Thomas）和切斯（S. Chess）根据活跃水平等九个维度将婴儿的气质划分为容易型、困难型和迟缓型三类。

容易型儿童的特点表现为饮食、睡眠都很有规律，大多数情况下心情愉快积极，乐于探究新事物，容易适应环境的变化。

困难型婴儿护理起来比较困难，他们的生活没有规律，情绪比较消极，很难对环境和父母感到满意，因此往往使父母感到束手无策，甚至认为自己是不称职的父母，或者对婴儿产生讨厌、仇恨等消极情绪。

迟缓型婴儿和困难型婴儿有些相似，他们同样对洗澡、新事物和陌生人反应消极，但是由于他们的这些消极反应不如困难型儿童那样强烈，因而家长对他们也比较有耐心。

（二）性格

1. 性格的概念

性格是人的较稳定的态度与习惯化了的行为方式相结合而形成的人格特征。性格差异包括：性格特征差异和性格类型差异。性格虽然不会决定学习是否发生，但它却会影响学生的学习方式。

2. 性格的特征

人的性格是一种十分复杂的心理因素和行为方式构成的综合体，有着丰富的内涵，包含多种侧面，并且每个侧面都具有不同的特征。一般来说，性格的特征主要体现在四大方面：态度特征、理智特征、意志特征和情绪特征。

（1）态度特征

人对现实的态度是性格特征的重要组成部分，它直接体现了一个人所特有的、稳定的倾向，也是一个人本质属性和世界观的反映。

（2）理智特征

人们借助感知、思维等认识过程来反映现实。这些认识过程在不同的人身上表现出稳定的个体差异，构成了性格的理智特征。

（3）意志特征

一个人的行为方式往往能反映出其性格的意志特征。它是人对自己行为的自觉调节能力，包括发动和制约两方面，对于人的自觉性、坚定性、果断性、自制力等方面具有促进强化或抑制削弱的作用。

（4）情绪特征

性格的情绪特征又被称为性情。一个人经常表现出的情绪活动的强度、稳定性、持久性和主导心境方面的特征就是性格的情感特征，它直接控制、影响人的自我状态。

第二节　认知风格差异

一、认知风格的含义

认知风格又叫认知方式，指个体感知、记忆、思维、问题解决、决策以及信息加工的典型方式。

二、认知方式的分类

认知方式差异又称为认知风格差异，认知风格差异是心理层面上的学习风格成分，指学生在加工信息时所习惯采用的不同方式。其主要影响学生的学习方式。认知方式的类型主要有：

1. 场独立型和场依存型（威特金提出）①

赫尔曼·威特金通过［镶嵌图形测验（EFT）］，提出了场独立型和场依存型和认知风格。两种认知风格对学生学习的影响见表 2-6-2。

表 2-6-2　两种认知风格对学生学习的影响

	场依存型者	场独立型者
学习兴趣偏好	容易接收与人有关的社会信息，对人文和社会科学比较有兴趣	喜欢独立思考，适合学习理科和自然科学
学习成绩倾向	理科和自然科学成差，人文和社会学科成绩好	理科、自然科学成绩好，人文、社会科学成绩差
学习策略特点	易受暗示，学习欠主动，由外在动机支配容易受到周围人群的影响与干扰	独立自觉学习，由内在动机支配
教学方式偏爱	结构严密的教学	结构不严密的教学
认知倾向	对事物的认知倾向于以外部信息为参照依据	他们对客观事物作判断时，常利用自己的内部参照，不易受外部因素的影响，倾向于自己对事物做出判断
职业倾向	在职业选择上比较喜欢从事与人的活动有关的工作	在职业选择上倾向于人际关系简单而可独自作业的工作，如机械、实验等
心理需要	在同学接纳与教师鼓励方面，有较强的需求	在内在动机作用下学习会产生较好的效果

① 华图教育. 教育公共基础笔试［M］. 成都：成都时代出版社，2014：228.

2. 沉思型和冲动型（卡根提出）

两者的主要标准是反应时间和精确性。沉思型认知方式的特点是反应慢、精确性高；而冲动型的特点则是反应快、精确性低。冲动型学生信息加工策略使用的多是整体加工方式。

3. 辐合型和发散型（吉尔福特提出）

个体在解决问题过程中常表现出辐合思维的特征。

发散型认知方式是指个体在解决问题的过程中常表现出发散思维的特征，表现为个人的思维沿着许多不同的方向扩展，使观念发散到各个方面，最终产生多种可能的答案而不是唯一正确的答案，因而容易产生有创见的新颖观念。

4. 整体型认知风格和系列型认知风格

整体型策略又称为同时性认知风格，强调将信息编织到知识网络中。整体性认知风格的学生倾向于使用比较复杂的假设，每个假设同时设计若干属性，从全盘上考虑如何解决问题。

系列型认知风格又称继时性认知风格，此类型的学生把精力集中在一步一步的策略上，提出的假设一般比较简单，每个假设只包括一个属性，也就是说从一个假设到一下个假设是呈直线的方式进展的。

三、学生认知能力差异

1. 智力发展

（1）智力发展水平差异：即一般能力的差异，是指个体之间或个体内部智力水平高低不同的程度。人类的智力水平是呈正态分布（常态分布）的，大多数人的智力是中等水平。正常态的函数曲线呈钟形，人们经常称为钟形曲线。人们通常将儿童分为三个等级，即超常儿童、常态儿童和低常儿童。智商（IQ）超出 140 是天才，在人口中占 1~3%、IQ 超过 130 是智力超常儿童，在人口中占 4.4%；低常儿童是指智力的发展明显低于同龄儿童的平均水平并有适应性行为障碍的儿童，IQ 通常低于 70，占总人口的 2.7%。智力的常态范围是 80~120。智力测验的方法有：

比纳-西蒙量表：世界上第一个标准化智力测验量表。

斯坦福-比纳量表：比率 IQ =（MA/CA）×100，其中 IQ 是智商，MA 是智力年龄，CA 是实际年龄。

韦克斯勒量表：IQ = 100+15Z，Z 为标准分数。

（2）表现早晚差异：比如有的人大器晚成，有的人聪明早慧。

（3）结构上的差异（智力类型差异）：是指构成智力的各种因素存在质的差异，主要表现在知觉、记忆、想象、思维的类型和品质方面。比如有的人长于想象，有的人才长于思维。

（4）智力的群体差异和个体差异：是指不同群体之间的智力差异，包括智力的性别差异、年龄差异、种族差异；个体差异包括兴趣差异、智力差异、学习或者成绩差异、需要差异等。

2. 加德纳的多元智能理论

多元智能理论是由美国哈佛大学教育科学研究院的心理发展学家霍华德·加德纳

（Howard Gardner）在1983年提出的。加德纳研究脑部受创伤的病人时发现他们在学习能力上存在差异，从而提出该理论。他在《心智的架构》（*Frames of Mind*，1983）这本书里提出，人类的智能至少可以分成七个范畴（后来增加至八个）：

语言智能（Verbal/Linguistic）、数理逻辑智能（Logical/Mathematical）、空间智能（Visual/Spatial）、身体-运动智能（Bodily/Kinesthetic）、音乐智能（Musical/Rhythmic）、人际智能（Inter-personal/Social）、内省智能（Intra-personal/Introspective）、自然探索（Naturalist，加德纳在1995年补充）、存在智能（Existentialist Intelligence，加德纳后来又补充）。

3. 创造性

创造性是指个体产生新奇独特的、有社会价值的产品的能力和特性，也称为创造力。

（1）创造性的基本特征

流畅性：在限定的时间内产生的观念数量的多少。

变通性：摒弃以往的习惯思维方式而采取新的不同方式的能力。

独特性：指产生不寻常的反应和不落常规的能力。

（2）影响创造性的因素

影响创造性的因素有环境、智力、个性。智商低不可能具高创造性；高智商可能有高创造性，也可能有低创造性；低创造性者的智商水平可能高，也可能低；高创造性者智商通常比较高。也就是说，创造力高，智力一定高；智力高，创造力不一定高。

（3）高创造性者的个性特征

高创造性者的个性特征有：具有幽默感、具有抱负和强烈的动机、能够容忍错误、喜欢幻想、具有强烈的好奇心、具有独立性。

（4）创造性的培养方法

创造性的培养可以从四个方面入手：培养创造性认知能力、注重创造性个性的塑造、创造有利的社会环境和培养创造型教师队伍。

第三节　学困生与教育

一、学困生的含义

学困生是指智力水平正常且没有感官障碍，但其学习成绩明显低于同年级学生，不能达到预期学习目的的学生。

二、学困生的教育措施

教师要转化学困生，须做到以下几点：

（1）掌握学困生的心理，建立良好的师生感情。

教育心理学家告诉我们，只要老师对每一个学生都充满信心，真挚诚心、献出爱心、工作耐心，就能达到教学目的，收到较好的教学效果。当学生在学习过程中遇到困难和挫折时，教师要及时深入到学生当中进行交流，了解他们的思想动态，对学生的进步及时给予表扬和鼓励，使学生体会到教师的真诚和亲切。师生之间只有形成一种和谐、融洽的关系，才能调动学生的积极性。当学困生出现问题时教师不要挖苦讽刺和轻易下结论，而是要尊重他们的人格，让他们感到教师对他们的信任。只有这样，学困生才有可能沿着教师期望的方向发展。

（2）培养学困生的自信心，尊重学困生，帮助他们找回自尊和自信，让他们感受到成功的喜悦。

学困生由于学习成绩差，往往会对学习失去信心。教师要培养学困生的自信心，让他们感受到自己的成功，在成功中培养自信。

（3）关爱宽容学困生，给予他们最大的信任。立足于学困生的进步，着眼于学困生的提高，及时进行鼓励和表扬。

学困生由于在家得不到温暖，在学校里受歧视，大多有畏惧心理、不信任感或反感施教者，在行动上表现为对人疏远、满不在乎或反抗。为使他们解除思想顾虑，摆脱消极状态，教师要用深情换真情，真心实意地关心和爱护学困生；尊重学困生的人格，关爱他们，宽容他们，唤醒他们的学习意识，这是转变学困生的最佳途径。

（4）改进教法，指导学法，提高学困生的学习兴趣。

教师要想使学生学习上的恶性循环转变成良性循环，关键在于使他获得学习上的成就感；弥补其基础知识和基本技能方面的欠缺；改变学生的成败体验；改善学生的知识技能掌握情况。

第七章

学生心理健康教育

第一节　心理健康概述

一、健康和心理健康的含义

1. 健康的含义

世界卫生组织（WHO）指出，健康包括生理、心理、社会适应、道德健康，指的是有机体的一种机能状态，一般指机能正常，没有缺陷和疾病。

2. 心理健康的含义

心理健康也叫心理卫生，一方面是培养心理健康状态，即没有心理疾病；另一方面是维护心理健康状态。心理健康是指个人能够发挥自己的最大潜能，以及妥善地处理和适应人与人之间、人与社会环境之间的相互关系。

心理健康包括两个方面：无心理疾病；具有一种积极发展的心理状态。同时人的心理健康大致可以分为三个等级：一般常态心理、轻度失调心理和严重病态心理。

3. 心理健康的标准

心理健康的标准为：情绪稳定乐观、人格结构完整、自我意识正确、心理行为表现符合年龄特征、人际关系和谐和社会适应良好。

只有心理健康的教师，才有可能培养出心理健康的学生。教师是学生的榜样，教师的行为方式、情绪状态、人格特征等都会成为学生模仿的对象。心理不健康的教师平时常常表现出烦躁不安、易怒、喜怒无常等情绪问题，学生在与教师的长期接触中，会潜移默化地受其影响，也会产生较多的消极情绪，甚至导致心理疾病。

第二节 学校心理健康教育的概述及基本内容

一、心理健康教育概述

1. 心理健康教育的意义

心理健康教育的意义表现在：心理健康教育是预防精神疾病，保障学生心理健康的需要，而学校是学生心理健康教育的主要场所；心理健康教育是提高学生心理素质，促进其人格健全发展的需要；心理健康教育是学校日常教育教学工作的配合和补充。

2. 心理健康教育的总目标

心理健康教育的总目标是提高全体学生的心理素质，充分开发他们的潜能，培养学生乐观向上的心理品质，促进学生人格的健全发展。

3. 学校心理健康教育的途径

学校心理健康教育的途径主要有：开设心理健康教育的有关课程和心理辅导的活动课；在学科教学中渗透心理健康教育的内容；结合班级、团队活动开展心理健康教育；个别心理咨询或辅导。

4. 心理健康教育的原则

（1）教育性原则

教育性原则是指教育者在进行心理健康教育的过程中，要根据具体情况，提出积极中肯的分析，始终注意培养学生积极进取的精神，帮助学生树立正确的人生观、价值观和世界观。

（2）全体性原则

全体性原则是指心理健康教育要面向所有学生，全体学生都是心理健康教育的对象和参与者，学校的一切教育特别是心理健康教育的设施、计划、组织活动，都要着眼于全体学生的发展，考虑到绝大多数学生的共同需要和普遍存在的问题。

（3）差异性原则

差异性原则是指心理健康教育要关注和重视学生的个别差异，教育者要根据不同学生的不同需要，开展形式多样、针对性强的心理健康教育活动，以提高学生的心理健康水平。

（4）主体性原则

主体性原则是指心理健康教育要以学生为主体，所以工作要以学生为出发点，同时要使学生的主体地位得到实实在在的体现，把教师的科学教育与指导和学生的积极主动的参与真正有机结合起来。

（5）整体性原则

整体性原则是指在心理健康教育过程中，教育者要运用系统论的观点指导教育工作，注意学生活动的有机联系和整体性，对学生的心理问题作全面考察和系统分析，防止和克服教育工作中的片面性。

（6）发展性原则

发展性原则是指在心理健康教育过程中，教育者必须以发展的观点来对待学生，要顺应学生身心发展的特点和规律，以发展为重点，促进全体学生获得最大程度发展。

（7）活动性原则

活动性原则是指心理健康教育要把学生作为活动的主体，重视通过活动来促进学生的发展。

（8）保密性原则

保密性原则是指在心理健康教育过程中，教育者有责任对学生的个人情况以及谈话内容等予以保密，学生的名誉和隐私权应受到道义上的维护和法律上的保护。

5. 心理健康教育的基本任务

针对大多数心理健康的学生，心理健康教育的目标是培养学生健康的心理素质，预防心理障碍的产生，促进学生心理机能、人格的发展与完善。针对有心理障碍的学生，心理健康教育的目标是排除学生的心理障碍，预防心理疾病的产生，提高学生的心理健康水平。针对少数有心理疾病的学生，教育者应进行心理咨询与治疗。

二、心埋健康教育的基本内容

1. 心理评估

心理评估是依据心理学方法和技术搜集得来的材料，对学生的心理特征进行评估和分类诊断的过程。

2. 心理测验

心理测验通过人的行为去评判一个人心理特征，是一种特殊的测量，是测量一个人行为样本的系统的程序。

3. 评估性会谈

会谈是心理咨询和辅导的基本方法。会谈的技术包括倾诉、澄清、面质、询问和鼓励。

第三节　心理辅导

一、心理辅导的概述

心理辅导是用教育学、心理学和医学等相关方法对学生进行帮助，是学校根据学生的心理发展特征和规律，在一种新型的、建设性的人际关系中，运用心理学等专业的知识技能，设计与组织各种教育性活动，以帮助学生形成良好的心理素质，充分发挥个人潜能，进一步提高心理健康水平的过程。

心理辅导是面向全体学生，以正常学生为主要对象，以发展辅导为主要内容，是一种专业活动，是专业知识和技能的运用。

二、心理辅导原则

心理辅导的原则包括发展性原则、启发性原则、辩证性原则、疏导性原则。具体表现在：心理辅导要面向全体学生，以心理健康的全体学生为主；心理辅导要预防与发展相结合，不能等学生出现问题再去干预。

心理辅导要将尊重与理解学生相结合，站在学生的角度理解学生；心理辅导要充分体现学生的主体性，让学生自己发现问题；心理辅导要个别化，对待根据学生的问题、性格特征采用不同的方法；心理辅导要注意整体性发展，要考虑到学生的全面发展。

三、心理辅导的方法

1. 行为改变的基本方法

行为改变的基本方法包括自我控制法、强化法、代币奖励法、行为塑造法、示范法和处罚法。

2. 行为演练的基本方法

（1）全身松弛法：通过改变肌肉紧张，减轻肌肉紧张引起的酸痛，以应付情绪上的紧张、不安、焦虑和气愤；主要采用的是肌肉的紧张-坚持-放松的练习。

（2）系统脱敏法：即害怕猫就让学生看猫的图片，抚摸猫，然后慢慢变得不害怕。系统脱敏法是由沃尔帕在1958年首创，其理论基础是经典条件反射理论和操作条件反射理论，属于行为主义理论。其主要包括三个步骤：进行全身松弛放松、建立焦虑刺激等级表、焦虑刺激与松弛活动相配合。

（3）肯定性训练，即果敢训练，又称为自信训练（即提高自信心）。其主要表现在三个方面：请求他人为自己做某事，以满足自己的合理需求；拒绝他人的无理要求而又不伤害对方；真实表达自己的意见和情感。

3. 改善学生的认知方法

（1）认知疗法：通过认知和行为技术来改变求助者的不良认知。而矫正不良行为的心理治疗的方法，一般分为四个治疗过程：建立求助动机、适应不良性认知的矫正、在处理日常生活问题的过程中培养观念的竞争、用新的认知对抗原有的认知和改变有关自我的认知。

（2）来访者中心疗法

来访者中心疗法又称为求助者中心疗法，由罗杰斯提出，认为要充分地对来访者进行关心，始终坚持坦诚相律、无条件地积极关注等。

（3）合理情绪性辅导方法

合理情绪性辅导方法又称ABC理论，也称为认知行为疗法或者理性情绪疗法，由美国心理学家艾利斯提出。

该疗法具两大特征：人本主义倾向和教育的倾向。该疗法认为人们持有的不合理信念总结起来有三个特征：绝对化的要求、过分概括化、糟糕极致。从具体的内容来看：假设A是个体遇到的主要事实、行为、事件；B是个体对A的信念和观念；C是事件造成的情绪结果。许多的人通常是注意到了A和C的关系，却忽视了C是由B造成的，B如果是一个非理性的观念，就会造成负面影响；所以必须建立一个驳斥的理性信念D，用D来驳斥B；然后通过新观念D获得正向积极的情绪E。这就是艾力斯的ABCDE理性情绪治疗的步骤。

第四节 中小学生常见的心理问题

一、中小学生常见的心理问题

1. 儿童多动综合症

儿童多动综合症简称多动症，是小学生中最为常见的一种以注意力缺陷和活动过度为主要特征的行为障碍综合症。主要的发病时间是 8~10 岁；基本的特征是活动过多、注意力不集中、冲动行为。

2. 学习困难

学习困难又称为学习障碍即学习技能缺乏，是指在知识获取、巩固和应用的过程中缺乏策略和技巧，也就是我们常说的没有掌握学习方法。主要是某些智力正常或者接近正常的儿童，因神经系统的某种或某些功能性失语，使其在听、读、算等方面的能力降低，从而导致其陷入学习困难。

3. 焦虑症

焦虑症是以与客观威胁不相适应的焦虑反应为特征的神经症。学生中常见的焦虑反应是考试焦虑。

焦虑程度过高或过低都会对学习任务的完成有不良影响。适度的焦虑不会对学习任务的完成有不良影响。高考焦虑是一种复杂的情绪反应，它是主客观因素相互作用的结果。

4. 恐怖症

恐怖症的核心症状是恐惧紧张，并因恐怖引起严重焦虑甚至达到惊恐的程度。由恐怖对象的不同，恐怖症可分为以下几种：

（1）社交恐怖症

社交恐怖症是指在社交场合下几乎不可控制地诱发即刻的焦虑发作，并对社交性场景持久地、明显地害怕和回避。

（2）特定的恐怖症

特定的恐怖症又叫单纯恐怖，是对某一特定物体或高度特定的情境强烈的、不合理的害怕或厌恶。

（3）场所恐怖症

场所恐怖症有多种特定类型：对封闭的交通承载工具如汽车、电梯、观光缆车的"乘车恐怖"；对透视仪、微波炉、电脑等的"辐射场恐怖"；对人群比较密集的闹市、商场等的"人群恐怖"；对空旷的田野、广场、大厅的"广场恐怖"；对高楼、桥梁的"高度恐怖"；对黑夜、黑屋的"黑暗恐怖"；还有"职场恐怖""考场恐怖""医院恐怖""坟场恐怖"等。

5. 强迫症

强迫症以反复的持久的强迫观念或强迫动作为主要症状。这些症状出于病人内心，是病人不愿意想的；病人明知是不合理，但不能摆脱。

第二部分 教育心理学

6. 抑郁症

抑郁症是以持久的心境低落、情绪抑郁为基本特征的一类神经症。当个体焦虑的事情长期得不到解决，其就会产生抑郁的心境。

7. 人格障碍

人格障碍是长期固定的适应不良行为的行为模式，这种行为模式由一些不成熟、不适当的压力应对或问题解决方式所构成。"人格障碍"多见于成人，18 岁以下的儿童类似行为通常称为人格缺陷、品行障碍或社会偏差行为。人格障碍的主要类型有：依赖性人格障碍、反社会性人格障碍等。人格障碍是个体先天素质与后天教养的产物。

第三部分
教育法学

第一章

法与教育法

第一节　法的概述

一、法的含义

法是由国家制定和认可、并强制实施的反映由特定物质生活条件所决定的统治阶级意志，以权利和义务为内容，以确定和维护社会秩序为目的的规范体系。

二、法的特征

法的特征表现为规范性、国家意志性、国家强制性、普遍性、程序性。规范性是指法是调整人的行为的社会规范；国家意志性是指法是由国家制定的；国家强制性是指法是国家强制力保证实施的社会规范；普遍性是指法是具有普遍约束力的社会规范；程序性是指法是规定权利和义务的社会规范。

三、法的渊源分类

法的渊源主要分为正式意义上的法的渊源和非正式意义上的法的渊源。

正式意义上的法的渊源主要是指以规范性法律文件形式表现出来的成文法，如立法机关或立法主体制定的宪法、法律、法规、规章和条约等。

非正式意义上的法的渊源，主要是指具有法的意义的观念和其他有关准则，如正义和公平等观念，政策、道德和习惯等准则，还有权威性法学著作等。

第二节　教育法与教育法规

一、教育法概述

（一）教育法的含义、特点、功能

教育法的含义是指由国家制定和认可并且由国家强制力保证实施的调整和规定教育活动和教育关系的、系统的行为准则。

教育法的本质特征是强制性，教育法规的本质特征是阶级性。

教育法作为一般社会规范特点有国家意志性、强制性、规范性和普遍性。

教育法区别于其他社会规范的特点有单向性、民主性、指导性和广泛性。

（二）教育法的功能

1. 规范功能

教育法是通过规定教育主体在法律上的权利和义务及其实施后所承担的责任来调整教育活动和教育关系的。

2. 标准功能

教育法之所以具有规范功能，其中重要的原因是教育法律规范是人们的教育行为的标准。

3. 预示功能

根据教育法律规范和教育法律的实施过程，人们可以预先知晓或估计到如何开展教育活动或在什么范围内开展教育活动。这就是法律的预示功能在起作用。

4. 强制功能

法律是国家意志的体现，尽管要依靠教育使人们自觉地遵守法律，但仅仅依靠教育是不够的，所以法律必须以强制力为后盾，使其得以坚决贯彻执行。法律制裁可以保证权力得以实现，义务得以履行。

（三）教育法的基本原则

教育法的基本原则是全部教育法所应遵循的基本要求和价值准则，是制定和执行教育法的出发点和基本依据。

1. 教育的社会主义方向性原则

教育的社会主义方向性原则的基本要求是：坚持以马克思列宁主义、毛泽东思想和建设有中国特色社会主义理论为指导；坚持由中国共产党掌握教育领导权；坚持把培养社会主义事业的建设者和接班人作为学校的根本任务。

2. 教育的公共性原则

教育的公共性原则的基本要求是：国家制定教育发展规划，各级政府是办学的最重要主体；各级各类学校必须接受国家的管理和监督。

3. 教育的民主性原则

教育的民主性原则的基本要求是中华人民共和国公民不分民族、种族、性别、职业、财产状况、宗教信仰等，依法享有平等的受教育机会。

4. 教育的统一性与多样性相结合的原则

教育的统一性与多样性相结合的原则的基本要求是：国家制定统一的教育事业发展规划，保持各级各类教育事业均衡发展；同时从各地实际出发，分区规划，分类指导，形成社区教育特色。

5. 教育与终身学习相适应的原则

教育与终身学习相适应原则的基本要求是：教育体系要具有灵活性和适应性，满足公民不同时期的多种受教育需求；各级各类教育之间要相互沟通和联系。教育的对象是全体公民。

（四）教育法的渊源

教育法的渊源是指教育法的具体表现形式。根据宪法的规定，我国教育法的渊源主要包括以下几种：

宪法：宪法是国家的根本大法，它是由全国人民代表大会（即最高国家权力机关）按照最严格的立法程序制定的，具有最高的法律地位和法律效力，是制定其他一切法的法源。

教育法律：狭义的法律是指由最高国家权力机关及其常设机关按照立法程序制定的规范性文件。

教育行政法规：是指最高国家行政机关依据宪法和法律，在其职权范围内制定和发布的有关国家行政管理活动的各种规范性文件。

地方性教育法规：是指省、自治区、直辖市以及省、自治区的人民政府所在地的市和较大的市的人民代表大会及其常务委员会依据法定权限制定的规范性文件。

自治条例和单行条例：是指民族自治地方的人民代表大会及其常务委员会依据法定权限制定的适用于本区域的规范性文件。

教育行政规章：一是指部门规章，即指国务院所属各部、各委员会及具有行政管理职能的直属机构，依据法定权限制定的规范性文件。二是指政府规章，即指省、自治区、直辖市和较大的市的人民政府，依据法定权限制定的规范性文件。

二、教育法规的概述

（一）教育法规的含义和类型

1. 教育法规的含义

教育法规是有关教育方面的法令、条例、法律、制度、规章等规范性文件的总称。教育法规通过一定的法律条文表现出来的、具有自己内在逻辑结构的一般行为规则。所以，教育法和教育法规不能混为一谈，其含义有本质上的不同。

2. 教育法规的类型

教育法规根据创制和表达方式不同分为成文法和不成文法，还可以分为制定法、判例法和习惯法。我国现行的教育法规基本属于制定法和成文法。

教育法规根据效力等级和内容重要程度不同分为普通法和根本法，或者称为基本法和单行法，比如《中华人民共和国教育法》（简称《教育法》），就是教育的根本法，《中华人民共和国教师法》和《教育法》就是普通法和单行法。

教育法规根据指定的内容不同分为实体法和程序法。

教育法规根据适用范围不同分为一般法和特殊法。

（二）教育法规的体系结构

教育法规的表现形式有成文法和不成文法两种，我国主要采用以书面形式表现的各种成文法。教育法律规范在表现形式上分为专门法源和共同法源，专门法源指我国的教育法规的体系。

1. 纵向结构

教育基本法：《中华人民共和国教育法》于 1995 年颁布，由全国人民代表大会制定，被称为教育宪法、教育母法。在我国教育法律体系中，其他各项教育法律、法规必须以《教育法》为依据，不得与《教育法》确定的原则和规范相违背。

教育单行法规：一般是由全国人民代表大会常务委员会制定，有《中华人民共和国教师法》《中华人民共和国义务教育法》《中华人民共和国学位条例》《中华人民共和国高等教育法》《中华人民共和国职业教育法》《中华人民共和国教育促进法》《语言文字法》等。

教育行政法规：是行政法规的形式之一，是由国家最高行政机关（国务院）依据《中华人民共和国宪法》和教育法律制定的有关于教育行政管理的规范性文件；一般分为三种，即条例、规定、办法或者准则，比如《中华人民共和国残疾人教育条例》。

地方性教育法规：是地方国家权力机关制定的规范性文件的总称，由省、自治区、直辖市以及省级人民政府所在的市和经国务院批准的较大的市的人民代表大会及其常务委员会制定，比如《山东省职业教育条例》。

教育行政规章：是由国务院所属各部、各委员会发布的有关教育的规范性文件。

2. 横向结构

教育基本法：《中华人民共和国教育法》。

基础教育法：是学前教育、义务教育、初等教育、特殊教育等教育领域的教育法规的总称，比如《中华人民共和国义务教育法》。

职业教育法：《中华人民共和国职业教育法》。

高等教育法：《中华人民共和国高等教育法》。

终身教育法和社会教育法。

学位法：1980 年颁布《中华人民共和国学位条例》，规定了我国学位分为学士、硕士和博士三级。

教师法：于 1993 年制定，1994 年颁布。

教育投入法或者教育财政法。

第二章

教育法律关系

第一节　教育法律关系的含义、特征和类型

一、教育法律关系的含义

教育法律关系是教育法律规范在调整人们有关教育活动的行为过程中形成的权利和义务的关系。

二、教育法律关系的类型

教育法律关系依据不同的标准可以分为不同的类型。

1. 教育内部的法律关系和教育外部的法律关系

根据教育法律关系的主体的社会角色不同，教育法律关系可以分为教育内部的法律关系和教育外部的法律关系。

教育内部的法律关系主要是指以教育法律规范调整的教育系统内部各类教育机构、教育工作人员、教育对象之间的关系。例如：学校与教师的关系，学校及其管理人员与教育行政机关及其工作人员之间的关系，等等。

教育外部的法律关系主要是指适用教育法律规范调整的教育系统与其外部社会各方面之间发生的法律关系。例如：学校和国土资源局之间形成的法律关系。

2. 隶属型教育法律关系和平权型教育法律关系

依据主体之间的类型，教育法律关系可分为隶属型教育法律关系和平权型教育法律关系。

隶属型教育法律关系是以教育管理部门为核心，向外辐射，与其他主体之间形成的教育法律关系。

平权型教育法律关系是两个具有平等法律地位的教育关系主体之间产生的教育法律关系，通常视为教育民事法律关系。

3. 调整性教育法律关系和保护性教育法律关系

根据教育法律规范的职能，教育法律关系可分为调整性教育法律关系和保护性教育法律关系。

调整性教育法律关系是按照调整性教育法律规范所设定的教育关系模式，主体的教育权利能够正常实现的教育法律关系。

保护性教育法律关系是在教育主体的权利和义务不能正常实现的情况下，通过保护性教育法律规范，采取法律制裁手段而形成的教育法律关系。

4. 相对性教育法律关系和绝对性教育法律关系

根据教育法律关系主体是否完全特定化，教育法律关系可分为相对性教育法律关系和绝对性教育法律关系。

绝对教育法律关系是存在特定的权利主体而不存在特定的义务主体的教育法律关系。

相对教育法律关系是存在于特定的权利主体和特定的义务主体之间的教育法律关系。

第二节　教育法律关系的产生、变更和消灭

一、教育法律关系的产生

教育法律关系的产生是指教育法律关系主体之间形成一定的权利、义务关系。教育法律关系的形成以教育法律规范的存在为前提。

二、教育法律关系的变更

教育法律关系的变更是指教育法律关系构成要素的改变，包括主体、客体和内容等要素的变化。

三、教育法律关系的消灭

教育法律关系的消灭，是指教育法律关系主体、客体和内容的消灭，主体间权利和义务的终止。我们通常把能够引起法律关系发生、变更和消灭的客观情况称为法律事实。引发法律关系形成、变更和消灭的最普遍的法律事实是法律行为。

第三节　教育法律关系的主体和客体

教育法律关系是由教育法律关系的主体、客体和内容构成的。

一、教育法律关系的主体

（一）教育法律关系主体的含义

教育法律关系中行为的参加者，可以是公民或者自然人、机构、组织或者法人、国家。

（二）教育法律关系的权利能力和行为能力

权利能力是根据法律要求，主体享有的权利或承担义务的资格，是参加法律关系的前提条件。

行为能力是指主体行使权利和履行义务的能力，其可以分为完全行为能力的人、限制行为能力的人、无行为能力的人。

（三）公民的民事行为能力分类

（1）完全行为能力的人：能够以自己的行为享有权利并承担义务的年满十八岁以上的公民；年满十六周岁，以自己的劳动收入为主要生活来源的公民。

（2）限制行为能力的人：年满十周岁以上的未成年人和不能完全辨认自己行为的精神病患者（包括一部分弱智者）。

（3）无行为能力的人：指不满十岁的未成年公民和不能辨认自己行为的精神病人。

二、教育法律关系的客体

教育法律关系客体是教育法律关系的权利和义务所指向的对象，是连接主体权利和义务的桥梁。典型的教育法律关系客体包括物、行为、智力成果、人身利益。

1. 物

物是指一切财产权利的对象，一般财产权的客体就是物。它包括自然之物如树木、土地等资源和人造之物如教学楼、校舍等。

2. 行为

行为是指教育法律关系主体所表现出的各种教育活动。它包括作为和不作为，作为是指法律规定该做的积极地去做，如教师的教育教学行为；不作为是指法律规定的该做不去做，如教师故意不去上课、义务教育阶段学生的辍学行为。

3. 智力成果

智力成果是教育法律关系主体创作活动的产品，包括在教育领域中的各种教材、著作、教案、教学方法、教具及各种创造发明等内在的成果，如学生写的小说、论文、作业等。

4. 人身利益

人身利益是与法律关系主体的人身相联系的非财产性利益，包括人格利益和身份利益，是人格权和身份权的客体。

三、权利和义务的类型

1. 权利的分类

根据权利主体不同分为：公民权利、法人的权利、国家的权利。

根据权利内容不同分为：政治权利、经济权利、文化教育权利、人身权利。

根据权利行使范围不同分为：一般权利和特殊权利。

2. 义务的分类

根据主体的不同分为：公民义务、国家义务、国家机关义务。

根据义务的内容不同分为：积极义务和消极义务。

根据义务的适用范围不同分为：一般义务和特殊义务。

第三章

教育法律规范

第一节　教育法律规范的含义和类型

一、教育法律规范的含义

教育法律规范反映统治阶级教育意志的，由国家制定并认可的，并以国家强制力实施的行为准则。在教育实践中，并非所有与教育有关的行为都以教育法律规范来约束，这是不可能的，也是不必要的。

二、教育法律规范的类型

1. 调整性规范和保障性规范

根据基本职能，教育法律规范可分为调整性规范和保障性规范。

调整性规范：指设立一定教育权利和义务关系为内容的教育法律关系模式的。其关键在于主体的权利和义务能够正常实现。

保障性规范：指规定法律责任措施和保护权利措施的规范。

2. 一般性规范、概念性规范、原则性规范、规则性规范和技术性规范

根据专门职能，教育法律规范可分为一般性规范、概念性规范、原则性规范、规则性规范和技术性规范。

一般性规范：也称为一般确认性规范，其职能在于确认可以成为法的基础的最重要的事实，如确认教师的法律地位，教师的人事管理体制等。

概念性规范：也称为定义性规范，其职能在于明确法律概念，如对教师这一概念的精确定义。

原则性规范：也称宣言性规范，其所表述的教育法律原则是一种具有综合性、稳定性的原理和准则，所确立的行为模式具有抽象性。其操作需要联系具体的教育法律规则来进行，即有一定的自由裁量范围。

规则性规范：具体规定权利和义务及其法律后果的行为准则。和原则性规范相比，

规则性规范所确立的是一种具体的行为模式，直接向有关主体阐明了应该做什么、可以做什么、不能做什么。

技术性规范：对法律文件的技术性事项作出规定的规范，具体包括业务性规范、委托性规范和准用性规范。

3. 授权性规范和义务性规范

根据调整方式，教育法律规范可分为授权性规范和义务性规范。

授权性规范：也称任意性规范，可以分为职权性规则和权利性规则。授权性规范，是指规定人们有权作出一定行为或要求他人作出或不作出某种行为的法律规范，表现在法律条文上，往往使用"可以""有权"等词来表述。

义务性规范：和授权性规范相比，其在内容上属于强制性的，如教师不得侵犯学生的财产权。

4. 确定性规范和非确定性规范

根据内容的弹性程度，教育法律规范可分为确定性规范和非确定性规范。

确定性规范：指全面、具体而详尽地规定了行为模式内容的规范。如使用假教师资格证的，一经查实，5 年内不得申请教师资格。

非确定性规范：指为个别调整而留有自由裁量余地，主体可以在法定限度内灵活把握，根据具体问题来决定处置的具体措施。如构成犯罪的，判处 3 年以上 5 年以下的有期徒刑。

三、教育法律规范的构成要素

法律规范的构成要素是指法律规范的内部结构。教育法律规范在逻辑结构上与一般法律规范相同，也具有三个内在的构成要素，即假定、处理和制裁。

1. 假定

假定是法定条件，是指适用该行为规范的条件和情况，是把规范同主体的实际行为联系起来的部分，指出在什么情况下，这一规则生效。

2. 处理

处理是行为准则，是指行为规范本身，指明该项法律规范确定的行为模式的内容，使主体明确可以做什么、禁止做什么以及要求做什么。

3. 制裁（法律后果）

制裁是法律后果，是指违反该项法律规范所导致的法律后果，通常是以国家强制性措施要求承担的惩罚性或补偿性责任。

第二节　教育法规与教育道德

一、教育道德的含义

教育道德是指教育过程中应遵守的行为准则和规范，没有强制力。

二、教育法规和教育道德的比较

（一）教育法规和教育道德的共性

二者有共同的物质生活基础，有共同的作用方向和一致的利益，具有共同作用，对社会关系起调整作用，对人的行为起规范作用。

（二）教育法规和教育道德的区别

两者内容的确定性和产生过程不同；两者调整对象的范围不同；两者的承担方式和要承担的责任不同；两者的作用性质和实现的制约机制不同。

在教育实践中，与教育有关的行为受到教育法律规范、教育道德等规范的约束。教育法规的内容往往比较抽象；教育道德主要关注人的行为动机本身是否善良、高尚，旨在引导人们追求具有利他主义和奉献精神的理想人格。

第三节　教育政策

一、教育政策的含义

教育政策是政党和国家为了完成一定时期内的任务所确定的关于教育工作的策略、方针和行动准则。教育政策分为国家的教育政策和政党的教育政策，其中方针是教育政策的最高形式。教育政策的构成要素包括政策对象、政策目标、实现政策的手段。

二、教育政策的特点

1. 政治性和原则性

政治性是教育政策的根本特征，直接反映制定政策的主体自身的利益和要求。原则性是指教育政策的内容必须鲜明地体现政党和国家的政治意图。它规定人们应做什么，不应做什么，提倡或鼓励什么。

2. 目的性和可行性

教育政策是人们根据一定的需要制定出来的，是人们主观意识的体现和能动性的产物，具有明确的目的性。明确的目的性是教育政策的基本特征，没有目的性的教育政策是不存在。要使教育政策的目的性变成现实，就要同时考虑教育政策的可行性。

3. 稳定性和间断性

教育政策一经制定公布，在其有效的时间、空间范围内相对保持不变。

4. 合法性和权威性

教育政策是党和国家依据宪法的授权，为实现人民的教育意志而制定的教育准则。党和国家行为的合宪性决定了它们所颁布的教育政策的合法性，以及由此而具有的权威性。

5. 系统性和多功能性

教育政策的系统性决定了教育政策所指引的行动必然要牵扯到教育事业的各个方面，从而决定了教育政策的功能必定是多方面的，而不是单一零散的。

三、教育政策的作用

教育政策的一般作用可以概括为：导向作用、协调作用、控制作用和规范作用。

1. 导向作用

导向作用是指教育政策对人们的教育行为和教育活动的发展方向具有引导作用。

2. 协调作用

协调作用是指教育政策对教育发展过程中的各种失衡状态的制约和调节能力。

3. 控制作用

控制作用是指教育政策制定者通过教育政策对人们的教育行为和教育活动的制约和促进，以实现对整个社会教育活动的控制。教育政策控制作用的主要特征表现在：一是具有强制性；二是具有惩罚性。

4. 规范作用

教育政策是社会规范的一种，规范作用是其最基本的作用。

四、教育法规和教育政策的异同

1. 教育法规和教育政策共性

教育法规和教育政策有共同的经济基础，有共同的指导思想，有共同的作用和共同的实践基础。

2. 教育法规和教育政策的不同

教育法规和教育政策的不同点表现在制定机关和制定过程不同，两者的表现形式不同，两者的实施方式不同和两者的相对稳定性不同。

第四章

教育法制过程

第一节　教育立法

一、教育立法的含义和原则

（一）教育立法的含义

教育立法是指国家机关依照法律程序制定规范性教育法律文件的活动。教育立法分为广义和狭义立法。我国的教育立法是狭义的教育立法：国家最高权利机关及其常设机构，依据法定权限和程序制定、修改、废除教育专门法律的活动。

（二）教育立法的原则

教育立法是制定教育法规的活动。我们在制定教育法规的过程中，要遵循一定的法则和标准，这些法则和标准就是教育立法过程必须遵循的原则。

1. 社会主义方向性原则

我们制定的教育法规必须体现人民的意志，遵循社会主义方向性原则。这是由教育与社会之间的本质联系决定的。

2. 民主性原则

我国是人民民主专政的政治体制，教育立法必须充分反映人民的意志和要求。因此，在教育立法过程中我们要广泛听取人民的意见和要求。

3. 实事求是原则

实事求是原则就是指我们在制定教育法规时必须从教育工作的实际情况出发，从现实国情出发，从社会生产力的发展水平、已有的经济基础出发，从社会发展的客观规律出发，还必须从本国的文化背景、民族心理和公民的普遍素质出发。

《中华人民共和国立法法》第六条规定：立法应当从实际出发，科学合理地规定公民、法人和其他组织的权利与义务、国家机关的权利与责任。

4. 稳定连贯性原则

如果法律法规没有稳定性和连贯性，朝令夕改，随意中断、废止，那么教育法规就没有权威性，没有效力。

5. 原则性和灵活性相结合原则

原则性是指教育法规所特有的确定性、规范性、可操作性和国家强制性等。不能体现原则性即丧失了法规的意义和作用。但是制定教育法规时也要体现一定的灵活性。灵活性是实现原则性的具体措施和手段。在贯彻原则性的同时考虑其实施的具体步骤、要求，以及应该区分的形式、方法、程度、时限等。

6. 教育法规内容统一、协调原则

教育法规内容统一、协调原则是指一个国家的全部教育法规之间要相互一致和相互协调，不能相互抵触和相互矛盾。

二、教育立法体制和教育立法主体权限

（1）教育立法体制：一元二级多层次。
（2）教育立法主体权限：最高立法机关是全国人民代表大会及其常务委员会。

三、教育立法的程序

教育立法的程序是指国家机关在制定、修改或废止教育法规的活动中，必须履行的法定步骤和手续。根据我国以往的立法实践和《中华人民共和国立法法》的规定，教育立法一般分为提出法律草案、审议法律草案、通过法律、公布法律四个步骤。

1. 提出法律草案

提出法律草案是我国立法的第一个阶段，是法律审议、通过、公布的前提。提出法律草案是法律规定的国家机关和人员的专有职权。

2. 审议法律草案

法律草案的审议，是指立法机关对于已列入议事日程的法律草案正式进行审查和讨论。

3. 通过法律

法律的通过是指立法机关对法律草案表示正式同意，使之成为法律。

4. 公布法律

法律的公布是指立法机关将已通过的法律用一定形式予以正式公布。

第二节　教育法规的实施

一、教育法规实施的含义

教育法规实施是指教育法律规范在教育实践过程中的具体运用和实行。在教育法制的运行过程中，教育法规的实施是最关键、最重要的环节。

二、教育法规的实施方式

教育法规的实施方式包括遵守和适用。

（一）教育法规的遵守

教育法规的遵守是指国家机关及其工作人员按照教育法律规范的要求去做出行为；

守法的方式包括禁令性遵守、义务性遵守、权利性遵守。

（二）教育法规的适用

1. 教育法规的适用的含义

广义上讲，教育法规的适用是指国家权力机关、国家行政机关、国家司法机关及其公职人员依照法定的权限和程序，将教育法运用于具体的人或组织的专门活动。

狭义上讲，教育法的适用是专指国家司法机关依照法定的权限和程序，运用教育法处理各种案件的专门活动。

2. 教育法规适用的特点

教育法规适用的特点表现在：教育法规适用的主体是检察机关和审判机关；教育法规适用具有被动性；教育法规适用具有国家强制性；教育法规适用具有程序法定性；教育法规适用具有态度中立性；教育法规适用具有裁决权威性。

3. 教育法规适用的要求

公正准确、合法合理、及时高效。

三、教育法规的效力和解释

（一）教育法规的效力

教育法规的效力包括形式效力、时间效力、空间效力、对人效力。

1. 形式效力

它是母法与子法，上位法与下位法的层级效力关系。

例如，宪法是国家根本大法，高于其他一切法律。宪法以下依次是教育基本法、教育单行法、教育行政法规、地方性教育法规和地方政府教育规章，后者不能与前者相抵触，法律效力也依次降低。

2. 时间效力

教育法规的时间效力主要是指教育法规何时生效、何时失效、有无溯及既往的效力问题。例如，《教育法》第八十六条规定：本法自 1995 年 9 月 1 日起施行。

3. 空间效力（地域效力）

教育法规的空间效力是指教育法规适用的地域范围。例如，《中华人民共和国教育法》适用于全中国。

4. 人的效力

人的效力是指教育法规对什么人有约束力。"人"是指法律关系主体，包括自然人和法人，也包括国际组织和国家。例如，《未成年人保护法》第三十九条规定：任何组织或者个人不得披露未成年人的个人隐私。

（二）教育法规的解释

教育法规的解释是指对教育法律规范所作的说明。这种说明要根据一定的标准和原则、按照一定的权限和程序进行，可以对教育法规的字义、目的进行阐释。根据解释的效力不同，教育法规的解释可以分为正式解释与非正式解释。

1. 正式解释

正式解释又称法定解释、有权解释，是由特定的国家机关依照宪法和法律所赋予的权限，对有关法律所进行的解释，它同被解释的法律具有同等的法律效力。根据主体的不同，法定解释又可分为立法解释、司法解释、行政解释和地方解释几种。

（1）立法解释是立法机关对法律所作的解释，即立法机关对法律条文本身作进一步的解释、说明或补充。

（2）司法解释是司法机关将法律适用于具体案件时对法律所作的解释。

（3）行政解释是国家行政机关在处理其职权范围内的事务时，对有关法规所作的解释。这种解释没有普遍的约束力，只是对所处理的特定事务有法律效力。

（4）地方解释指凡属地方性法规条文本身需进一步明确界限或作补充规定时，由制定法规的省、自治区、直辖市人民代表大会常务委员会进行解释或作出规定。

2. 非正式解释

非正式解释又称无权解释，包括学理解释和任意解释两种。

（1）学理解释也称法理解释，一般是指社会组织、学者和报刊对有关法律所进行的法理性的、法制宣传性的解释。

（2）任意解释是指一般公民、当事人、辩护人根据自己对法律的理解所作的说明。

四、教育法规实施原则

1. 教育性原则

在教育法规的实施过程中，我们应该坚持以教育为主，行政、司法强制为辅，使教育法律关系的主体自觉做到学法、知法、守法。

2. 效力性原则

这一原则是指实施教育法规时，要明确把握各项教育法规的适用范围，包括教育法规的形式效力、时间效力、空间效力和对人的效力。

3. 民主性原则

这一原则是指在教育法规实施过程中，要向公民明示教育法规，保护公民的民主权益。比如说教育行政部门在进行执法的过程中，要做到公开透明，不得暗箱操作。

4. 平等性原则

中华人民共和国公民在法律面前一律平等。

第三节　教育行政执法

一、教育行政执法的含义

教育行政执法是国家有关行政机关及其所属工作人员在现实生活中实施教育法规的活动。教育行政执法是权利和义务的履行。

二、教育行政执法的特征

1. 国家意志性

教育法就是国家意志在教育领域的体现，其表达的是国家对教育的要求和立场。

2. 法律性

教育行政执法的法律性包括两个方面的含义：

（1）依法成立之后就产生的行政法律效果，即非依法不得变更或者撤销的原则。

（2）具体行政行为受法律的约束。体现在两个层面：其一是对其行政对象，行政执法中要求他必须按照教育行政执法主体所实施的教育法规；其二是对教育行政执法主体自身，简而言之，行政执法中还含有守法的义务。

3. 强制性

强制性建立在以上两个特征的基础之上，指的是它的确定的、不可改变的约束力。强制性特征使教育行政执法成为具有权威性的有效活动。

4. 单方权威性

由于教育行政执法是由国家行政机关代表权力机关执行教育法规的活动，因此其执法主体可以通过拥有的各种强制手段来使执法对象服从，而并不需要考虑其执法对象的个人意愿；反之，执法对象必须无条件地服从执法主体的约束。这就使教育行政执法成为一种具有单方权威性的活动。

5. 主动性

教育行政执法一般由行政机关主动作出，一经决定就必须立即处理。换言之，教育行政执法可以看作是一种对教育决策加以具体贯彻执行的活动，同时也是对决策的执行和对教育活动的管理，其应当而且必须是积极主动的，而不是消极被动的。

6. 主体多元性和内容丰富性

由于教育本身就是个复杂而庞大的体系，而其自身的复杂性也就决定了教育行政执法主体的多元性和执法内容的丰富性。

7. 公益性

众所周知，教育的发展不仅关乎个人，更是一项关乎民族与国家发展的公益事业。

8. 执法对象的内部性和外部性

一般行政执法的对象往往涉及的是行政系统外部的相对人，而教育行政执法的特殊性还表现在它所执法的对象除了外部相对人以外，还包括行政系统内部的相对人。

三、教育行政执法的原则

教育行政执法不是一种任意进行的执法活动，它必须遵循合法性原则、越权无效原则、权责统一原则、应急性原则、合理性原则和公开、公正原则。

1. 合法性原则

所谓合法性原则，简言之，即教育行政执法必须符合有关法律规定。这是由教育行政执法是一种法律性活动所决定的。

2. 越权无效原则

这一原则是由合法性原则引申而出，并对合法性原则进行反证。其含义是指超越法定职权范围的教育行政执法行为属于无效行为。

3. 权责统一原则

在教育行政执法过程中，教育行政机关依据职责权限对教育行政相对人适用法律规范，并承担相应的法律责任。

4. 应急性原则

应急性原则以行政法所确定的行政紧急权力为基础而提出。其含义是指根据公共利益的需要，在紧急情况下，采取的非法行为可以有效。

5. 合理性原则

这一原则是指在进行教育行政执法时，所采取的措施、手段等在内容上要客观、适度、符合理性。这一原则是针对教育行政执法中存在自由裁量权而提出的。比如当执法部门有一定权限时，轻的给轻罚、重的给重罚。

6. 公开、公正原则

由于教育行政执法具有单方权威性、强制性等特征，教育行政执法还应该遵循公开、公正原则。

第四节　法律制裁

一、违法的含义

违法是一切违背现行法律规范的要求，超出了现行法律规范允许范围内的危害社会的行为。构成违法的四个要素是：违反现行的法律、破坏了某种法律保护的社会关系、有主观上错误、具有法定责任能力。

二、违法的种类

违法一般可分为行政违法行为、民事违法行为和刑事违法行为。

按性质划分，违法行为可分为一般违法行为以及犯罪行为。

按内容划分，违法行为可分为违反宪法行为、刑事违法行为、民事违法行为、行政违法行为。违反宪法行为就是违反宪法的行为；刑事违法行为就是违反刑事法律法规的行为；民事违法行为就是违反民事法律法规的行为；行政违法行为就是违反行政管理法律的行为。

三、法律制裁的方式

（一）行政制裁

行政制裁是指由特定的国家行政机关或企事业组织对违反有关行政法规的行为和责任人所采取的惩罚措施。行政制裁可分为以下两种方式：

1. 行政处分

行政处分是指国家机关、企业事业单位按照行政隶属关系，给予犯有轻微违法违纪失职行为、尚不够刑事处分的所属人员的一种惩罚措施，包括警告、记过、记大过、降级、撤职和开除等。

2. 行政处罚

行政处罚是指由特定的行政机关或法定的授权组织对违反特定的行政管理法规但尚未构成犯罪的个人和组织的惩罚措施，主要包括申诫罚、财产罚、行为罚和人身罚四种。

（二）民事制裁

民事制裁是指对违反民事法律规范，损害他人民事权益而应承担民事责任的人所采取的强制措施。

民事制裁主要包括停止侵害、排除妨碍、清除危险、返还财产、恢复原状、修理重做和更换、赔偿损失、支付违约金、消除影响、恢复名誉和赔礼道歉。

（三）刑事制裁（最严重的制裁）

刑事制裁是指对违反刑事法律规范的犯罪分子依其所应承担的刑事责任而实施的惩罚。

我国的刑罚分为主刑与附加刑两类。

主刑有管制、拘役、有期徒刑、无期徒刑和死刑五种。死刑在某种情况下可以缓期执行，缓刑期一般为两年，缓刑期到时，根据具体情况决定执行或者不执行死刑。

附加刑有罚金、剥夺政治权利和没收财产三种。附加刑既可附在主刑上适用，也可以独立使用。

刑罚只能由人民法院依法判处，其他国家机关均不得适用。

第五章

教育法律责任

第一节　教育法律责任概述

一、教育法律责任的含义

教育法律责任是教育法律关系的主体因实施了违反教育法的行为，依法应承担的带有强制性的法律后果。

二、教育法律责任的归责要件和归责原则

（一）教育法律的归责要件

1. 责任主体

不同的违法行为具有不同的责任能力，在这里就不加赘述了，在教育领域涉及较多的是民事责任。

2. 损害事实

这是构成教育法律责任的前提条件。其有两种情况，一种是违法行为造成了实际损害，如体罚学生致使学生身体受到伤害；另一种是违法行为虽未实际造成损害，但已存在这种可能性，如有关部门明知学校房屋有倒塌的危险，却拒不拨款维修。

3. 损害行为必须违法

损害行为必须违法即行为人实施违反法律、法规的行为。假若行为人的行为没有违法，他就不需要承担法律责任。违法是构成教育法律责任的前提条件。

4. 行为人主观有过错

行为人主观有过错即故意和过失两种，所谓故意是指行为人明知自己的行为会发生危害社会的结果，还希望或放任这种结果的发生。

5. 违法行为与损害事实之间具有因果关系

两者之间存在着必然的联系。需要注意的是，损害事实和违法行为都作为归责的前提条件，但损害事实优先选择。

（二）教育法律责任的归责原则

1. 过错责任原则

过错责任原则贯彻的是"无过错即无责任"精神，也就是以过错来判断主体是否承担责任，但这只限于法律无特殊规定的情况，换言之，一般情况下我们用的就是过错责任原则。

2. 过错推定原则

过错推定原则也称为过时推定，是指根据已知的事实所进行的推断和确定，指如果原告能证明自己所受的损害是由被告所致，而被告不能证明自己没有过错，则推定被告有过错并承担民事责任。其和前者的相同之处在于同样是看主体是否有过错，而过错责任是直接看出，过错推定是间接得出。

3. 无过错责任

无过错责任也称为无过失责任，是指损害发生后当事人无过错也承担责任的一种法定责任形式，其目的在于补偿受害人所受到的损失。这就是在法律特别规定下适用的原则。

4. 公平责任原则

公平责任原则是指当事人双方在造成损害时均没有过错的情况下，由人民法院根据公平的原则，来判定当事人对受害人的财产损失给予适当的补偿。

三、教育法律责任的分类

法律责任可以按不同标准进行分类。最为常见的是依照违法的性质加以划分，主要分为行政法律责任、民事法律责任和刑事法律责任。

1. 行政法律责任

行政法律责任是指行政法律关系主体违反了行政法律、法规所应承担的法律后果。由于教育法具有行政法的性质，所以行政法律责任是违反教育法的一种最主要的法律责任形式。其中，考试出现的行政责任主要有两类：行政处罚和行政处分。

行政处罚是指国家行政机关依法对违反行政法律规范的组织或个人进行的行政制裁。教育行政处罚的种类主要有 10 种：①警告；②罚款；③没收违法所得，没收违法颁发、印制的学历证书、学位证书及其他学业证书；④撤消违法举办的学校和教育机构；⑤取消颁发学历、学位和其他学业证书的资格；⑥撤消教师资格；⑦停考、停止申请认定资格；⑧责令停止招生；⑨吊销办学许可证；⑩法律、法规规定的其他行政处罚。

行政处分是由国家机关或企事业单位对其所属人员予以的惩戒措施，包括警告、记过、记大过、降级、降职、撤职、开除留用察看和开除。

2. 民事法律责任

民事法律责任是指行为人由于民事违法行为所承担的法律后果。我国《民法通则》第一百零六条规定："公民、法人违反合同或者不履行其他义务的，应当承担民事责任。公民、法人由于过错侵害国家的、集体的财产，侵害他人财产、人身的，应当承担民事责任。没有过错，但法律规定应当承担民事责任的，应当承担民事责任。"因此我们可以看出，承担民事责任的主体是公民和法人。典型的民事违法行为就是违约行为和侵权行为。

3. 刑事法律责任

刑事法律责任是指行为人刑事违法所应承担的法律后果。追究教育刑事法律责任是国家对违反教育法的行为人最为严厉的法律制裁。

第二节　侵权责任

一、学校和老师对学生的侵权行为

1. 侵犯学生的受教育权

受教育是学生的基本权利，因此听课、作业、参加各种教育教学活动是学生教育的基本权利。

2. 侵犯学生的人身自由权

这类侵权行为主要表现为：以未完成作业或不守纪律为由，使学生不能按时下课或放学，或剥夺学生课外自由活动时间；罚站、罚打扫卫生、罚写作业、罚跑步等，造成学生身心健康受损害；非法搜身、拘禁学生等。

3. 侵犯学生的人格尊严

这类侵权行为主要表现为：讽刺、挖苦学生；故意侮辱学生、谩骂学生；不尊重学生的隐私权，将学生的家庭隐私与学生成绩及行为表现随意公开；给学生取一些歧视性的绰号，或侮辱性的称号，如"弱智""笨蛋"等；基于学生的家庭、性格、性别、民族、长相等，以歧视的态度和行为侮辱或讽刺学生的父母或其他家庭成员及不公平的评价学生。

4. 侵犯学生的身体健康权

身体健康权是学生人身权的重要内容，导致这种权利受侵害的主要违法行为是体罚行为和变相体罚行为。

5. 侵犯学生的财产权

学生的合法权益包括学生的财产权。学校、教师侵犯学生财产权的行为主要表现为损坏学生财物、没收学生财物、乱罚款、乱收费等。

二、学校和教师常见的侵权行为

学校提供的校舍、场地、其他教育教学设施和生活设施，存在重大的安全隐患；学校安全制度不健全，未对学生进行安全教育；学校提供的药品、食品、饮用水不符合法定标准；学校教师体罚或变相体罚学生；学校组织或安排未成年学生参加不宜从事的体育运动、劳动或其他活动，造成学生人身伤害，侵犯了未成年学生的生命健康权和身体权。

学校强令学生征订刊物，推销学校指定的学习、生活用品，强令学生认购所谓"献爱心"贺年卡片；强行要求学生乘坐指定车辆，就餐指定食堂，购物指定商店；教师以上课做小动作为由扣押学生自用的书籍、玩具，以"少儿不宜"为由没收学生自备的手机、游戏机；学生车辆在校遗失，按校规"责任一律自负"，侵犯了未成年学生的财产权、自主选择权。

教师怀疑学生偷窃财物或考试作弊，要求学生当众打开书包展示物品、相互或自我搜身，侵犯了未成年学生的名誉权；学校未经学生本人同意，私摄学生生活肖像，用于招生广告之需，侵犯了未成年学生的肖像权；学校将学生的投稿修改后，以学校的名义发表，并参加评比活动，侵犯了未成年学生的著作权（署名权、发表权、修改权、保护作品完整权和作品获利权）和荣誉权。

教师以爱护学生为由，擅自开拆学生私人信件；学校按成绩高低顺序排列，张榜公布学生的学习成绩；语文教师怀着"奇文共欣赏"的心态，"演说"学生写得不好的作文，侵犯了未成年学生的隐私权和名誉权。

学生有特异体质或者患有特殊疾病，不宜参加一些教学活动，学校未予以适当安排；对于患有急病的学生，学校不及时与学生家长联系，不及时送医院抢救治疗，侵犯了未成年学生的获得照顾权。

学校对有残疾、相貌不端的学生借故不录取；歧视和刁难有不良记录的学生；把成绩不佳的学生的座位安排在"后""边""角"，侵犯了未成年学生的平等权。

学校要求学生有意见必须先向老师反映，不准避开学校越级上访，更不准向社会媒体反映；学校对学生的处理决定，不准学生申辩，视申辩为不服管教；学生在校园受到伤害后，学校不准学生随便诉之法律，侵犯了未成年学生的批评、建议、申诉、控告、检举权和诉讼权。

学校收缴各种代办费，具体收费项目和标准不让学生知悉；学校举行体检和测试，结果不让学生了解，侵犯了未成年学生的知情权。

学校为片面追求升学率，随意延长学生的学习时间，利用周六、周日及节假日时间补课，侵犯了未成年学生的休息权。

第六章

学生的权利及其维护

第一节　学生的权利概述

一、学生的权利的含义

学生的权利是指学生依照国家法律法规规定而拥有的一切正当权利。它既包括学生作为公民所应该享有的权利——公民权利，也包括作为受教育者在教育活动中应该享有的权利——受教育权利。

教育法规主要对受教育者的教育权利和教育义务进行规定。但是，学生作为公民的其他权利的保障，也应该是教育法学研究的对象之一，因为在受教育者中，有相当一部分是未成年人，其权益最容易受到侵犯。

二、学生权利的主要内容

（一）受教育权（学生最基本的权利）

1. 受完法定年限教育权

受完法定年限教育权是指学校不得随意开除接受九年义务教育的学生。

2. 学习权

学生有权利在义务教育的年限内在校学习，在教育教学过程中，教师不得以任何借口随意侵犯或剥夺学生参加学习活动，诸如听课、写作业的权利，以及学生使用教育教学设施的权利。例如：老师让小明去门口罚站、因为调皮不让小明使用化学设备或者不让小明写作业都侵犯了小明的学习权。

3. 公正评价权

学校和老师要公正客观地评价学生，在毕业时要给学生颁发相应的证书。

（二）人身权（公民最基本的权力）

1. 身心健康权

身心健康权是指保护学生的人身安全、生命健康、心理健康等。例如：毒操场，危楼教室，将学生体罚至重伤，向学生兜售淫秽、暴力、凶杀、恐怖等毒害未成年人的图书、报刊、音像制品都伤害了学生的身心健康。

2. 人身自由权

学校和教师不得以任何理由随意对学生进行搜查，不得对学生关禁闭。

3. 人格尊严权

学校、教师应当尊重学生尊严，不得对学生实施体罚、变相体罚或其他侮辱人格尊严的行为。

4. 隐私权

学校和教师有义务保护学生私人、不愿或不便让他人干涉的、与公共利益无关的信息或生活领域不被他人所知的权利。老师不得私自拆开学生的日记、信件、小纸条，也不得公开学生成绩、排名或者按照成绩排列学号。

（三）财产权

1. 财产所有权

教师不得随意对学生进行罚款、不能随意没收学生的物品。如果教师没收之后代为保管就没侵犯学生的财产权，没收之后如果老师随意处置了，就伤害了学生的财产权。

2. 继承权

继承权是指依法享有的、能够无偿取得死亡公民遗留的个人合法财产的权利。

3. 受赠权

受赠权是指接受别人赠予的财物的权利。

4. 知识产权中的财产权、著作权、专利权之中的财产权利

（二）义务教育阶段学生所专有的权利

1. 免试入学权

凡年满六周岁的儿童，其父母或者其他法定监护人应当送其入学接受并完成义务教育。

2. 就近入学权

地方各级人民政府应当保障适龄儿童、少年在户籍所在地学校就近入学。

3. 不交学费权

实施义务教育，不收学费、杂费。

第二节　学生权利的维护

一、学生受教育权的维护

受教育权是公民的一项基本权利，《中华人民共和国宪法》第四十六条规定，"中华人民共和国公民享有受教育的权利和义务"。

我国《宪法》《教育法》明确规定，公民享有平等的受教育权利。但是，在学生平等受教育权利的实现和保障方面，我国还存在着体制性障碍，使一些群体的子女无法享受均等的教育机会。

二、学生财产权的维护

我国中小学中侵犯学生财产权的情况在过去较长一段时期里表现比较突出，形式多样，如以"交班费""印试卷""组织活动"等为由向学生摊派费用，要求转学生、不足龄生、择校生、自费生以"赞助"的名义缴纳高额费用，以开办实验班、补习班、特长班、奥数班等为名义收取学生费用等。

（一）关于罚款问题

一些教师对学生迟到、上课违纪、随地吐痰规定了数额不等的罚款，甚至对学生考试不及格也要罚款。这种做法不仅违反了我国关于禁止中小学乱收费的规定，而且也违反了我国行政处罚的相关规定。罚款是我国行政处罚的方式之一。行政处罚有以下特征：①决定并实施处罚的机关是国家行政主管机关（包括法律、法规授权和受委托的机关和组织）；②行政处罚只适用于违反行政管理法规的行为；③行政处罚是一种严厉的行政行为。也就是说，罚款是一种行政处罚，是只有国家行政主管机关及其授权机关和组织才能实施的一种行政处罚行为。我国中小学不是行政机关，国家行政主管机关也没有授权中小学，因此中小学或教师根本就无权实施罚款。

有的中小学在自己制定的校规校纪中，也有罚款的条款。例如，在一些中小学的图书室里还张贴着有关罚款的规定，这也是违法的。在我国，有权设定行政处罚（包括罚款）的有：法律（全国人大及其常委会制定的规范性文件），行政法规（国务院制定的规范性文件），地方性法规（省、自治区、直辖市的人大及其常委会制定或批准的适用于本地区的规范性文件），规章（国务院各部委制定的部门规章及地方政府制定的地方政府规章）等几类规范性文件。因此，学校规章制度无权设定罚款，学校和教师也无权实施罚款。

（二）关于侵犯学生财产权的问题

一些地方的学校存在强行或变相推销物品、变相或公开地向学生索要钱物的情况。一些学校和教师强行向学生推销商品，或暗示学生购买某种商品，或引导学生购买某种商品。如一些学校强迫学生购买校服，统一征订教辅资料，一些教师在过节的时候收受学生或家长的礼品或金钱，在言语、行动中暗示学生送礼等。

地方的教育局和物价局作为政府部门和管理部门本应该对侵犯学生财产权的行为进行惩处，但是在一些地方却反而做起了侵犯学生财产权的事情。实际上，大多数中小学乱收费案件都是在当地政府部门、教育行政部门默许、执法不严的情况下出现的。因此，解决侵犯学生财产权问题的关键是政府部门带头守法、积极执法。

三、学生人身权利的维护

人身权是公民最基本的权利，指公民依法享有的、与特定人身相联系而又不直接具有财产内容的民事权利。尽管在中小学和幼儿园中，侵犯学生人身方面权利的现象仅仅是个别教师的行为，但是它对于青少年和儿童的健康成长会造成十分严重的负面影响，因此这是各国教育法规所一致禁止的。学校教师侵犯学生人身权利的表现有：

（一）对学生进行体罚和变相体罚

《中华人民共和国义务教育法》第十六条规定，禁止体罚学生。《中华人民共和国未成年人保护法》第十三条第二款规定：学校应当关心、爱护学生；对品行有缺点、学习有困难的学生，应当耐心教育、帮助，不得歧视。该法第十五条规定：学校、幼儿园的教职员应当尊重未成年人的人格尊严，不得对未成年学生和儿童实施体罚、变相体罚或者有其他侮辱人格尊严的行为。《中华人民共和国教师法》第三十七条规定，"体罚学生，经教育不改的"，要给予教师"行政处分或者解聘"，"情节严重，构成犯罪的，依法追究刑事责任"。

关于体罚和变相体罚，我国教育法规尚无明确的界定，这也为实践中判断体罚行为和辨别正常的教育行为与体罚的区别带来了一定的困难。不少教师反映，由于严格禁止体罚学生，而对体罚与非体罚的界限又无明确规定，因而使不少教师在教育中感到十分为难。例如，对于不遵守纪律的学生或上课打瞌睡的学生，教师让学生站立以示警示的通常做法算不算体罚？让学生站多久是体罚性的罚站呢？

从字面意义看，体罚就是身体惩罚。因此我们可以将体罚解释为学校教学人员或其他人员对学生实施身体惩罚的行为。对于体罚而言，使学生的身体受到损伤是一个主要特征，因此无论教师是否亲自（亲手）实施惩罚行为，只要学生身体受到损害或产生不适，都可以归为体罚，如打耳光、打手心、扯耳朵、罚跪、罚晒、罚冻等。变相体罚是一种具有隐蔽性、欺骗性的体罚行为，如罚抄作业等。

（二）侮辱学生的人格

侮辱学生人格主要表现为两种形式：一是言语侮辱，即责骂学生是"笨蛋""蠢驴""傻瓜""畜生""畜生生的"等；二是对学生进行行为上的侮辱性惩罚，如在学生胸前挂黑牌，让其在教室里"游街示众""亮相"，或在学生脸上贴纸条、涂阴阳脸、刻侮辱性的文字等。

（三）侵犯学生隐私权

隐私是人不愿意公开的信息。教师侵犯学生隐私权的现象时有发生，主要表现为私拆或扣留学生信件、公开宣读或张贴学生信件、私自翻阅学生日记等形式。《未成年人保护法》（1991 年）第四条规定："尊重未成年人的人格尊严。"第十五条规定："学校、幼儿园的教职员应当尊重未成年人的人格尊严，不得对未成年学生和儿童实施体罚、变相体罚或者其他侮辱人格尊严的行为。"第三十条规定："任何组织和个人不得披露未成年人的个人隐私。"第三十一条规定："对未成年人的信件，任何组织和个人不得隐匿、毁弃；除因追查犯罪的需要由公安机关或者人民检察院依照法律规定的程序进行检查，或者对无行为能力的未成年人的信件由其父母或者其他监护人代为开拆外，任何组织和个人不得开拆。"1994 年，教育部在《关于全面贯彻教育方针减轻中小学生过重课业负担的意见》中明确规定："学校、教师不得按学生考分高低排列名次，张榜公布。"2001 年，教育部又在《基础教育课程改革纲要（试行）》中明文规定："教师应对每位学生的考试情况作出具体的分析指导，不得公布学生考试成绩并按考试成绩排列名次。"这一系列的部门规章和地方性法规都要求对学生的分数提供隐私权的保护。《上海市未成年人保护条例》（2004 年）规定："学校不得张榜公布学生的考试成绩名次。"教育法规作出这些规定的目的是保护未成年人的隐私权。

第七章

教师的权利及其维护和义务

第一节　教师的权利及其维护

一、教师的权利

（一）教师权利的含义

教师权利是指教师在教育活动中享有的由教育法赋予的权利，是国家对教师在教育活动中可以做的或不可以做的一定行为的许可与保障。根据性质的不同，教师的权利可以分为一般权利和职业权利两类。一般权利是教师作为公民依法享有的权利。作为公民，教师享有宪法和其他法律法规所规定的一切权利，如选举权、被选举权、人身权、姓名权、隐私权、财产权等。教师的这些权利不由教育法规规定。职业权利是教师作为教育实施者依据教育法规享有的教育权利及与职业相关的其他权利。

（二）教师职业权利的内容

教师职业权利的内容包括以下六个方面：

1. 教育教学权

教书育人是教师职业的根本职责。依照国法校规从事教育教学活动是《教师法》赋予教师的权利。只要教师的教学活动内容和范围在法律规定的框架内，任何人都不得以任何借口剥夺教师的这一权力。

2. 科学研究权

教师不断的进修、学习，促进自身的专业发展是其专业对教师个体工作提出的要求，也是《教师法》对教师权益的一种保障。它不仅能够促进教师不断进步、提高专业素质、促进专业发展，而且更有利于教育科学事业的发展。

3. 管理学生权

这条规定赋予了教师在教育教学过程中的主导地位。教师在教学大纲和教学计划的指导下，根据学生的接受能力和教学内容特点自主组织教学和选择教学方法是《教师法》赋予教师的权利，任何人都不得侵犯教师的这一权利。

4. 获取报酬权

教师的待遇直接关系到教师的社会地位和教师职业吸引力等问题。因此，国家在提高教师待遇，保障教师的生活水平方面给予了较大的关注，并将教师所享受的福利待遇用法律的形式规定出来，这样就利用法律的强制力保障了教师收入的稳定及其应享有的优惠条件。

5. 参与管理权

教师参与学校管理，为学校及教育事业的发展出谋划策不仅有助于学校管理的民主化发展，而且还可以增强教师的主人翁情感和意识，提升教师的职业热情。

6. 进修培训权

教师职业的复杂性和挑战性决定了教师个体在其职业生涯中必须不断的进修和发展，才能够适应不断变化的社会和教师职业的要求。法律对于教师职业权利的规定，不仅是对教师工作安全感和稳定性的保障，也是对教育教学活动神圣权利不可侵犯的一种保障。

（三）教师权利的维护

1. 教师教育权利的维护

（1）教师教学权的维护：教学权是教师的基本职业权利。任何单位和个人都不得侵犯教师的这项职业权利。

（2）教师按时、足额获取工资权利的维护：教师按时、足额获取工资的权利是劳动者的权利。

（3）教师民主权利的维护：教师的民主权利是教师参与学校民主管理的权利。《教师法》第七条规定：教师享有"对学校教育教学、管理工作和教育行政部门的工作提出意见和建议，通过教职工代表大会或者其他形式，参与学校的民主管理"的权利。

（4）在中小学还有侵犯女教师职业权利的情况，如学生要求调走怀孕的老师等。

2. 教师人身权利的维护

《教师法》第三十五条规定："侮辱、殴打教师的，根据不同情况，分别给予行政处分或者行政处罚；造成损害的，责令赔偿损失；情节严重，构成犯罪的，依法追究刑事责任。"教师人身权利的保障中，还涉及教师在学校的安全问题。

第二节　教师的义务

教师的义务主要包括以下六个方面：

（1）遵守《中华人民共和国宪法》、法律和职业道德，为人师表。作为一名基层教育工作者，身为中华人民共和国公民便承担起爱国守法的基本要求。

（2）贯彻国家的教育方针，遵守规章制度，执行学校的教学计划，履行教师聘约，完成教育教学工作任务。

（3）对学生进行宪法所确定的基本原则的教育和爱国主义、民族团结的教育，法制教育以及思想品德、文化、科学技术教育，组织、带领学生开展有益的社会活动。

（4）关心、爱护全体学生，尊重学生人格，促进学生在品德、智力、体质等方面全面发展。

（5）制止有害于学生的行为或者其他侵犯学生合法权益的行为，批评和抵制有害于学生健康成长的现象。

（6）不断提高思想政治觉悟和教育教学业务水平。

第八章

教育法律救济

第一节　法律救济概述

一、法律救济的含义

法律救济是指公民、法人或者其他组织认为自己的人身权、财产权因行政机关的行政行为或者其他单位和个人的行为而受到侵害，依照法律规定向有权受理的国家机关告诉并要求解决，予以补救，有关国家机关受理并作出具有法律效力的活动。

二、法律救济的特征

一是受理机关法定。只能由法律授权的国家行政机关和人民法院受理并作出裁决。

二是有严格的受理范围和审理程序。行政复议法、行政诉讼法、民事诉讼法和国家赔偿法分别作了明确规定，超出受理范围有关机关将不予受理，违反法定程序要承担法律责任。

三是有明确的申请、起诉期限。申请行政复议期限，为自知道具体行政行为之日起 60 日；提出行政诉讼的期限，为知道具体行政行为之日起 3 个月，或者自收到行政复议决定书之日起 15 日；提起国家赔偿要求，为国家机关及其工作人员行使职权的行为被依法确认为违法之日起 2 年；提起民事诉讼的一般时效为 2 年。除法律另有规定外，逾期将丧失申请、起诉权。

四是审理方式明确。行政复议原则上采取书面审理，特定情况下也采取调查取证、听取意见等方式审理；行政诉讼、民事诉讼一审采取开庭审理，二审视情况采取开庭审理或者书面审理。

五是作出的决定具有法律效力，由国家强制力保证执行。不履行决定的，有关机关将依法强制执行。

三、法律救济的渠道

法律救济的渠道有四种，即行政渠道、司法渠道、仲裁渠道和调解渠道。其中，行政渠道、仲裁渠道和调解渠道统称为非诉讼渠道。

1. 行政渠道

教育行政救济渠道主要有行政申诉、行政复议和行政赔偿。行政救济是教育法律救济的主要方式。

行政申诉是教师对学校或其他教育机构及有关政府部门作出的处理不服，或对侵犯其权益的行为，依照《教师法》的规定，向主管的行政机关申诉理由，请求处理的制度。

行政复议是指当行为人认为自己的合法权利受到了行政机关的侵犯时，可以向该行政部门的上一级行政部门或者同级人民政府提出复议，请求救济。

行政诉讼是指当行为人对于申诉的处理结果不满意，认为教育行政部门的处理结果对自己产生了其他实际影响时，可以向人民法院提出诉讼。

2. 司法渠道

司法渠道又称诉讼渠道，是指相对人就特定的侵权行为向人民法院提起诉讼，请求救济。

3. 仲裁渠道

仲裁是根据双方的意愿，由仲裁机构以第三者的身份，对当事人双方发生的争议，依据事实作出判断，在权利义务上作出裁决的活动。

4. 调解渠道

调解是双方或多方当事人发生纠纷后，由人民法院、行政机关、群众调解组织从中排解疏导，说服当事人互相谅解，在民主协商的基础上解决纠纷的活动。调解有司法调解、行政调解、民间调解三种形式。

四、法律救济的原则

1. 事后救济原则

这是指法律救济行为均发生于实体法所规定的权利被侵害之后，即只有侵害权益的行为发生之后，权利救济才发生。

2. 主管职权专属原则

这是指权利救济只能向特定的机关提起，即只有特定的机关才有分配社会正义的权利。

3. 正当程序原则

这是指特定的权力机关在分配正义的过程中必须遵循规定的法律程序，依据正当程序所做出的分配正义的结果，才具有法律效力，相关的当事人必须遵从，从而才能为受害者提供有效的法律救济。

第二节 教育行政申诉制度

一、教师的申诉制度

1. 教师行政申诉制度的含义

教师行政申诉制度是指在教育法律关系过程中，教师权利受到损害时，请求处理或重新处理的制度。其具三个基本特征：法律性、特定性、非诉讼性。

2. 教师可以提出申诉的情况

《教师法》对教师可以对学校或其他教育机构提出申诉的范围规定得比较宽，主要有：

教师认为学校或其他教育机构侵犯其《教师法》规定的合法权益的，可以提出申诉。

教师对学校或其他教育机构作出的处理决定不服的，可以提出申诉。

教师认为当地人民政府的有关部门侵犯其《教师法》规定的合法权宜的，可以提出申诉。

3. 教师申诉的受理

教师如果是对学校或其他教育机构提出申诉的，受理申诉的机关为主管的教育部门；如果是对当地人民政府的有关行政部门提出申诉的，受理申诉的机关可以是同级人民政府或者是上一级人民政府对口的行政主管部门。

4. 教师申诉的程序

教师申诉制度由申诉提出、受理和处理三个环节组成，并依次序进行。

二、学生的申诉制度

1. 学生申诉制度的含义

学生申诉制度，是学生因对学校或者其他教育机构的有关职能机构或人员作出的有关处理决定不服，或认为有关具体行为侵犯了自身的合法权益，申请学校或其他教育机构依照规定程序进行审查处理的制度。

2. 学生申诉制度制定的依据

学生申诉制度制定的依据是《中华人民共和国教育法》《中华人民共和国教师法》《中华人民共和国未成年人保护法》以及其他有关法律法规。

3. 学生申诉范围

学生对班主任、任课教师、学校有关职能部门做出的处理决定不服的；学生对学校有关职能部门做出有关个人或集体的处分、奖励决定，认为与事实不符或奖励不当的；学生认为教师在教育过程中有违职业道德，采取体罚或变相体罚以及其他侮辱学生人格、侵犯学生合法权益的行为和做法的；学生认为学校的管理、规章制度、教学设施等违背有关法律法规和上级文件精神，或影响学生身心健康的；其他侵犯学生合法权利的行为或处理决定。

4. 申诉受理机构、申诉审查、申诉决定

校内学生申诉的受理机构是学校政教处。对学生提出的申诉，政教处要按一定程序，依照有关法律法规和规章制度，在弄清事实的基础上参考多数人的意见，形成书面处理决定，并报请学校领导作出最后裁决。

对学生的申诉请求，有关部门应予认真审查，对符合申诉条件的应予受理，对不符合条件的，应以书面形式决定不予受理，并告知申诉人。

学校申诉工作程序包括申请人申请审查，有关部门予以受理，直接听取争议双方意见和理由进行必要的调查工作，最后作出处理决定，并以书面形式通知申请人和被申请人。

对有关申诉请求，受理部门应根据具体情况，分别作出维持、责令限期改正、撤销原处理决定，或在管理权限内作出变更的决定。

5. 申诉的其他问题

学生对学校或教师作出的有关处理决定不服的，可对作出决定的教师或有关职能部门提出申诉。学生有关其他申诉要求的，亦可直接向申诉受理机构或学校领导提出申诉。被申诉人既可是有关部门，也可是有关人员。

申诉应有申诉人以书面形式提出，若申诉人无行为能力，学生可委托学生家长或监护人提出申诉。申诉应说明申诉理由、申诉原因。申诉人要根据有关法律法规、上级文件精神或学校规章制度提出申诉，反映问题要客观准确，申诉请求要合情合理。必要时，申诉人要提供有关书证、物证或人证。对无理取闹、无事生非，借申诉之机行个人报复的，一经查实，学校要给予严肃处理，以确保申诉制度的严肃性。

申诉受理机构或人员要客观、公正地解决问题，严格依照法律法规、上级文件、校内有关制度办事，作好记录和资料保管，健全各类档案。处理结果应记录在案，并以书面形式作出处理决定，告知有关人员。

学生申诉，学校有关部门人员最迟在 10 日内做出答复，不得相互推诿或故意拖延；申诉人对处理决定不服的，也应在 5 日内向上级有关部门或有关领导提出申诉。规定期限内无异议的，则视为决定生效，本人应无条件执行。

6. 学生申诉制度的程序

（1）申诉的提出。受教育者可以通过口头或书面形式提出申诉申请。申请书应写明以下事项：申请人的姓名、性别、年龄、住址；被申请人的名称、地址；申诉理由和事实根据以及相应证明；提出申请的日期。受教育者申诉应有明确的理由和请求，并应提出有关的法律、法规依据。

（2）受理。申诉机构在接到受教育者或其监护人的申诉后，应及时进行审查，对符合申诉条件的应予受理，不符合申诉条件答复不予受理，并告知申诉人理由。

（3）处理。受理机构应通过审查、调查，直接听取双方当事人意见和理由等方式，在规定的时间内作出处理决定。如果逾期未作处理，申诉内容涉及人身权、财产权的，申诉人可依法提起诉讼。可见，受教育者申诉制度的程序与教师申诉制度的程序相同。

三、教育行政复议和教育行政诉讼

1. 教育行政复议的含义

教育行政复议是指教育行政相对人（如学校和教师）认为教育行政机关作出的具体的行政行为侵犯其合法权益，从而向作出该行为机关的上一级教育行政机关或该机关所属的本级人民政府提出申诉，受理申诉的行政机关对发生争议的具体行政行为进行复查并作出决定的活动。复议申请书应载明下列内容：申请人的自然情况（姓名、性别、年龄、职业、住址等）；被申请人的名称、地址；申请复议的要求和理由；附交有关的物证、书证或复印件；提出申请的日期。

教育行政复议机关的复议结果不具有最终的法律效力，申请人不服还可以诉讼。

教育行政复议是行政行为；学校可以成为行政复议的被申请人。

2. 教育行政复议程序

（1）申请。教育行政复议申请可以书面形式提出，也可以口头申请。书面形式申请应在 60 日内提出复议申请书。

（2）受理。它是指教育行政复议机关基于相对人的申请，经审查认为符合法律规定的申请条件，决定立案并准备审理的行为。

（3）审理。它是教育行政复议的中心阶段。复议机关应当在受理之日起 7 日内将复议申请书副本发送被申请人。被申请人在收到复议申请书副本之日起 10 日内，应向复议机关提交做出具体行政行为的有关材料或者证据以及答辩书。被申请人逾期不答辩的，不影响复议。

（4）决定。它是指对案件进行审理后，在判明具体行政行为的合法性、正当性的基础上，有关机关作出相应的裁断。复议机关应在复议期限内（自受理之日起 60 日内）作出决定。复议决定有：维持决定、补正程序决定、撤销和变更决定、履行职责决定、赔偿决定。

（5）执行。复议决定生效后就具有国家强制力，复议双方应自觉履行；否则，将强制执行。

3. 教育行政诉讼

教育行政诉讼是指教育行政管理相对人认为教育行政机关的具体行为侵犯其合法权益，依法向人民法院起诉，请求给予法律救济，并由人民法院对行政行为进行审查和裁判的诉讼救济活动。

教育行政诉讼是司法行为。行政诉讼的被告是行政主体不是个人。

第四部分
教师职业道德

- 教师职业道德概述
- 教师职业道德修养和教师职业道德评估
- 教师职业道德基本原则、范畴和规范
- 教师职业道德的养成

第一章

教师职业道德概述

第一节　教师职业道德的含义与特点

一、教师职业道德的含义

（一）教师职业道德的含义

教师职业道德是指教师在从事教育劳动时所应遵循的行为规范和必备的品德的总和，是调节教师与他人、与社会关系时所必须遵守的基本道德规范的行为准则，以及在此基础上所表现出来的道德观念。教师职业道德是一定社会对教师职业行为的基本要求和概括，包括三大方面，忠诚于教育事业、热爱学生、团结协作。教师职业道德的因素构成主要有：职业理想、职业责任、职业态度、职业纪律、职业技能、职业良心、职业作风和职业荣誉等。

（二）教师职业道德的起源

旧的伦理学道德起源学说有四种：神启说、天赋说、情感欲望说、动物本能说。

神启说认为道德源于神的启示或天的旨意，企图从"神""上帝"或者"天""绝对精神"那里引申出道德。

大赋说认为道德源于先天存在的良知或绝对精神，这种起源说把道德说成是人与生俱来、内心固有的是非观念和行为规范。

情感欲望说认为道德源于人的情感欲望要求，人的善性来自对物质生活的欲望，这种起源说把道德的起源归结为人的生理和心理需要，认为道德是从人的情感欲望中引申出来的。

动物本能说认为道德源于动物的合群本意，这种起源说把道德的起源归结为动物本能即合群感的简单进化和延续，主张道德来源于动物界。

而比较科学地回答起源问题的是马克思主义的道德起源学说，它真正解决了道德起源的客观基础，并把握人类道德的发展规律，是历史唯物主义道德起源说。马克思主义认为，道德作为一种道德现象，并不是从来就有的。社会关系的形成是道德赖以产生的客观条件，人的自我意识的形成与发展是道德产生的主观条件，社会劳动是道德起源的基础。社会生产力的发展和社会分工的出现是教师职业道德产生的根本原因，教师职业实践活动是教师职业道德产生的实践基础。

二、教师职业道德的特点

（一）教师职业道德的教育专门性

教师职业道德的教育专门性，即教师职业道德对教育善恶的专门体现性和对教育专门适用性。这是教师职业道德的一个基本特点。教师职业道德的形成、发展与教师这一行业有着密切的联系，教师职业的独特性，决定了教师职业道德的专门性。可以说，教师职业道德是关于教育领域是非善恶的专门性道德。因为它的一切理论都是围绕教师职业展开的。它不仅告诉人们教师职业何以为善的道理，而且指出了教师职业如何为善的途径。教师职业何以为善？教育是造福人类的事业。国家的发展，民族的未来，社会的兴衰，取决于教育和教师的工作。因为教师职业具有为善于社会、为善于人类的巨大价值，所以教师职业是非常神圣的。由此，教师职业道德揭示了教师职业的崇高和伟大。教师职业不仅是一个光荣而重要的岗位，而且是一种崇高而愉快的事业。

（二）教师职业道德要求的双重性

教师职业道德的另一个特点就是教书育人。可以说，这是教师职业道德的根本所在。教师职业道德的一切内容都是围绕这一根本问题产生的，都是与这一根本问题相联系的。古今教师职业道德的发展，始终贯穿着教书育人的要求。如我国古代《礼记·文王世子》中就有"师也者，教之以事而喻诸德者也"之说，意思是教师的职责是既要教学生有关事物的知识，又要让学生知晓立身处世的品德。苏联现代教育家苏霍姆林斯基告诫教师："请你记住，你不仅是自己学科的教员，而且是学生的教育者、生活的教师和道德的引路人。在教师职业道德中，育人被视为教书的根本，强调教师不能以教书教学生为满足，即使他能教学生学，还没有尽他的教之能事，他应该进一步教学生行做人之道。教师不应当只传授知识，训练技能和技巧，还要教育学生。这是教师的神圣天职。作为一名教师，如果只教学生读书写字、记诵经文而不引导学生感受和理解做人的道理，那就不能为社会培养有益于社会的人。正如法国教育家卢梭指出，对一名教师来说，重要的问题不在于要他拿什么东西去教孩子而是要他指导孩子去怎样做人。

（三）教师职业道德的全面性

在古今教育发展的长河中，教师职业道德越来越丰富，涉及了教师职业劳动的所有问题，充分体现了教师职业道德内容的全面性。在教师劳动价值上，它向人们揭示了教师所从事的是人类的伟大事业，是社会物质文明、精神文明、制度文明发展不可缺少的；在教师职业社会地位上，它肯定了教师职业的崇高性，把教师视为联系历史和未来的一个活的环节，是太阳底下最神圣的职业；在教师职业职责上，它强调教书育人是根本；在教师态度和情感上，它提倡爱岗敬业，以廉洁从教，不慕虚荣；在教师职业业务上，提倡不断学习，刻苦钻研，不敷衍塞责；要求严谨治学，精益求精，尽心指导，循循善诱。总之，教师职业道德充分体现了教师这一行业特有的职业理想、职业态度、职业责任、职业技能、职业规范、职业良心、职业作风、职业情操等。

（四）教师职业道德功能的多样性

教师职业道德的产生发展是社会和教师职业的需要，其功能具有多样性。它不仅对教师职业作出了重要的价值性论证和伦理性论证，而且有助于教师增强对自己职业的认识；教师职业道德作为教师这一行业所特有的伦理现象和精神文化，构成了教师这一行业特有的精神风貌，影响着从业人员的内心世界，对从业人员具有很强的职业教化作用，使其认识自己的职业价值，培养起对职业的敬重感、自豪感、责任感，形成坚定的职业信念，成为职业工作源源不断的精神动力；教师职业道德作为关于教师行为善恶标准和观念意识，它不仅是衡量评价教师职业行为及其水平的重要依据，对教师行为具有重要的引导作用，而且是教师在职业活动中对各种关系和矛盾加以调节和引导的重要依据，对教育活动中的人际关系以及人际关系中的利益关系具有重要的调节作用；教师职业道德作为教师个体内在的道德信念和道德品质，不仅能够增强和提高教师对职业道德的评价能力，而且能增强教师言行示范的自觉性，促进教师职业道德修养及道德水平的不断提高等，这些都说明教师职业道德功能的多样性。

（五）教师职业道德影响的广泛性和深远性

因为教师是教书育人的园丁，学生桃李满天下，教师职业道德具有广泛性，教师的职业道德影响一代甚至几代人，更具有深远性。

第二节　教师职业道德的结构与功能

一、教育职业道德的结构

（一）教师职业道德的结构的基本内涵

从关系对象上看，其主要包括对学生公正，爱护，尊重；对教育事业和教育工作要尽心尽力；对自身要不断的完善。

从调整原则上看，教师要有奉献精神、实践智慧并持续发展。

从发展水平上看，教师要有遵纪守法做合格公民的底线，履行教师基本职责、完成教育教学任务的基线，实现师德理想、成为德性教师的上线。

（二）教师职业道德的结构的基本内容

1. 教师职业理想

教师职业理想是指人们对未来工作类别的选择以及在工作上达到何种成就的向往和追求，包括热爱教育事业，热爱学生，献身教育事业，勇于同一切危害教师事业的行为进行坚决的斗争，不断提高自身素质。能体现教师职业道德本质的是职业理想。

2. 教师职业责任

教师职业责任是指教师必须承担的责任和义务。教师要自觉地做到对学生负责、对学生家长负责、对教师集体责任和对社会负责。

3. 教师职业态度

教师职业态度是教师对自身职业劳动的看法和采取的行为。教师必须有主人翁的责任感、从事教育劳动的光荣感、自豪感、肯于吃苦的精神。

4. 教师职业纪律

教师职业纪律就是教师从事教育劳动过程中应该遵守的规章、条例、守则。教师要坚持纪律意识并不断强化这种意识、认真学习教师职业纪律有关规定、在教育劳动中恪守教师职业纪律和从一点一滴做起。

5. 教师职业技能

教师职业技能指集中体现为教师教书育人的本领。教师要坚持刻苦钻研业务，不断改革更新知识，要懂教育规律，要具备一定的管理知识，要敢于实践、不断创新。

6. 教师职业良心

教师职业良心就是教师对学生、学生家长、同事及社会、学校履行义务的过程中所形成的特殊道德责任感和道德自我评估能力。教师要有强烈的教育信念、高度的责任感和使命感、对自己的行为思想进行道德控制和道德评估。

良心在社会生活中可以呈现不同的层次或者类型，如一般良心、个人良心和职业良心。

7. 教师职业作风

教师职业作风就是教师在自身职业活动中表现出来的一贯态度和行为。教师要坚持实事求是、坚持真理，工作积极、认真负责，忠诚坦白、平等待人，发扬民主、团结互助。

8. 教师职业荣誉

教师职业荣誉就是教师在履行职业义务后，社会给予的赞扬和肯定，以及教师个人所产生的尊严和自豪感。教师必须遵守和履行职业道德义务，掌握良好的职业素质，有团结协作的精神。

二、教师职业道德的功能

（一）教师职业道德的认识功能

教师职业道德的认识功能体现在：能够区分生活中的真善美和假丑恶；为教师提供了全面的、科学的认识教育活动的工具；可以帮助教师处理教学过程中出现的各种矛盾；帮助教师运用一定的师德观念和规范去分析自身和他人的教育行为。

（二）教师职业道德的实践功能

教师职业道德的实践功能分为教育功能和促进功能。

教育功能：当教师按照教师职业道德作为时，会使道德要求具体化、人格化，从而使学生在富于形象性的榜样中受到启迪和教育，在潜移默化中形成教师所期望学生拥有的良好思想品德，增强教师教育的可信度、吸引力和有效性。

促进功能：教师职业道德对教师的工作主要有动力作用、调节作用和评价作用；可以提高教师队伍整体的素质，加快教师队伍建设；有利于促进两个文明建设，全面推进有中国特色社会主义教育事业的战略举措。

第二章 | 教师职业道德修养和教师职业道德评估

第一节　教师职业道德修养概述

一、教师职业道德修养的含义

教师职业道德修养是将教师职业道德要求转化为自己的信念并付诸行动的活动，简单地说，教师职业道德修养是一种自我锻炼、自我改造、自我陶冶、自我教育的过程。教师职业道德修养不仅是培养教师职业道德的首要环节，也是加强社会主义职业道德建设的迫切要求。

二、教师职业道德修养的内容

教师职业道德修养的内容包括职业道德意识修养和职业道德行为修养。

树立远大的职业道德理想，体现了教师职业道德要求的本质；掌握正确的职业道德知识指学习和掌握教师职业道德知识，是教师职业道德修养的首要环节和最初阶段；陶冶真诚的职业道德情感包括职业责任感、职业正义感、职业义务感、职业良心感、职业荣誉感、职业幸福感；磨练坚强的职业道德意志，是否具有坚强的职业道德意志是衡量教师职业道德素质高低的重要标准；确立坚定的职业道德信念；养成良好的职业道德行为习惯指教师职业道德修养的最终目标是养成良好的职业道德行为习惯。

第二节　教师职业道德修养的方法与评估

一、教师职业道德修养的方法

理论和实践相结合是师德修养的根本途径。

（一）加强理论学习，注重内省、慎独

加强理论学习要做到树立正确的世界观和人生观；**深刻理解规范和要求，明辨道**

德是非，提高自觉性；学习教育科学理论和丰富的科学文化知识，掌握本领。

内省就是自觉进行思想约束，内心时时检查反省自己的言行。教师以师德规范为准则，以品德高尚的人为榜样，时时反省自己，就能少犯错误或不犯错误。

慎独是指在无人监督的情况下，也要坚守自己的道德信念，对自己的言行小心谨慎，绝不做任何不道德的事情。

（二）确立可行目标，坚持不懈努力

在教师职业道德修养中指导整个修养过程的总目标是崇高的教师职业道德理想，它作为一面旗帜，为教师如何做人、如何胜任教书育人的责任指明了前进的方向和奋斗目标，并成为教师生活的重要精神支柱，推动和激励着教师朝着更高的道德境界奋进。每个教师必须从自身的实际情况出发，确立可行的目标，去努力实现自身师德从无到有，从现有层次向更高层次的攀登。

（三）勇于实践磨炼，增强情感体验

一个教师在教育实践中要不断地选择自己的行为。每一个教师都要长期修养、不断磨炼、坚持不懈，这样才能使自己的思想品质修养不断提高，达到更高的境界水平，适应教育和社会发展的需要。

（四）虚心向他人学习，自觉与他人交流

学习先进教师的优秀品质，主要有两个途径：一是多读教育界名人的传记和模范教师的先进事迹。这些名人身上具有优秀的道德品质，体现着高尚的道德情操，多接触他们，以受到感染和鼓舞，使自己的行为趋于道德原则和规范的要求。二是学习身边的模范教师，他们生活在自己身边，看得见、摸得着，影响更直接、更深刻、更快捷。

（五）正确开展批评和自我批评

正确开展批评和自我批评，是促进个人进步的内在动力和外在推动力，是教师道德修养的根本方法。

二、教师职业道德评估

教师职业道德评估是指教师自己、他人、社会，根据社会主义教师职业道德准则、规范和科学的标准，在系统广泛地搜集各方面信息、充分占有各种资料的基础上，运用现代技术手段，对教师职业道德意识、道德情感、道德意志和道德行为进行考察和价值判断。

教师职业道德评估具有指挥定向、教育发展、分等鉴定、督促激励与问题诊断等功能。教师职业道德评估应遵循的原则有方向性原则、客观性原则、科学性原则、教育性原则、民主性原则。

第三章 | 教师职业道德基本原则、范畴和规范

第一节 教师职业道德基本原则与范畴

一、教师职业道德基本原则

1. 教师职业道德基本原则的含义

教师职业道德基本原则的含义是教师在教育职业活动中正确处理各种利益关系所遵循的最根本的指导准则，是一定社会或阶级对教师在职业活动中提出的最根本的道德要求。教师职业道德基本原则具有指导、统帅和裁决作用。

我国教师职业道德的基本原则是忠丁人民的教育事业。

教师职业道德基本原则与教师职业道德规范、范畴的关系：教师职业道德规范和范畴是由教师职业道德基本原则派生出来的，是教师职业道德基本原则的展开、补充和具体化。

2. 教师职业道德确立的基本原则

教师职业道德确立的基本原则包括必须反映一定社会经济关系和阶级利益的根本要求；必须符合一般社会道德原则的基本要求；必须反映教师职业活动的特点。

3. 教师职业道德基本原则的要求

教师职业道德基本原则的要求包括树立无产阶级世界观，人生观和价值观；树立崇高的理想、信念和价值目标；兴备良好的专业能力素质；具有坚强的意志和崇高的精神境界

二、教师职业道德范畴

1. 教师职业道德范畴含义

教师职业道德范畴指那些概括和反映教师职业道德的主要特征、体现一定社会对教师职业道德的根本要求，并成为教师普遍内心信念，对教师的行为发生影响的基本道德概念。

2. 教师职业道德主要范畴

教师义务：不断提高思想政治觉悟和教育教学业务水平；尽职尽责、教书育人；创设良好的内部教育环境。

教师良心：和其他的职业良心相比，教师职业良心的两个主要特点是层次性高和教育性强。

教师公正：指教师在教育职业活动中，公平合理地对待和评估全体合作者。其中，公平合理的评估和对待每个学生是教师公正最基本的内容。

教师荣誉：光荣的角色称号、无私的职业特性、崇高的人格形象。

第二节　中小学教师职业道德规范

自改革开放以来，我国曾多次颁布和修改《中小学教师职业道德规范》，其中教师职业道德规范的核心和灵魂是爱与责任。目前具有代表性的有 1997 年修订和 2008 年修订的两个版本。

一、1997 年修订的《中小学教师职业道德规范》基本内容 ├─────────

1. 依法执教

学习和宣传马克思列宁主义、毛泽东思想、邓小平理论、"三个代表"重要思想、科学发展观、习近平新时代中国特色社会主义思想。拥护党的基本路线，全面贯彻国家教育方针，自觉遵守教师法等法律法规，在教育教学中同党和国家方针政策保持一致，不得有违背党和国家方针、政策的言行。

2. 爱岗敬业

热爱教育，热爱学校，尽职尽责，教书育人，注意培养学生具有良好的思想品德。认真备课上课，认真批改学生作业，不传播有害学生身心健康的思想。

3. 热爱学生

关心爱护学生，尊重学生的人格，平等，公正对待学生。对学生严格要求，耐心教导，不讽刺、挖苦、歧视学生，不体罚或变相体罚学生，保护学生合法权益，促进学生全面，主动，健康发展。

4. 严谨治学

树立优良学风，刻苦钻研业务，不断学习新知识，探索教育教学规律，改进教育教学方法，提高教育，教学和科研水平。

5. 团结协作

谦虚谨慎，尊重同志，相互学习，相互帮助，维护其他教师在学生中的威信。关心集体，维护学校荣誉，共创文明校风。

6. 尊重家长

主动与学生家长联系，认真听取意见和建议，取得支持和配合。积极宣传科学的教育思想和方法，不训斥，指责学生家长。

7. 廉洁从教

坚守高尚情操，发扬奉献精神，自觉抵制社会不良风气影响，不利用职责之便谋取私利。

8. 为人师表

模范遵守社会公德，衣着整洁得体，语言规范健康，举止文明礼貌，严于律己，作风正派，以身作则，注重身教。

热爱学生是教育学生的感情基础，是教师职业道德高低的试金石；严谨治学是教师必备的素质，是教师自我完善的重要途径，是教师适应时代发展的需要；依法执教是首要准则，是调整教师劳动和法律关系之间的职业道德规范。

二、2008 年修订的《中小学教师职业道德规范》

1. 爱国守法

爱国守法是教师职业道德的基本要求。教师要热爱祖国，热爱人民，拥护中国共产党领导，拥护社会主义；全面贯彻国家教育方针，自觉遵守教育法律法规，依法履行教师职责权利；不得有违背党和国家方针政策的言行。

2. 爱岗敬业

爱岗敬业是教师职业道德的本质要求。教师要忠诚于人民教育事业，志存高远，勤恳敬业，甘为人梯，乐于奉献；对工作高度负责，认真备课上课，认真批改作业，认真辅导学生；不得敷衍塞责。

爱岗敬业是教师做好本职工作的前提；爱岗敬业是教师乐教勤业的动力源泉；爱岗敬业是保持教师队伍稳定的基础。

3. 关爱学生

关爱学生是师德的灵魂。教师要关心爱护全体学生，尊重学生人格，平等公正对待学生；对学生严慈相济，做学生良师益友；保护学生安全，关心学生健康，维护学生权益；不讽刺、挖苦、歧视学生，不体罚或变相体罚学生。

4. 教书育人

教书育人是教师的天职。教师要遵循教育规律，实施素质教育；循循善诱，诲人不倦，因材施教；培养学生良好品行，激发学生创新精神，促进学生全面发展；不以分数作为评价学生的唯一标准。

教书育人既是一种权利，又是一种义务。《中华人民共和国教师法》规定，教书育人是教师的神圣职责，每个教师都应当把教书育人视作指导自己教育教学行为的基本道德原则。教书育人也是《中小学教师职业道德规范》的要求。

5. 为人师表

为人师表是教师职业道德的内在要求，是教师职业区别于其他职业的显著标志。教师要坚守高尚情操，知荣明耻，严于律己，以身作则；衣着得体，语言规范，举止文明；关心集体，团结协作，尊重同事，尊重家长；作风正派，廉洁奉公；自觉抵制有偿家教，不利用职务之便谋取私利。

6. 终身学习

终身学习是教师专业发展的不竭动力。教师要崇尚科学精神，树立终身学习理念，拓宽知识视野，更新知识结构；潜心钻研业务，勇于探索创新，不断提高专业素养和教育教学水平。

一般认为，爱岗敬业、教书育人和为人师表是师德的核心内容，关心学生是基本内容对学生实施重大处罚前，教师应与家长沟通。

《中小学教师职业道德规范》指出，教师之间要"谦虚谨慎，尊重同志，相互学习，相互帮助，维护其他教师在学生中的威信；关心集体，维护学校荣誉，共创文明校风"。这就告诉教师，任何一所学校，全体教师必须本着双赢的思维，齐心协力，才能完成教书育人的重任。

第四章

教师职业道德的养成

第一节　教师职业道德的养成概述

一、教师职业道德养成的含义

教师职业道德养成是指教师在道德意识、道德情感和道德行为方面，自觉地按照教师职业道德的要求所进行的自我锻炼、自我改造和自我提高等行为活动，以及经过努力所达到的教师道德境界，即教师通过教育等外在的方法和自我修养等内在的方法，不断提高自我修养的过程。

二、教师职业道德养成的意义

加强教师职业道德养成能促进教师专业发展，做好教育工作，满足学生的成长需要；加强教师职业道德养成有利于教师道德品质的进一步完善；加强教师职业道德养成有利于弘扬社会主义风尚。

三、教师职业道德自我养成的内容与过程

（一）教师职业道德养成的内容

教师职业道德养成的内容包含两个方面：职业道德意识的养成和职业道德行为的养成。具体来说，教师职业道德养成主要包括职业道德理想、职业道德知识、职业道德情感、职业道德意志、职业道德信念和职业道德行为六个方面。

1. 树立远大的职业道德理想

有了崇高的职业道德理想才能产生遵守职业道德的行为。职业道德理想是社会理想在职业选择和实践中的具体体现，在人们的社会生活中占有重要位置。确立崇高的职业道德理想的要求：教师要把个人志愿与社会需要结合起来；要正确处理教师职业选择与教育才能的关系；要正确看待教师的社会地位和待遇；要正确看待教师工作的苦与乐。只有这样，教师才能树立崇高的职业道德理想。

2. 学习正确的职业道德知识

职业道德知识是指人们对于客观存在的职业道德关系以及处理这种关系的道德原则、规范的认识，它包括职业道德观念的形成和职业道德行为判断能力的提高。学习和掌握教师职业道德知识是教师职业道德养成的首要环节和最初阶段。

3. 产生纯真的职业道德情感

职业道德情感是指人们对现实生活中职业道德关系和职业道德行为的好恶情绪。教师职业道德情感包括以下几个方面：职业正义感、职业责任感、职业义务感、职业良心感、职业荣誉感、职业幸福感等。

职业正义感是以一种最基本、最高尚的道德情感。

职业责任感是教师在职业道德活动中形成的，对他人和社会应负责任的内心体验和道德情感。

职业义务感是教师在履行自己职业责任的过程中，产生的一种使命感。

职业良心感是教师对自己职业道德行为，对自己同他人及社会职业道德关系的自觉意识和自我评价能力，是一种对职业关系和职业活动是非善恶的内心体验。

职业荣誉感是教师自觉承担职业道德责任，履行职业道德义务之后，对社会因此给予的肯定评价和褒奖赞扬所产生的喜悦和自豪的情感体验。

职业幸福感是教师在履行职业职责及其义务，获得职业荣誉之后所产生的一种自我满足和愉悦的情感体验。

4. 磨炼坚强的职业道德意志

职业道德意志是人们在履行职业道德责任和义务的过程中，所表现出来的克服困难和障碍的能力和毅力。是否具备坚强的职业道德意志，是衡量教师职业道德素质高低的重要标志。

5. 确立坚定的职业道德信念

坚定教师职业道德信念，是教师职业道德养成的核心问题。教师职业道德信念是教师对职业理想、职业人格、职业原则、职业规范坚定不移的信仰，是深刻的职业道德认识，炽热的职业道德情感和顽强的职业道德意志的统一，是把教师职业道德认识转变为教师职业道德行为的中介，并使教师职业道德行为表现出明确性和一贯性。

6. 养成良好的职业道德行为

职业道德行为是指人们在一定的职业道德知识，情感意志信念支配下所采取的自觉活动。职业道德行为最大的特点是自觉性和习惯性。

四、教师职业道德养成的基本原则

1. 坚持知和行的统一

坚持知行的统一，就是要把学习道德理论、提高道德认识同自己的行动统一起来，使理论与实践相结合。

2. 坚持动机和效果的统一

效果反应一定动机，动机本身就包含着对一定效果的追求，并指导行为达到一定的效果，动机体现在效果之中，并通过效果去检验。动机作为主观的东西，只有转化为效果，才能实现其作用；否则，动机就成了毫无意义的空想或假象，效果又是不断产生新的动力的基础。

3. 坚持自律和他律相结合

自律和他律实质上是内因和外因的关系，内因起决定性的作用，它是师德修养的内在基础；他律是外因，是纠正不道德行为的有效手段。

4. 坚持个人和社会结合

教师职业道德修养的每一步都离不开社会，离不开社会舆论的评价和监督。所以，在教师职业道德修养过程中，要把个人与社会结合起来，把自我价值和社会价值结合起来。

5. 坚持继承和创新结合

教师职业道德作为社会道德的一个组成部分，属于社会意识形态，具有历史继承性。但是师德不是一成不变的，它是随着社会经济关系的发展变化而不断发展变化的。在师德修养过程中，创新与继承必须同行，必须在当代社会主义政治经济的基础上，在新的教育实践中借鉴传统的优秀师德，创建新的更高的社会主义师德。

第二节　教师职业道德养成的途径与方法

一、教师职业道德养成的基本途径

1. 努力学习教师道德理论，树立人民教师道德的理论人格

教师道德理论是教师进行职业道德修养的指导思想，理解掌握了它，才能辨别善恶与是非，才能在自己的思想领域里战胜那些错误的，落后的道德观念。学习教师道德理论主要是通过个人自学和教育部门组织的教师道德学习。

2. 参加社会实践，做到知行统一

积极参加社会实践是促进教师职业道德修养的根本途径。教师只有在教师教育教学实践中，在处理师生之间、教师之间、教师与家长或教师及其成员之间的关系中，才能认识到自身行为的是与非，才能辨别善与恶，才能养成自己良好的道德品质。

二、教师职业道德养成的主要方法

1. 加强理论学习

加强学习是教师师德养成的必要方法，学习是修养的前提。教师要学习马列主义、毛泽东思想、邓小平理论、"三个代表"思想和习近平新时代中国特色社会主义思想，树立正确的世界观和人生观；要学习师德修养的理论，深刻理解教师道德规范和要求，明辨道德是非，提高遵守师德规范和要求的自觉性；要学习教育科学理论和科学文化知识，掌握教书育人的本领，这是教师职业道德规范的一个基本要求。

2. 勤于实践磨练，增强情感体验

教育实践是正确师德观念的认识来源，只有在教育实践活动中，才能正确认识教育活动中的各种利益和道德关系，才能养成良好的师德品质。

3. 虚心向他人学习

树立道德榜样是提升师德修养的重要方法。榜样的力量是无穷的，要引导和鼓励

教师之间相互学习，探讨交流和借鉴，大力宣传教师中的先进典型，用榜样人物的先进事迹、高尚情操、模范行为引领广大教师，把抽象的道德观念、行为规范的形象化、具体化，以先进模范的行为激励教师，增强师德修养的自觉性，学习先进教师的优秀品质主要有两个途径：一是多读教育界名人的传记和模范教师的先进事迹；二是学习身边的模范教师。

4. 确立可行目标，坚持不懈努力

教师职业道德修养同其他活动一样，有着明确的目标作为指导。师德养成，实际上是教师道德认识、道德情感、道德意志、道德信念、道德行为和习惯诸要素，从无到有、从低到高、从旧到新的矛盾运动过程，因此也就决定了它是一个长期的艰苦过程，这就需要老师确立可行性目标后，应做出坚持不懈的努力。

5. 学会反思

反思是提高教师师德修养的重要方法。师德修养是教师自身素养的重要组成部分，是教师自我锻炼、自我陶冶、自我教育、逐步完善的过程。教师必须对自己的教育教学效果进行不断的反思，及时发现自己的缺点和不足，并及时纠正，不断地实现自我更新，对学生施以积极的教育影响，促进学生健康成长；教师要反思自己的行为与职业道德理论要求的差距，反思自己与周围其他教师和先进模范人物的差距，努力完善自己；要善于听取来自各方面的反馈信息，在别人对自己的评价中更好地认识自己，改造自己，完善自己。

6. 自我修养法

教师职业道德修养的最高层次就是做到"慎独"。"慎独"就是指在没有外界监督，独自一人的情况下，也能自觉遵守道德规则，不做任何对国家、对社会、对他人不道德的事情。作为教师职业道德的修养方法，慎独可以通过自我约束，自我监督更好地培养锻炼坚定的职业道德情感、意志和信念，养成良好的职业道德行为习惯。慎独标志着一个教师的职业道德修养已达到高度自觉的程度。

参考文献

[1] 夸美纽斯. 大教学论 [M]. 傅任敢，译. 北京：人民教育出版社，2006.

[2] 赫尔巴特. 普通教育学·教育学讲授纲要 [M]. 李其龙，译. 北京：人民教育出版社，1989.

[3] 杜威. 民主主义与教育 [M]. 魏莉，译. 北京：人民教育出版社，1990.

[4] 华东师范大学教育系. 中国现代教育文选（修订版）[M]. 北京：人民教育出版社，1998.

[5] 瞿葆奎. 教育学文集（第 1-25 卷）[M]. 北京：人民教育出版社，1988—1996.

[6] 叶澜. 新编教育学教程 [M]. 上海：华东师范大学出版社，1991.

[7] 冯忠良，伍新春，等. 教育心理学 [M]. 2 版. 北京：人民教育出版社，2010.

[8] 皮连生. 教育心理学 [M]. 4 版. 上海：上海教育出版社，2011.

[9] 林崇德. 发展心理学 [M]. 2 版. 北京：人民教育出版社，2009.

[10] 华图教育. 教育公共基础笔试 [M]. 成都：成都时代出版社，2014.

[11] 山香教育. 教育公共基础笔试 [M]. 北京：首都师范大学出版社，2015.